生活技能 099

開始在紐約
自助旅行

作者◎艾瑞克

U0010318

太雅

6 列車終點站 Terminal

6 快速列車 Express

6 普通列車 Local

○ 車站名 Station Name
4.5.**6**
粗體數字表示全時段停靠(Full-time Service)，細體數字表示只有部分時段停靠(Part-time Service)

● 普通列車停靠站 Local Service Only
(快速列車Express不停靠)

○ 全部列車停靠站 All trains stop

○ 可站內轉乘其他路線車站
Free subway transfer

○ 須出站轉乘其他路線車站
Free out-of-system subway transfer
(單程票除外excluding single-ride ticket)

wy

Rd

-E Tremont Ave

7 Flushing-Main St
7

7 Mets-Willets Point
7

7 111th St
7

7 103rd St-Corona Plaza
7

皇后區
QUEENS

7 Junction Blvd

hurst Ave

Hts

Elmhurst Ave
MR

Grand Ave-Newtown
MR

Woodhaven Blvd
MR

63dr Dr-Rego Park
MR

63dr Ave
MR

M **R** Forest Hills-71st Ave
EFMR

75th Ave
EF

Kew Gardens-Union Tpke
EF

F Jamaica-179th St

169th St
F

Parsons Blvd
F

Sutphin Blvd
F

E **J** **Z** Jamaica Center
Parsons/Archer
EJZ

Jackson Hts-Roosevelt Ave

E **F** **M** **R**

St 7

Woodside

Briarwood Van Wyck Blvd
EF

E

Jamaica Van Wyck
J

F

Sutphin Blvd-Archer Ave
JFK Airport
EJZ

121st St
JZ

111th St
J

A Ozone Park-
Lefferts Blvd
A

111th St
A

QUEENS

M Middle Village-
Metropolitan Ave
M

Woodhaven Blvd
JZ

104th St
JZ

J **Z**

85th St-

Air

3

Metropolitan Ave

Woodhaven Blvd
JZ

111th St A

Fresh Pond Rd
M

85th St- J
Forest Pkwy
75th St- J
Elderts Ln

104th St A

Fresh Ave M

Rockaway Blvd A

Airtrain JFK

Seneca M
Ave

Cypress Hills J

88th St A

Jefferson St L

Halsey St M

Crescen St J

80th St A

Dekalb Ave L

Morgan Ave L

Knickerbocker M
Ave M

Wilson Ave L

Grant Ave A

Aqueduct Racetrack A

Myrtle L
Wyckoff LM
Avs

Bushwick Ave- ACLJZ
Aberdeen St
Broadway- ACLJZ
Junction

Cleveland C
St J

Euclid Ave C

Aqueduct- A
North Conduit Ave

Central Ave M

Chauncey St

Van Siclen Ave J

AC

Flushing JM

Halsey St JZ

Alabama Ave C

Shepherd Ave C

Howard beach- A
JFK Airport

Airtrain JFK

7

8

5

Gates Ave C

Liberty Van Siclen Ave
Ave C C

Atlantic Ave

JFK
INTERNATIONAL
AIRPORT

1

4

Myrtle Z
Ave MZ

Sutter Ave C

New Lots Ave 3
3

2

Myrtle- G
Willoughby Aves

Kosciuszko St

Rockaway Ave C

Van Siclen Ave 3

Bedford- G
Aves

Ralph Ave C

Junius St 3

Pennsylvania Ave 3

Utica Ave AC

Rockaway Ave 3

Livonia Ave L

Clinton- C
Washington Aves

Kington- C
Throop Aves AC

Sutter Ave- 3
Rutland Rd

Saratoga Ave 3

New Lots Ave L

Nostrand Ave AC

East 105th St L

Franklin Ave CS

Crown Hts-Utica Ave 4
34

Canarsie L
Rockaway Pkwy

Far Rockaway- A
Mott Ave

Fayette Ave

Park Pl S

Kingston Ave 3

Beach 25th St A

Atlantic Ave- 5BQ
Barclays Ctr

Nostrand Ave 3

布魯克林
BROOKLYN

Beach 36th St A

Broad Channel AS

Beach A
44th St

7th Ave BQ

Franklin Ave 2345

President St 25

Beach 60th A
St

Plaza 23

Botanic S
Garden

Sterling St 25

Beach A
67th St

Eastern Pkwy- 23
Brooklyn Museum

Prospect BQS
Park

Winthrop St 25

Church Ave 25

Beach 90th St AS

Parkside 2
Ave 5

Beverly Rd 25

Beach 98th St AS

15th St- FG
Prospect Park

Church Ave BQ

Newkirk Ave 25

S A

Beach 105th St AS

Beverley Rd

Fort Hamilton FG
Pkwy

Church G
Ave FG

Cortelyou Rd BQ

2 5

Rockaway Park- A S
Beach 116th St

Newkirk BQ
Plaza

Flatbush Ave-
Brooklyn College
25

Avenue H BQ

Ditmas FG
Ave

Avenue I F

Avenue J F

18th Ave F

Avenue M B

50th St N

55th St D

Bay B
Pkwy F

Avenue N F

Kings Hwy BQ

18th Ave N

20th Ave D

Avenue P F

62nd St N

Avenue U BQ

Bay Pkwy N

Kings F
Hwy

Neck Rd Q

71st St D

Kings Hwy B

Avenue U F

Sheepshead Bay BQ

79th St D

Avenue X F

Brighton Beach BQ

18th Ave D

Avenue U N

Neptune B
Ave

20th Ave D

86th St N

Ocean Pkwy Q

Bay Pkwy D

25th Ave D

West 8th St-NY Aquarium FQ

Bay 50th St D

Coney Island- DNQ
Stillwell Ave DFNQ

F

康尼島

紐約
高樓賞景
TOP
3

紐約向來以具戲劇性的摩天大樓天際線、還有璀璨的百萬夜景聞名，雖不是世界最高，但比起任何城市，有最美的建築風景。不論白天遠眺、夜間觀景，都相當有可看性，是不能錯過的景點。

TOP 1　Empire State Building
帝國大廈

帝國大廈自開放參觀以來，已超過1億人來體驗她的魅力了。在當年建築高度競賽的年代，帝國大廈為了奪得世界最高建築的頭銜，只花了不到1年的時間就建設完成。帝國大廈內外都以當時最流行的裝飾藝術風格(Art Deco)呈現，氣派大方；大樓頂端的燈光會隨著節日、慶典等，每日變換不同的顏色。

http www.esbnyc.com/zh-hant 🅵🅣 Empire State Building 🔵 empirestatebldg
✉ 350 5th Ave(34th St口) 📞 (212) 736-3100 ◎ 觀景台與禮品店：08:00～翌日02:00，最後一班電梯往觀景台01:15 💲86樓觀景台：成人\$37.00，6～12歲\$31.00，快速通行證\$65.00；86樓+102樓觀景台：成人\$57.00，6～12歲\$51.00，快速通行證\$85.00 ➡搭乘地鐵 Ⓑ Ⓓ Ⓕ Ⓜ Ⓝ Ⓠ Ⓡ Ⓦ 線到34th St- Herald Sq站，Ⓖ線到33rd St站 MAP P.19／F4

TOP 2 Top of the Rock
洛克斐勒大樓

關閉近20年、耗資7千5百萬美元重整後，於2005年重新開放的頂樓觀景台，採全透式的玻璃牆當護欄，曼哈頓景色以360度的姿態讓你一覽無遺，白天眺望中央公園、帝國大廈，傍晚看夕陽兼賞夜景！

🔗 www.topoftherocknyc.com 📘🐦 Rockefeller Center 📷 rockcenternyc 📧 30 Rockefeller Plaza(近6th Ave) ☎ (877)692-7625 ⏰ 每日08:00～00:00(最後一班電梯23:15) 💲 成人$36.00，6～12歲兒童$30.00；同一天參觀2次：成人$54.00，6～12歲兒童$43.00；以上均為網路票價 ➡ 搭乘地鐵 Ⓑ Ⓓ Ⓕ Ⓜ 線到47-50th St/Rockefeller Center站 🗺 P.17／F6

TOP 3 One World Trade Center
世貿一號大樓

紐約最高大樓觀景樓層，總高度541.3公尺(1,776英呎)，象徵1776年簽訂的獨立宣言；觀景台視線範圍廣闊，不僅可遠眺至曼哈頓中城，也可將布魯克林及紐約港整個納入眼中，白天、夜景各有特色。

🔗 oneworldobservatory.com/zh-TW 📧 285 Fulton St(入口在West St) ☎ (212)602-4000 ⏰ 2/10～4/30：09:00～21:00；5/1～9/4：08:00～21:00；9/5～12/31：09:00～21:00 💲 一般票：成人$34.00，6～12歲兒童$28.00；快速通關票$56.00；另有多種特殊票券可選購 ➡ 搭乘地鐵 Ⓔ 線到World Trade Center站，②③④⑤ⒶⒸⒿⓏ線到Fulton St站 🗺 P.24／A2

紐約旋轉木馬
TOP 4

TOP 1 Carousel
中央公園

TOP 2 Le Carousel
布萊恩公園

　　百年歷史、古色古香的旋轉木馬，開幕於1871年，先後以馬匹與蒸汽為動力，1924年毀於火災；目前的旋轉木馬則是重建於1951年，再於1982年整建，是公園內受歡迎的遊樂設施，每年有超過25萬人乘坐，不妨也來體驗一下這3分半鐘的樂趣吧！

🌐 www.centralpark.com/things-to-do/attractions/carousel ✉ 近中央公園西南出口 📞 (212)439-6900，分機12 🕐 4～10月10:00～18:00(每日)；11～3月開放時間不定，請先去電詢問 💲 $3.00 ➡ 搭乘地鐵 ① Ⓐ Ⓒ Ⓑ Ⓓ 線到59th St-Columbus Circle站 🗺 P.16/E2

　　這是一座有著法國風情、既迷你又典雅的旋轉木馬，位在忙碌的布萊恩公園內(靠近40街那一側)，從2002年營業至今，每年的萬聖節期間還會特別布置呢！但最漂亮的季節還是聖誕節期間，有熱鬧的聖誕市集及溜冰場當背景。

🌐 bryantpark.org/amenities/le-carrousel ✉ 布萊恩公園內 🕐 1～5月11:00～19:00(2月休週一～三)；6～10月11:00～20:00；11～12月11:00～19:00(週五～六至20:00) 💲 $3.00 ➡ 搭乘地鐵 Ⓑ Ⓓ Ⓕ Ⓜ 線到42nd St-Bryant Park站 🗺 P.19/F2

TOP 3 Seaglass Carousel

砲台公園

TOP 4 Jane's Carousel

布魯克林DUMBO

紐約造型最獨特的旋轉木馬,以海底世界為主題,以熱帶魚的造型取代傳統的馬身,半透明的造型加上炫彩的燈光變換,還真的讓人有身在水裡漫遊的氣氛呢!這是炮台公園內最新設置的遊樂設施,來紐約一定要來玩玩看。

紐約最漂亮的旋轉木馬,2011年開幕,位在風景最美的DUMBO地區,閃亮的燈飾與華麗的馬身,比迪士尼樂園還要夢幻,晚上的燈光一打上,比曼哈頓河岸夜景還要閃亮,常有新人在這裡拍婚紗照。大人小孩都愛,遇到週末假日可是要排隊呢!

http www.seaglasscarousel.nyc f SeaGlass Carousel at The Battery 🖸seaglasscarousel ✉砲台公園內 ◐每日10:00～22:00 💲$5.00 ➡搭乘地鐵①線到South Ferry站,Ⓡ線到Whitehall Sy-South Ferry站 MAP P.24/C6

http www.janescarousel.com f 🐦 Jane's Carousel 🖸 janescarousel ✉DUMBO(布魯克林) ◐5月中旬～9月中旬11:00～19:00(休週二),9月中旬～5月中旬11:00～18:00(休週一～三) 💲$2.00 ➡搭乘地鐵Ⓕ線到York St站,ⒶⒸ線到High St站

紐約
必去景點
TOP 15

來紐約不知道看什麼、逛哪裡嗎？只有短短幾天玩紐約，時間有限嗎？為你精選出紐約15大熱門觀光景點，讓你的每張自拍照都有100%的紐約風景，就算是湊熱鬧地到此一遊，也要精準到位。

TOP **1** Statue of Liberty
自由女神
介紹請見 P.110、196

TOP **2** Central Park
時代廣場
介紹請見 P.185

TOP **3** Times Square
中央公園
介紹請見 P.180

TOP **4** Empire State Building
帝國大廈
介紹請見 P.6

TOP **7** Fifth Avenue
第五大道
介紹請見 P.152

TOP **5** Grand Central Terminal
中央車站
介紹請見 P.184

TOP **8** Rockefeller Center
洛克斐勒中心
介紹請見 P.182

TOP **6** Brooklyn Bridge
布魯克林橋
介紹請見 P.197

TOP **9** 911 Memorial & Museum
世貿紀念園區
介紹請見 P.197

TOP 10 St Patrick's Cathedral
聖派屈克教堂
介紹請見 P.182

TOP 13 The New York Public Library
紐約市立圖書館
介紹請見 P.184

TOP 11 Lincoln Center
林肯中心
介紹請見 P.177

TOP 14 Westfield
西田購物中心
介紹請見 P.196

TOP 12 The High Line
空中鐵道公園
介紹請見 P.189

TOP 15 Macy's
梅西百貨
介紹請見 P.158

紐約
必看博物館
TOP
9

紐約的博物館、美術館大又多，從古代到近代藝術、從人物畫像到抽象塗鴉，不僅收藏豐富，更件件都是藝術珍寶，讓人大開眼界，就連建築物也是藝術，更別忘了把博物館紀念品帶回家！

TOP **1** The Metropolitan Museum of Art
大都會博物館
介紹請見 P.178

TOP **2** American Museum of Natural History
自然歷史博物館
介紹請見 P.177

TOP **3** The Museum of Modren Art
紐約現代美術館
介紹請見 P.181

TOP **4** Solomon R. Guggenheim Museum
古根漢美術館

TOP **7** Intrepid Sea, Air and Space Museum
無畏號博物館

TOP **5** Whitney Museum of American Art
惠特尼美術館
介紹請見 P.189

TOP **8** Cooper Hewitt Design Museum
國家設計美術館

TOP **6** New Museum
當代美術館
介紹請見 P.194

TOP **9** 911 Memorial Museum
世貿紀念博物館
介紹請見 P.197

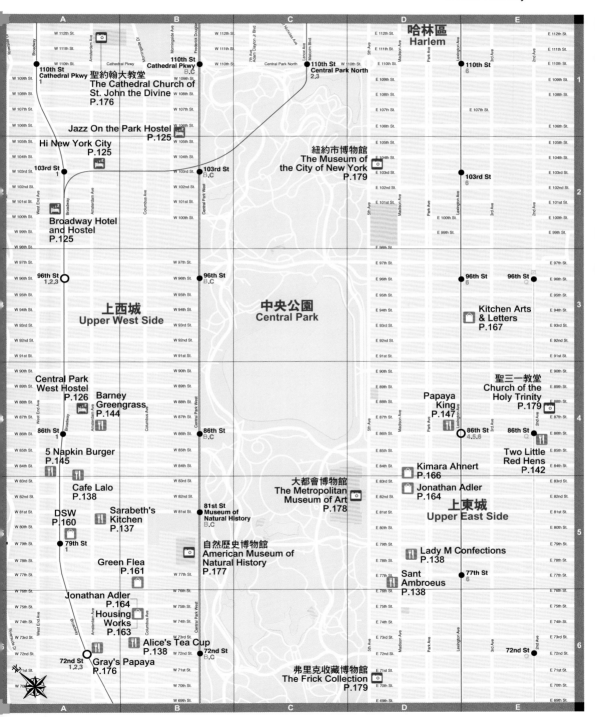

哈林區
Harlem

110th St
Cathedral Pkwy

聖約翰大教堂
The Cathedral Church of
St. John the Divine
P.176

110th St
Central Park North
2,3

110th St

Jazz On the Park Hostel
P.125

Hi New York City
P.125

紐約市博物館
The Museum of
the City of New York
P.179

103rd St
1

103rd St
B.C

103rd St
6

Broadway Hotel
and Hostel
P.125

96th St
1,2,3

96th St
B.C

96th St
6

96th St

上西城
Upper West Side

中央公園
Central Park

Kitchen Arts
& Letters
P.167

Central Park
West Hostel
P.126

Barney
Greengrass
P.144

聖三一教堂
Church of the
Holy Trinity
P.179

Papaya
King
P.147

86th St
1

86th St
B.C

86th St
4.5.6

86th St

Two Little
Red Hens
P.142

5 Napkin Burger
P.145

Kimara Ahnert
P.166

Cafe Lalo
P.138

Jonathan Adler
P.164

上東城
Upper East Side

DSW
P.160

Sarabeth's
Kitchen
P.137

81st St
Museum of
Natural History
B.C

大都會博物館
The Metropolitan
Museum of Art
P.178

Lady M Confections
P.138

79th St
1

自然歷史博物館
American Museum of
Natural History
P.177

Green Flea
P.161

Sant
Ambroeus
P.138

77th St
6

Jonathan Adler
P.164

Housing
Works
P.163

Alice's Tea Cup
P.138

72nd St
B.C

弗里克收藏博物館
The Frick Collection
P.179

72nd St

72nd St
1,2,3

Gray's Papaya
P.176

上西城
Upper West Side

Pottery Barn
P.164

Century 21
P.160

W 69th St.

W 68th St.

W 67th St.

W 66th St.

**66th St
Lincoln Center**
1

W 65th St.

W 64th St.

Carousel
P.8

中央公園
Central Park
P.180

W 64th St.

林肯中心
Lincoln Center
P.177

W 63rd St.

W 63rd St.

The Smith
P.137

West Side YMCA
P.126

W 62nd St.   Joseph Robbins Pl

W 61st St.

West Elm
P.164

IT'SUGAR
P.169

W 61st St.

Alvin Alley Pl

Amsterdam Ave

West End Ave

W 60th St.

Central Park West

Columbus Ave

Broadway

**59th St-
Columbus Circle**
A.C.B.D.1

Whole Foods
P.135

Columbus Circle
P.173 W 59th St.

Central Park South

W 59th St.

The Shops at Columbus Circle
P.159

William-Sonoma
P.165

Time Warner Center

W 58th St.

W 58th St.

57th St / 7th Av
N.Q.R.W

Baked by Melissa
P.140

W 57th St.

W 57th St.

卡內基音樂廳
Carnegie Hall

Burger Joir
P.145

W 56th St.

W 56th St.

中城區
Midtown

W 55th St.

W 55th St.

W 54th St.

11th Ave

10th Ave

9th Ave

W 54th St.

8th Ave

Broadway

7th Ave

W 53rd St.

W 53rd St.

7th Ave
B.D.E

W 52nd St.

W 52nd St.

W 51st St.

W 51st St.

W 50th St.

50th St
C.E

W 50th St.

50th St
1

Junior's
P.142

地獄廚房
Hell's Kitchen

W 49th St.

W 49th St.

49th St
N.R.W

M&M's World
P.168

W 48th St.

W 48th St.

Hershey's
P.169

W 47th St.

W 47th St.

TKTS
P.186

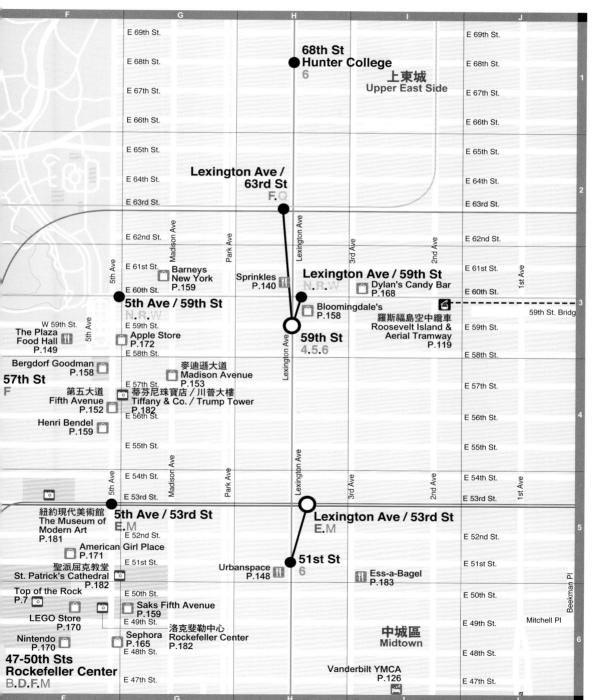

E 69th St.

68th St
Hunter College
6

上東城
Upper East Side

E 68th St.

E 67th St.

E 66th St.

E 65th St.

Lexington Ave /
63rd St
F.Q

E 64th St.

E 63rd St.

Madison Ave

Park Ave

Lexington Ave

3rd Ave

2nd Ave

E 62nd St.

E 61st St.

Barneys
New York
P.159

Sprinkles
P.140

Lexington Ave / 59th St
N.R.W

Dylan's Candy Bar
P.168

5th Ave

E 60th St.

5th Ave / 59th St
N.R.W

Bloomingdale's
P.158

羅斯福島空中纜車
Roosevelt Island &
Aerial Tramway
P.119

59th St. Bridg

The Plaza
Food Hall
P.149

5th Ave

E 59th St.

Apple Store
P.172

59th St
4.5.6

1st Ave

E 58th St.

Bergdorf Goodman
P.158

麥迪遜大道
Madison Avenue
P.153

57th St
F

第五大道
Fifth Avenue
P.152

蒂芬尼珠寶店／川普大樓
Tiffany & Co. / Trump Tower
P.182

E 57th St.

Henri Bendel
P.159

E 56th St.

E 55th St.

Madison Ave

Park Ave

Lexington Ave

3rd Ave

2nd Ave

E 54th St.

E 53rd St.

紐約現代美術館
The Museum of
Modern Art
P.181

5th Ave

5th Ave / 53rd St
E.M

Lexington Ave / 53rd St
E.M

E 52nd St.

American Girl Place
P.171

E 51st St.

Urbanspace
P.148

51st St
6

Ess-a-Bagel
P.183

聖派屈克教堂
St. Patrick's Cathedral
P.182

Top of the Rock
P.7

E 50th St.

LEGO Store
P.170

Saks Fifth Avenue
P.159

E 49th St.

Mitchell Pl

Beekman Pl

Nintendo
P.170

Sephora
P.165

E 48th St.

洛克斐勒中心
Rockefeller Center
P.182

中城區
Midtown

47-50th Sts
Rockefeller Center
B.D.F.M

E 47th St.

Vanderbilt YMCA
P.126

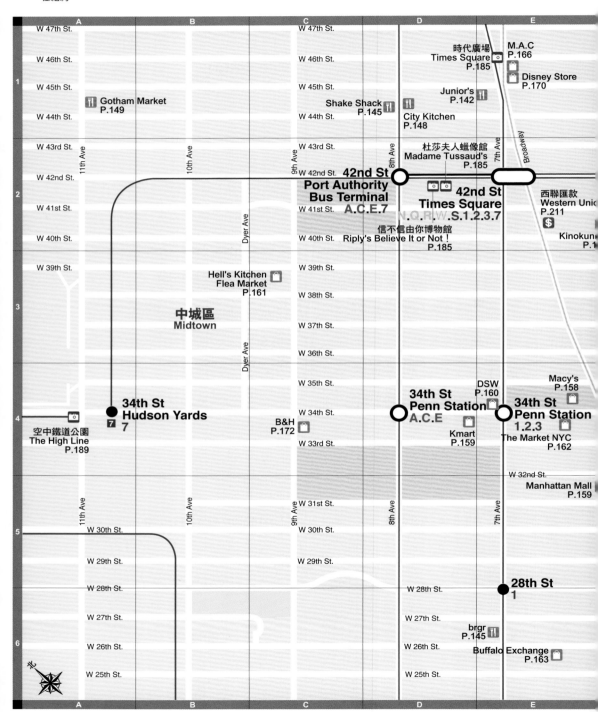

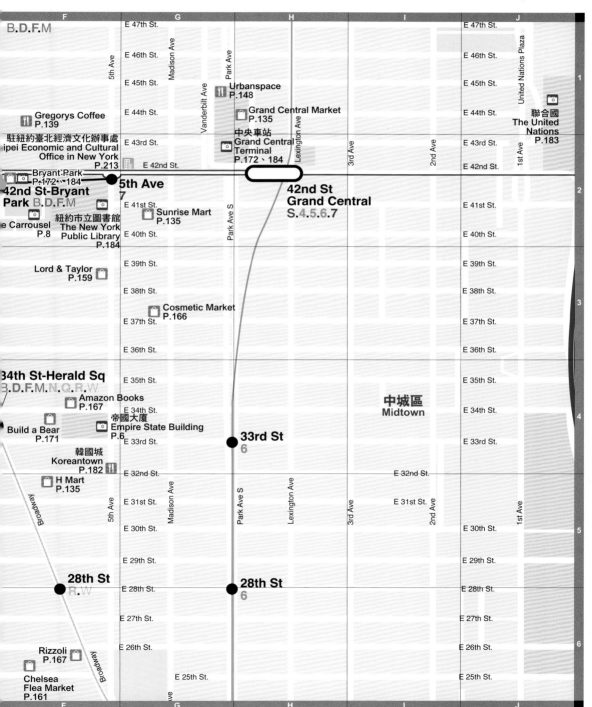

B.D.F.M

E 47th St.

Madison Ave

Park Ave

E 47th St.

United Nations Plaza

E 46th St.

E 46th St.

5th Ave

E 45th St.

E 45th St.

Vanderbilt Ave

Urbanspace P.148

Gregorys Coffee P.139

E 44th St.

Grand Central Market P.135

E 44th St.

聯合國 The United Nations P.183

駐紐約臺北經濟文化辦事處 Taipei Economic and Cultural Office in New York P.213

E 43rd St.

中央車站 Grand Central Terminal P.172、184

Lexington Ave

3rd Ave

2nd Ave

1st Ave

E 43rd St.

E 42nd St.

E 42nd St.

Bryant Park P.172、184

42nd St-Bryant Park B.D.F.M

5th Ave 7

E 41st St.

Sunrise Mart P.135

Park Ave S

42nd St Grand Central S.4.5.6.7

E 41st St.

e Carrousel P.8

紐約市立圖書館 The New York Public Library P.184

E 40th St.

E 40th St.

Lord & Taylor P.159

E 39th St.

E 39th St.

E 38th St.

E 38th St.

Cosmetic Market P.166

E 37th St.

E 37th St.

E 36th St.

E 36th St.

34th St-Herald Sq B.D.F.M.N.Q.R.W

E 35th St.

E 35th St.

Amazon Books P.167

E 34th St.

中城區 Midtown

E 34th St.

帝國大廈 Empire State Building P.6

Build a Bear P.171

E 33rd St.

33rd St 6

E 33rd St.

韓國城 Koreantown P.182

E 32nd St.

E 32nd St.

H Mart P.135

E 31st St.

Madison Ave

Park Ave S

Lexington Ave

E 31st St.

3rd Ave

2nd Ave

1st Ave

5th Ave

E 30th St.

E 30th St.

Broadway

E 29th St.

E 29th St.

28th St R.W

E 28th St.

28th St 6

E 28th St.

E 28th St.

E 27th St.

E 27th St.

Rizzoli P.167

E 26th St.

Broadway

E 26th St.

Chelsea Flea Market P.161

E 25th St.

E 25th St.

W 24th St.

W 23rd St.

W 22nd St.

11th Ave

10th Ave

9th Ave

23rd St
C.E

W 24th St.

W 23rd St.

W 22nd St.

8th Ave

Doughnut
Plant
P.141

23rd St
1

7th Ave

6th Ave

Burlington
P.160

Trader Joe's
P.135

11th Ave

W 21st St.

W 20th St.

W 19th St.

雀爾喜
Chelsea

W 21st St.

Chelsea International Hostel
P.126

W 20th St.

W 19th St.

W 18th St.

W 18th St.

18th St
1

West Elm
P.164

W 17th St.

W 16th St.

Artists & Fleas
Chelsea Market
P.161

9th Ave

W 17th St.

W 16th St.

W 15th St.

雀爾喜市場
Chelsea Market
P.189

Blue Bottle
Coffee

Gansevoort
Market
P.148

8th Ave

W 15th St.

7th Ave

6th Ave

W 14th St.

W 14th St.

14th St
A.C.E.

8th Ave
L

14th St
1.2.3

11th Ave

10th Ave

W 13th St.

Washington St.

肉品包裝區
Meatpacking
District

Little W 12th St.

Soapology
P.166

W 4th St.

Horatio St.

W 13th St.

Screaming
Mimis
P.163

Greenwich Ave

10th Ave

空中鐵道公園
The High Line
P.189

惠特尼美術館
Whitney Museum of
American Art
P.189

Gansevoort St.

Washington St.

Hudson St.

Greenwich St.

Jane St.

W 12th St.

Bank St.

Waverly Pl.

Star Struck
Vintage NYC
P.163

Jonathan
Adler
P.164

Horatio St.

Jane St.

W 11th St.

W 4th St.

Perry St.

Jack's Stir Brew
P.139

W 12th St.

Bethune St.

Magnolia
Bakery
P.190

8th Ave

Bleecker St.

7th Ave

Three Lives
& Co.
P.168

Gay St.

Joe
P.139

West St.

Philip Marie

Bookmarc
P.168

凱莉的公寓
P.190

**Christopher St
Sheridan Square**
1

Sheridan Sq.

Bank St.

W 11th St.

Charles St.

Hudson St.

Sockerbit
P.169

7th Ave

Barrow St.

W 4th St.

Jones St.

6th Ave

Perry St.

Charles Ln.

Charles St.

Vintage Thrift Shop
P.163

W 10th St.

Christopher St

Christopher St
P.191

Grove St.

Bedford St.

John's
Pizzeria
P.146

Bleecker St.

Cornelia St.

西村
West Village

北

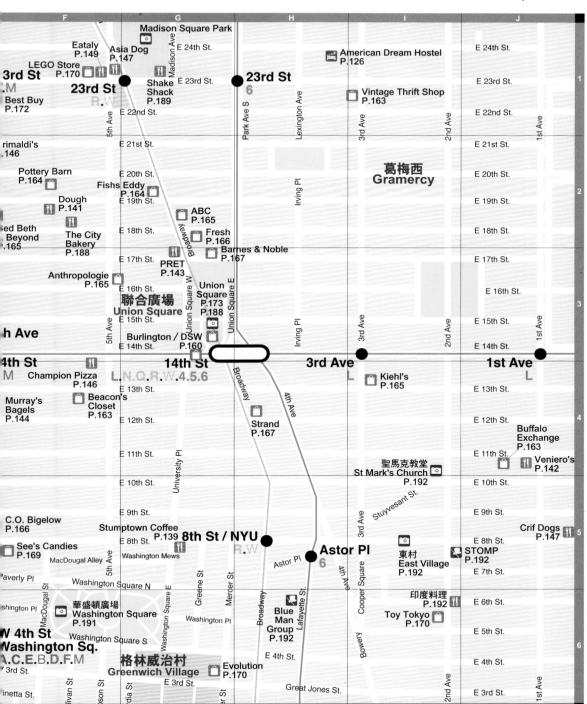

Madison Square Park

Eataly
P.149

Asia Dog
P.147

LEGO Store
P.170

3rd St

23rd St

R.W.

Best Buy
P.172

rimaldi's
.146

Pottery Barn
P.164

Dough
P.141

Fishs Eddy
P.164

ed Beth
Beyond
.165

The City
Bakery
P.188

Anthropologie
P.165

聯合廣場
Union Square

h Ave

Shake
Shack
P.189

23rd St
6

ABC
P.165

Fresh
P.166

Barnes & Noble
P.167

PRET
P.143

Union
Square
P.173
P.188

Burlington / DSW
P.160

E 24th St.

E 23rd St.

E 22nd St.

E 21st St.

E 20th St.

E 19th St.

E 18th St.

E 17th St.

E 16th St.

E 15th St.

E 14th St.

American Dream Hostel
P.126

Vintage Thrift Shop
P.163

葛梅西
Gramercy

E 24th St.

E 23rd St.

E 22nd St.

E 21st St.

E 20th St.

E 19th St.

E 18th St.

E 17th St.

E 16th St.

E 15th St.

E 14th St.

4th St

M

Champion Pizza
P.146

Murray's
Bagels
P.144

Beacon's
Closet
P.163

14th St

L.N.Q.R.W.4.5.6

E 13th St.

E 12th St.

Strand
P.167

3rd Ave

L

1st Ave

L

Kiehl's
P.165

E 13th St.

E 12th St.

Buffalo
Exchange
P.163

C.O. Bigelow
P.166

See's Candies
P.169

averly Pl

MacDougal Alley

Washington Square N

Stumptown Coffee
P.139

8th St / NYU

R.W.

E 9th St.

E 8th St.

Washington Mews

E 11th St.

E 10th St.

聖馬克教堂
St Mark's Church
P.192

Stuyvesant St.

E 9th St.

Astor Pl

Astor Pl
6

東村
East Village
P.192

E 11th St.

E 10th St.

Veniero's
P.142

Crif Dogs
P.147

E 8th St.

STOMP
P.192

E 7th St.

shington Pl

MacDougal St

華盛頓廣場
Washington Square
P.191

Blue
Man
Group
P.192

印度料理
P.192

Toy Tokyo
P.170

E 6th St.

E 5th St.

W 4th St
Washington Sq.

A.C.E.B.D.F.M

3rd St.

格林威治村
Greenwich Village

Evolution
P.170

E 4th St.

Great Jones St.

E 4th St.

E 3rd St.

Charles St.
W 10th St.
Christopher St.
Greenwich St.
Barrow St.
Washington St.
Leroy St.
Clarkson St.
W Huston St.

Bedford St.
Commerce St.
Hudson St.
Morton St.
Leroy St.
Bedford St.
Carmine St.
Downing St.
7th Ave
Clarkson St.
W Huston St.
King St.
Charlton St.
Vandam St.
Spring St.
Washington St.
Greenwich St.
Renwick St.
Hudson St.
Dominick St.
Broome St.
Watts St.
Canals St.
Watts St.
Desbrosses St.
Vesty St.
Laight St.
Hubert St.
N Moore St.
Harrison St.
West St.

Bleecker St.
Minetta St.
Sullivan St.
Thompson St.
LaGuardia St.
E 3rd St.
Mercer St.

Stella Dallas
P.162
Bleecker St.

Crate & Barrel
P.164
W Houston St.

Br
Laf

Olive's
P.143
MacDougal St.
Prince St.
W Broadway
Wooster St.
Greene St.

Artists &
Fleas
P.162

Prince St
R.W

Dominique
Ansel Bakery
P.141
Spring St.

Taschen
P.168

Georgetown
Cupcake
P.140

John Masters
Organic
P.166
Sullivan St.
Thompson St.
Broome St.
Watts St.
6th Ave
Grand St.
W Broadway

蘇活區
SoHo
Mercer St.

Bloomingdale
P.15

Houston St
1

Spring St
C.E

Canal St
A.C.E

Canal St
1

Canal St.
Canal St.

翠貝加
Tribeca

Canal St.
St Jones Ln
York St.
Varick St.
6th Ave
Beach St.
Church St.
Walker St.
White St.
Franklin St.

Broadway
Market Co.
P.162
Canal St.
Broadway

Lispenard St.
Canal St
N.Q.R.W

Franklin St
1

Collister St.
Beach St.
Franklin St.
Leonard St.
Worth St.
W Broadway
Hudson St.
Jay St.
Staple St.
Greenwich St.
Franklin St.
Harrison St.

Leonard St.
Leonard St.
Thomas St.
Duane St.
Wor

北

Great Jones St.

Bone St.

Bleecker St.

way-
e St
F.M

Bleecker St
6

The Market NYC
P.162

E Houston St.

Space NK
Apothecary
P.166

諾利塔
Nolita

Black Seed Bagels
P.144

Spring St
6

Spring St.

Lombardi's Pizza
P.146

Eileen's P.142
P.142

Kenmare St.

Cleveland Pl

小義大利
Little Italy

良椰餐館
P.194

Grand St
B.D

德昌超市
Deluxe Food Market

香港超市
Hong Kong
Supermarket
P.135

Canal St
J.Z

Walker St.

Canal St.

中國城
Chinatown

Bayard St.

Pell St.

Doyers St.

Division St.

Hogan Pl

武昌好味道

Worth St.

Pearl St.

Lafayette St.

Crosby St.

Lafayette St.

Mulberry St.

Mott St.

Elizabeth St.

Prince St.

Bowery

Centre St.

Baxter St.

Mulberry St.

Mott St.

Elizabeth St.

Hester St.

Baxter St.

Centre St.

Mulberry St.

Mosco St.

Mott St.

2nd Ave

E 3rd St.

E 2nd St.

E 1st St.

Prune
P.137

Katz's Delicatessen
P.143

2nd Ave
F

Russ & Daughters
P.144

當代美術館
New Museum
P.194

Stanton St.

Rivington St.

Economy Candy
P.169

Russ & Daughters
Cafe
P.144

Delancey St.

Broome St.

Erin McKenna
Bakery
P.140

Broome St.

Grand St.

Grand St.

The Sweet Life
P.169

Hester St.

Canal St.

Chrystie St.

Forsyth St.

Eldridge St.

Allen St.

Orchard St.

Ludlow St.

Canal St.

Berry St.

Pike St.

Manhattan Bridge

Division St.

E Broadway

Henry St.

Madison St.

Oliver St.

James St.

St. James Pl

Bow

Catherine Slip St.

Monroe St.

Market St.

1st Ave

E 3rd St.

E 2nd St.

2nd Ave

E 1st St.

E Houston St.

Chrystie St.

Forsyth St.

Bowery

Eldridge St.

Allen St.

Orchard St.

Ludlow St.

Essex St.

E Houston St.

Norfolk St.

Suffolk St.

Clinton St.

Attorney St.

Ridge St.

Pitt St.

Avenue A

Avenue B

Avenue C

Clinton St. Baking
Company & Restaurant
P.137

Delancey St
Essex St
F.M.J.Z

Delancey St.

Delancey St. S

Chelsea Center
Hostel East
P.126

Broome St.

Grand St.

下東城
Lower East Side

Norfolk St.

Suffolk St.

Clinton St.

Rivington St.

Ludlow St.

Rutgers St.

East
Broadway
F

E Broadway

Henry St.

Jefferson St.

Madison St.

Clinton St.

Cherry St.

Jefferson St.

Rutgers St.

Pike St.

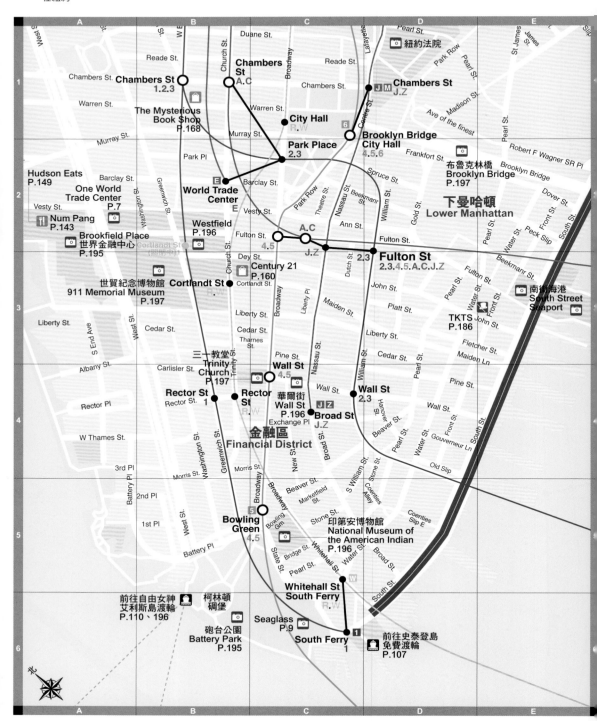

認識你所不知道的紐約
曼哈頓的分區法則

紐約由五大行政區所組成，各個行政區裡其實都還有紐約客熟悉的區域名，這些區域名大都以地理位置、地形樣貌，或者周邊景點等特色來稱呼。以曼哈頓為例，外地人認識的分區大概僅是上東區、中城區、蘇活區、中國城，或金融區等這些大區域，其實這些大分區裡都還分有許多的小區域，都是當地紐約客才知道的稱呼，細到連我也不知道有這麼複雜，更何況初來乍到的旅客。好吧，就來畫個簡圖解說一下，我也可以順便再次認識曼哈頓。

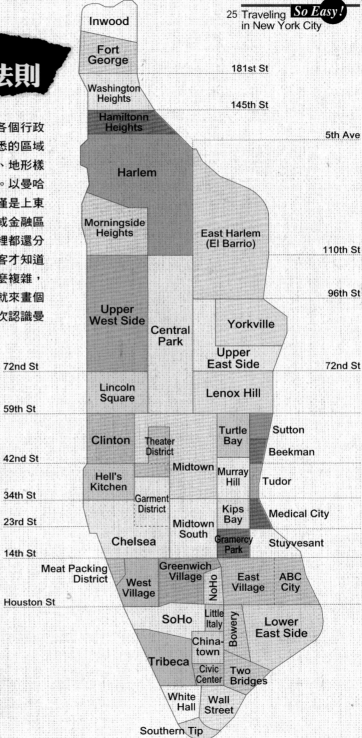

Inwood

Fort George

181st St

Washington Heights

145th St

Hamiltonn Heights

5th Ave

Harlem

Morningside Heights

East Harlem (El Barrio)

110th St

96th St

Upper West Side

Central Park

Yorkville

Upper East Side

72nd St

Lincoln Square

Lenox Hill

72nd St

59th St

Clinton

Theater District

Turtle Bay

Sutton

Beekman

42nd St

Midtown

Murray Hill

Tudor

Hell's Kitchen

34th St

Garment District

Kips Bay

Medical City

23rd St

Midtown South

Chelsea

Gramercy Park

Stuyvesant

14th St

Meat Packing District

Greenwich Village

NoHo

East Village

ABC City

Houston St

West Village

SoHo

Little Italy

Bowery

Lower East Side

China-town

Tribeca

Civic Center

Two Bridges

White Hall

Wall Street

Southern Tip

「遊紐約鐵則」

✓ 排隊要有耐心！

理由：不論是購物結帳、買門票、郵局寄包裹等，你都有機會遇上排隊的隊伍，而且國外的服務總是以「仔細」聞名，你絕對要有耐心排隊，即使在機場Check-in也一樣，乾著急是沒有用的。即使有多個服務窗口，但紐約大部分的隊伍都只排一列，需依序等候服務，即使窗口前沒人，也要等候服務人員的指示，才能前往窗口喔！

✓ 滿21歲才能買酒、買菸！

理由：紐約嚴格禁止及取締賣酒給未滿21歲的人，若在超市或商店買酒，或前往酒吧、夜店等點酒精性飲料，店家可能會要求你出示年齡證明，尤其亞洲人在老美眼中一向看起來年輕非常非常多，被要求出示證件的機會很大，所以要記得攜帶有照片、可證明年齡的證件。而紐約禁菸的公共場所越來越多，大部分餐廳也都禁菸，癮君子可能得稍微忍耐一下了，最好可以攜帶個隨身菸灰缸。

✓ 搭地鐵＋走路就對了！

理由：紐約的各大景點幾乎都在地鐵站周邊，出站步行皆可到達，紐約市內的大眾交通以地鐵、公車為主，計程車也相當多，黃色車體、隨招隨停都與台灣相似；前往離島則有渡輪可搭乘。在紐約開車觀光絕不是個好主意，不僅租車、油料、停車費貴，主要是要找到停車位相當困難，基本上以地鐵搭配公車及徒步，是遊覽紐約最佳的方式。

EARLY BIRD SPECIAL MON.TO FRI. ENTER 4AM TO 9AM		DAY & NIGHT RATES	
UP TO ½ HR.	9.29	UP TO ½ HR.	9.29
UP TO 1 HR.	29.57	UP TO 1 HR.	29.57
UP TO 1 HR.	31.26	UP TO 2 HRS.	39.70
MAX TO 12 HRS.	27.03	UP TO 10 HRS.	46.46
		UP TO 24 HRS.	48.15
18.375% NYC PARKING TAX		& other oversize surcharges of height...	12.67
SATURDAY & SUNDAY SPECIAL ENTER 6AM TO 5PM		MONTHLY RATES	
		CARS	506.86
UP TO ½ HR.	9.29	EXOTIC CARS ADD'L	422.39
UP TO 12 HRS.	17.74		84.48
UP TO 24 HRS.	48.15		
18.375% NYC PARKING TAX ADD'L			

◀ 紐約市區內的停車費是你想像不到的昂貴

✓ 水龍頭打開就能暢飲！

理由：紐約的水質有嚴格的管控，除非泡茶煮咖啡才會燒熱水，否則紐約客都是打開水龍頭就喝起來了，若擔心喝生水腸胃不適，建議還是買礦泉水。到餐廳用餐，可以要求給水，不過這種免費的水也是自來水喔，只是多加了冰塊(冰塊也是自來水做的)，瓶裝的礦泉水或氣泡水要另外付錢。話說，紐約餐廳給水都會加冰塊，即使冬天也不例外。

✓ 免費時段參觀最省錢！

理由：紐約各博物館、美術館的門票費不便宜，想要全部參觀可是會大傷荷包，不妨好好利用博物館、美術館每週一日的優惠時段前往參觀。不過，免費人人愛，這些時段通常人數暴增，除了要花時間排隊不說，參觀品質也跟著下降，而且免費時段通常都在傍晚或晚間，開放時間也相對短暫。

✓ 紀念品、伴手禮不可少！

理由：旅遊紐約，要帶回家的紀念品、伴手禮可少不了，自由女神、馬克杯、T恤、音樂劇紀念品等都是很好的選擇，倒是售價處處不同。像是最受遊客歡迎，胸前印有「I♥NY」的T恤，有2件$10的，有3件$10的，也買得到5件$10的，價格、品質相當紊亂，需要多比較。紀念品、伴手禮建議在市區內購買，機場候機室的紀念品除了選擇少、價格貴外，當趕著上飛機的同時，你可能只有機會匆匆買下包裝不一樣，但內容物全球機場一致的巧克力。

◀ 自由女神像是最受歡迎的紀念品之一

☑時間就是金錢！

理由： 若你遊紐約的天數有限，最寶貴的當然就是時間了，建議可以購買旅遊套票，或上網購買門票、戲票，因為排隊買票的時間有時費時相當久，不妨多準備一點旅遊預算，做好旅遊計畫，提前在網路上買票，就可以省下不少時間。以參觀帝國大廈為例，買票要排隊、搭電梯也要排隊，帝國大廈就順勢推出一種完全讓你免排隊的快速通關票，票價多一點、排隊時間少一點，簡單說這就是以金錢換取時間啦！

☑放開拘束體驗異國生活！

理由： 每個城市都有它的優缺點，若要處處比較、嫌棄，保證你會玩得不開心，帶著探險的心態玩紐約，讓你覺得到處都新鮮無比；泡麵也別帶了，紐約在地食物或許有可能不太合你的口味，但總比窩在房間裡吃泡麵來得有趣，出門旅遊也就這麼幾天，體驗一下異國不一樣的生活、飲食吧！如果吃披薩、西餐、沙拉真的會讓你倒胃口，中國城裡有便宜又道地的各式中餐，保證你會吃得滿意又開心，而且講中文都通。

☑紐約客冷漠、無禮嗎？

理由： 紐約有為數不少的街友，只要不打擾、觸犯到他們，基本上是無害和善的，倒是一些有種族歧視的人會對亞洲人大聲嚷嚷、挑釁，若不幸遇上，應盡量避免發生肢體上的衝突。不少人覺得在地紐約客相當冷漠、甚至無禮，主要的因素之一也是遊客實在太多了，多到打擾到他們的日常生活，因此臉上偶爾出現不耐煩的臉色。其實大部分紐約客是很和善的，遇到問路或需要開門等幫助，他們也都相當熱心，受到幫助也都會口頭道謝回應。

編輯室提醒

出發前，請利用書上提供的Data再一次確認

每一個城市都是有生命的，會隨著時間不斷成長，「改變」於是成為不可避免的常態，雖然本書的作者與編輯已經盡力，讓書中呈現最新最完整的資訊，但是，我們仍要提醒本書的讀者，必要的時候，請多利用書中的電話，再次確認相關訊息。

資訊不代表對服務品質的背書

本書作者所提供的飯店、餐廳、商店等等資訊，是作者個人經歷或採訪獲得的資訊，本書作者盡力介紹有特色與價值的旅遊資訊，但是過去有讀者因為店家或機構服務態度不佳，而產生對作者的誤解。敝社申明，「服務」是一種「人為」，作者無法為所有服務生或任何機構的職員背書他們的品行，甚或是費用與服務內容也會隨時間調整，所以，因時因地因人，可能會與作者的體會不同，這也是旅行的特質。

新版與舊版

太雅旅遊書中銷售穩定的書籍，會不斷再版，並利用再版時做修訂工作。通常修訂時，還會新增餐廳、店家，重新製作專題，所以舊版的經典之作，可能會縮小版面，或是僅以情報簡短附錄。不論我們作何改變，一定考量讀者的利益。

票價震盪現象

越受歡迎的觀光城市，參觀門票和交通票券的價格，越容易調漲，但是調幅不大(例如倫敦)，若出現跟書中的價格有微小差距，請以平常心接受。

謝謝眾多讀者的來信

過去太雅旅遊書，透過非常多讀者的來信，得知更多的資訊，甚至幫忙修訂，非常感謝你們幫忙的熱心與愛好旅遊的熱情。歡迎讀者將你所知道的變動後訊息，善用我們提供的「線上讀者情報上傳表單」或是直接寫信來taiya@morningstar.com.tw，讓華文旅遊者在世界成為彼此的幫助。

太雅旅行作家俱樂部

充滿活力的人文展現，創造出獨特的紐約風景。

紐約是一個讓人又愛又恨的城市，喜歡她無時無刻的活力展現、心儀她多彩多姿的文化交融、愛上她紊亂多變的生活步調，還有讓我時常想念的紐約美味；只恨她實在離台灣太過遙遠，無法隨時欣賞中央公園的四季變化、不能嘗到街角薄脆鹹香的道地披薩，還有沒看到就下檔的百老匯音樂劇。為此，我每年總是會擠出個假期，飛往紐約跟她來場短暫的約會。

常常有朋友問我說，紐約到底哪裡好，讓你一再拜訪從不厭煩，而我總是回答，愛上一個城市是不需要理由的，感覺對了，她就如同身體所需的養分，著實地成為你生活的一部分，讓你覺得自在、放鬆，卻又時刻帶給你新奇的感覺，讓人深深為她著迷。

對於即將首次造訪紐約的朋友，希望這本書可以讓你從紐約的食衣住行，開始認識紐約；能幫助你輕鬆地計畫與準備你的旅行，更讓你在抵達紐約後可以輕易地搭車、買票、玩紐約，進而像我一樣深深地愛上紐約。

預祝你擁有一趟有趣、美妙的紐約之旅。

New York City·紐約

艾瑞克

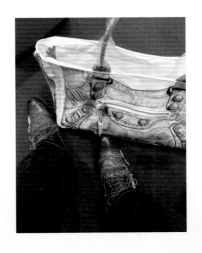

　　熱愛自助旅行，自2000年初次拜訪大蘋果開始，至今已住遊紐約將近20次，每回不住個1、2個月決不罷休，是個重度的紐約愛好者。每每總是聽他說有多想念紐約的披薩、焙果；下一趟又計畫去看哪幾齣音樂劇；又要順道去哪裡玩等等……。

　　艾瑞克深信，旅行資料自己找、機票自己買、簽證自己辦，一切自己來的過程，讓旅行多了豐富、多了回憶與驚喜，至於語言通不通已經不是問題了。他將個人這十多年來住遊紐約的旅行經驗，依照So Easy自助書系圖解教戰的規畫，出版這本《So Easy：開始在紐約自助旅行》，帶領讀者step by step地跟著他認識紐約、玩遍紐約。也只有長時間在紐約住遊的經驗，才能寫出這樣具備獨特個人風格的紐約旅行。

目 錄

174

玩樂篇

200

通訊篇

208

應變篇

如何使用本書

專治旅行疑難雜症：根除旅行小毛病，如：辦護照、簽證、購買票券、安排行程、機場入出境手續、行李打包、如何搭乘各種大眾交通工具、打國際電話等疑難雜症，本書全都錄。

省錢、省時祕技大公開：商家不會告訴你，只有當地人才知道的購物、住宿、搭車等，省錢、省時的祕技大公開，本書不藏私。

實用資訊表格：證件哪裡辦、店家景點怎麼去，相關連絡資料與查詢管道，條例整理，重要時刻不再眼花撩亂。

專題報導特輯
嚴選15大必去景點，快速掌握紐約觀光重點。

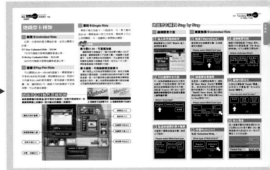

機器操作圖解，搭車、購票全程步驟教學
購票機操作說明，買票全程Step by Step圖解化。

Step by Step圖文解說
出入境、通關、交通搭乘，全程圖文步驟解析，清楚說明流程。

Tips資訊
內行人的實用資訊，全在框框內。

旅遊小提醒
作者的玩樂提示、行程叮嚀，宛如貼身導遊。

上西城
文人雅士與藝術薈萃的殿堂

自然歷史博物館
Americans Museum of Natural History
想看完整的史前恐龍化石，來美不能錯過自然歷史博物館，3萬2千件館藏品盡在這裡。詳盡、最豐富的自然歷史館、蘿絲地球與太空...

自然歷史博
American Museum of N
想看完整的史前恐龍化
歷史博物館，3萬2千件
詳盡、最豐富的自然歷
史館、蘿絲地球與太空
、自然世界及宇

Gray's Papaya

聖約翰大教堂
The Cathedral Church of St. John the Divine

林肯中心
Lincoln Center

紐約分區
一日散步路線
每區中間都有設計一日時間軸，由行家帶路，告訴你哪些必去必逛，直接幫你規畫好一日行程，一天就能玩到最經典。

熱門景點介紹
豐富的圖文介紹，帶你搶先一睹紐約風采。

Data資訊 ▶
提供詳盡的網址、地址、營業時間、門票等景點資訊。

紐約必敗的購物戰區
名牌街、旗艦店、百貨公司、跳蚤市場、紀念品和伴手禮，一次滿足你。

紐約美食圖鑑
早午餐、下午茶、小餐館，看看紐約客都吃什麼，還有多樣的披薩、焙果、杯子蛋糕等你來嘗。

紐約主要購物區

旅行實用美語 ▶
模擬各種場合與情境的單字與對話用語，即使英文不通，用手指指點點也能輕鬆暢遊紐約。

資訊符號解說
http	官方網站
✉	地址
📞	電話
🕐	開放、營業時間
休	休息
$	費用
➡	交通方式
ℹ	重要資訊
MAP	地圖位置
APP	APP軟體
f	Facebook
🐦	Twitter
📷	Instagram
t	Tumblr
••	Flickr

認識紐約
About New York

紐約，是個什麼樣的城市？

紐約的代表歌曲《紐約，紐約》裡這樣寫道：「我要在這個不夜城中醒來，然後發現我就站在那最高點⋯⋯我要在這個老舊的城市裡有個嶄新的開始，如果我能在紐約成功，其他任何地方都不是問題⋯⋯」。紐約就是一個這樣讓人充滿夢想的城市，不妨找個機會，來完成探險大蘋果的醉心美夢！

紐約速覽

民族、文化的大鎔爐,激發出無比精彩的創意

紐約到底是個什麼樣的城市?究竟對旅人們施了什麼魔力?能讓初次踏上大蘋果的旅客,以及造訪過她的人無不醉心迷戀,期待與她再一次的交心邂逅。在展開探險紐約之前,讓我們先從歷史、地理、氣候、時差等基本知識,來認識紐約這個迷人城市的面貌。

紐約小檔案 01

歷史 | 自由的象徵、尋夢新起點

紐約是美國最早與西方世界接觸的地區之一,17世紀初期,荷蘭因貿易需求而開始定居、建設此地,荷蘭稱呼這個殖民地為「新阿姆斯特丹」(New Amsterdam),並於1653年獲立為城市。1664年英國擊退荷蘭占領此地,將城市重新命名為紐約(New York),從此「紐約」一詞沿用至今。1775年美國獨立戰爭後,紐約曾短暫地作為美國的臨時首都。

紐約逐漸發展成美國的經濟中心,是在19世紀美國內戰之後,這時期紐約市的行政區逐一整合、重新建設,也開始迎接從世界各地前來尋夢的移民潮,紐約這個新世界也有了另一個代名詞——「自由」。經地鐵的開通、摩天大樓逐一競高而起,紐約成為20世紀全球最現代繁榮的城市,無論是經濟、娛樂、文化等,均處於領先全球的地位。但自1970年代起由於財政、失業等社會問題,紐約治安儼然成為最大的問題,不僅犯罪率高,毒品、情色業也氾濫,紐約變成全球最不安全、最不受歡迎的城市之一。直到1990年代,經前市長魯迪·朱利安尼(Rudy Giuliani)大力整頓,紐約整個改頭換面,一掃陰霾,觀光客重新投入紐約的懷抱。

2001年9月11日發生的恐怖攻擊事件,再一次重創紐約,不僅紐約客生活大受影響,就連觀光客也裹足不前,經濟全面下滑。不過紐約畢竟是紐約,短短時間內就讓人對她重拾信心,觀光

▲移民博物館內的展示,道出移民的艱辛故事

▲紐約的精神象徵

認識紐約

紐約基本情報

國　　家	：	美利堅合眾國 (United States of American)
州　　屬	：	紐約州(New York State)
市　　屬	：	紐約市(New York City)
行 政 區	：	曼哈頓(Manhattan) 布魯克林(Brooklyn) 皇后區(Queens) 布朗士(The Bronx) 史泰登島(Staten Island)
面　　積	：	約1,213平方公里
人　　口	：	約854萬人 (全美第一)
語　　言	：	英語
宗　　教	：	基督教為主流
貨　　幣	：	美元Dollar($)
官方網站	：	www1.nyc.gov
官方市名	：	City of New York(NYC)

布朗士 The Bronx

新澤西州 New Jersey

曼哈頓 Manhattan

拉瓜地亞機場 LGA

紐華克機場 EWR

皇后區 Queens

紐約港

布魯克林 Brooklyn

甘迺迪機場 JFK

史泰登島 Staten Island

大西洋

▲ 世貿紀念園區及周邊的車站、大樓、商場，陸續落成

客年年有增無減。加上近年來新的公共建設，如鐵道公園、世貿紀念園區、南街海港、地下廢鐵道公園、摩天輪等逐一計畫、興建與落成，紐約又將再一次站在經濟、娛樂、文化的最前端，等著你前來造訪。

🔵 豆知識

「大蘋果」暱稱的由來

說起紐約，大家都會提起她最為知名的暱稱「大蘋果」(The Big Apple)，至於這個暱稱從何而來、由誰開始，至今依然眾說紛紜，由來的說法相當多，其中以1920年代「紐約晨報」(New York Morning Telegraph)記者John J. Fitz Gerald在其所撰寫的賽馬專欄中，將紐約稱做「大蘋果」，以暗示紐約顯赫的地位，是人人都想追逐的目標，而使得這個暱稱流行開來的說法較被採用。

紐約除了大蘋果的暱稱外，漫畫蝙蝠俠的背景城市「高譚市」(Gotham City)也是紐約另一個知名暱稱，而「不夜城」(The City That Never Sleeps)這個稱號，則是因電影《紐約，紐約》(New York, New York)的同名主題曲而廣為流行。

🇺🇸 **紐約小檔案 02**

地理 | 美國東岸的交通樞紐

紐約市隸屬於紐約州，地處美國東北岸，是美國東岸重要的港口之一，紐約也仰賴紐約港的優勢，成為陸海空的交通樞紐。紐約市西邊以哈德遜河（Hudson River）與新澤西州（New Jersey）相望，東邊緊鄰著長島（Long Island），南邊則以紐約港連接大西洋。紐約市由5個行政區所組成，分別是曼哈頓、布魯克林、皇后區、布朗士，以及史泰登島。

曼哈頓 Manhattan

曼哈頓是一個狹長形的島嶼，東有東河（East River）鄰著皇后區與布魯克林，北邊以哈林河（Harlem River）界開布朗士，南邊則與史泰登島隔著紐約港相望。曼哈頓靠著橋梁、隧道、地鐵、渡輪，與其他行政區相聯繫，是紐約市的政經中心，而一般旅遊上所說的紐約，就是指曼哈頓，因為紐約重要的景點、娛樂、文化、美食、活動等，幾乎都集中在曼哈頓。

皇后區 Queens

皇后區是紐約市第一大行政區，紐約市兩大機場也一南一北地位在皇后區內，皇后區主要是住宅區，觀光景點不多，鮮少有觀光客拜訪，其中最有名的景點是可樂娜公園（Flushing Meadows

▲ 曼哈頓是紐約也是全球的娛樂、文化與經濟的中心

Corona Park），這裡曾舉辦過世界博覽會，巨型的地球儀噴泉是公園知名的地標，紐約大都會棒球場與美國網球公開賽球場也都位在這裡。而以華人聚集聞名的法拉盛（Flushing）地區，也在皇后區內。

布魯克林 Brooklyn

布魯克林有美國最大的非裔美籍的黑人社區、猶太社區、義大利社區與俄羅斯社區，連華人社區也日漸壯大，各處都相當有其文化特色，也是許多描述族裔電影最愛的取景地。布魯克林也以可欣賞曼哈頓的百萬夜景知名，行政區內也擁有植物園、水族館、博物館、公園，以及繽紛熱鬧的海灘，更有著許多從19世紀初期遺留至今的美麗棕色石造公寓，優雅舒適的生活環境，讓許多人選擇在這裡落腳定居。布魯克林近年來改變之大，很難讓人想像她曾是那個惡名遠播、犯罪率高、觀光客不敢前往的治安死角。

▲ 可樂娜公園是皇后區的重要景點

▲ 在布魯克林橋下欣賞曼哈頓景色

▲ 棒球運動是布朗士的精神

布朗士 The Bronx

位於紐約市的北端，居民以拉丁裔爲多數，除了擁有廣大的公園，行政區內還有一座適合親子共遊的動物園（Bronx Zoo）。此外，美國職棒大聯盟洋基隊的主場球場也位在布朗士，是棒球迷朝聖的重要景點。

史泰登島 Staten Island

史泰登島位在紐約港內，左側緊鄰新澤西州，居民出入主要以渡輪連接曼哈頓，雖以住宅區爲主，但地鐵線、市公車、劇院、美術館、球場等樣樣不少，甚至還有大學，生活機能相當齊全。植物園是島上唯一知名的景點，遊客除了在體驗免費渡輪（見P.107）時會上岸停留一下外，幾乎不會特地來這裡觀光。

紐約小檔案 03

治安 | 911影響大，安檢免不了

1970、80年代，紐約市可說是全美犯罪率極高的城市之一，經過整頓後，紐約迅速躋身全美治安排行榜前幾名，大受觀光客喜愛。歷經911事件後，雖然紐約已重新回復往日風采，但各大知名地標景點，都將安檢項目加入參觀過程，不論是機場等級或是只檢查隨身包包，或多或少都增添緊張氣氛，爲了安全造成不便是可以體諒的。

▲ 參觀重要的景點，入口處的安檢程序免不了

紐約小檔案 04

人口 | 民族大鎔爐，多元精彩

根據統計，紐約市約有854萬人，其中白人約占34%、黑人約占25%、拉丁人約占29%、亞洲人約占12%，與其他美國大城市人口比例相較，紐約算是最多種族裔的城市，每個族裔都有屬於自己獨特的社區文化。皇后區內有希臘社區、印度社區，布魯克林有爲數眾多的義大利社區、猶太社區、俄羅斯社區，布朗士則以黑人、拉丁人爲主；而人數逐年增加的華人除了在曼哈頓有廣大的華埠（Manhattan Chinatown）外，在布魯克林及皇后區的法拉盛也都有小華埠。

移民潮不僅爲紐約帶來了各族裔，各族裔也將各自的生活、飲食習慣落地生根，成就如今多彩多姿的紐約，不僅生活文化多樣精彩，全年不時有各種族裔慶典輪番上陣，還可以在各處找到最道地的異國美食。

而紐約也是美國城市中，同性戀、跨性別人口最聚集的城市，是同志人權議題發聲地，每年6月底的同志驕傲日遊行，也是全球規模最大的。

▲ 小義大利每年9月中旬有期10天的傳統慶典

▲ 紐約有廣大的猶太人社區，獨特的穿著相當醒目

▲ 紐約華埠全球最大最精彩，比亞洲華人圈還道地

🇺🇸 紐約小檔案 05

貨幣 | US$1=NT$29～32

| 1分 | 5分 | 10分 | 25分 | 50分 |

美元紙鈔面額有1、2、5、10、20、50、100美元7種，最常見、方便使用的是1、5、10、20美元，面額大的50、100美元當地人較少持用，礙於假鈔氾濫，不少商店拒收100美元紙鈔，50美元紙鈔則大部分商店都會驗鈔，有些小店或攤販甚至連50美元紙鈔也不收，而2美元紙鈔的流通率相當低，甚至連當地人都沒見過。

1元

100元 (Benjamin Franklin)

美元硬幣面額有1、5、10、25美分，及較少見的50美分、1美元6種，其中最方便使用的是25美分硬幣，洗衣服、打電話都用得到，1美分通常是商家用來找零使用。另外，每種硬幣都有個別的名稱，一定要記起來喔：1美分（a penny）、5美分（a nickel）、10美分（a dime）、25美分（a quarter）、50美分（half dollar）、1美元（dollar）。

1元(George Washington)

2元(Thomas Jefferson)

5元(Abraham Lincoln)

10元(Alexander Hamilton)

20元(Andrew Jackson)

50元(Ulysses S. Grant)

🇺🇸 紐約小檔案 06

氣候 | 32°F(華氏)=0°C(攝氏)

紐約屬於大陸性濕潤氣候，四季氣溫、景色變換分明，春季（3～5月）濕涼，氣溫變化相當大；夏季（6～8月）炎熱，7月最高溫曾高達40度；秋季（9～11月）涼爽，較會有熱帶風暴襲擊；冬季（12～2月）寒冷，以偶有暴風雪聞名。空氣濕度約60～70%之間，相較於高濕度的台灣，紐約的天氣比較舒適，但皮膚較容易乾燥發癢的朋友，身體乳液為必備品，尤其是秋冬兩季。

🌐 www.weather.com/weather/today/l/New+York+NY+USNY0996:1:US

台灣與紐約氣溫比較 ■紐約月均高溫 ■紐約月均低溫 ■台北月均溫 ■台中月均溫 ■高雄月均溫

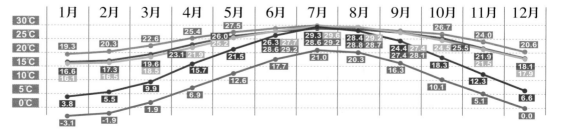

簡易溫度換算表

華氏(°F)	攝氏(°C)	華氏(°F)	攝氏(°C)
10	-12.22	60	15.56
20	-6.67	70	21.11
30	-1.11	80	26.67
40	4.44	90	32.22
50	10.00	100	37.78

紐約小檔案 07

時差 | 有日光節約時間

　　紐約與台灣的時差因日光節約時間而有不同：夏季(3～10月)晚台灣12小時、冬季(11～2月)晚台灣13小時(台灣時間－時差＝紐約時間)，日光節約時間調整日期為每年3月第二個週日02:00，及11月第一個週日02:00。

台灣	紐約夏季	紐約冬季
01:00	13:00	12:00
04:00	16:00	15:00
08:00	20:00	19:00
12:00	24:00	23:00
16:00	04:00	03:00
20:00	08:00	07:00
24:00	12:00	11:00

豆知識

何謂「日光節約時間」

　　日光節約時間又稱夏令時間，是在夏季時期配合日照提早而將時間提早1小時，主要是為了節約能源而訂定的制度。日光節約時間最早由德國於1916年開始實施，而美國常態性地實行日光節約時間則從1966年開始，但實行與否，完全由各州自己決定，所以並非全國都遵行。其實台灣也曾在1945～1979年期間，數次實行日光節約時間。

紐約小檔案 08

航程 | 正常約16～20小時

　　從台灣桃園機場搭飛機前往紐約所需時數，依航線直飛或轉機等因素而會有顯著的不同，時數差別有可能在3～24小時之間。目前由台灣直飛紐約的航空公司有長榮航空與中華航空，其他航空公司的航線均需經由其他城市轉機一次或多次，而抵達紐約的機場主要為甘迺迪國際機場或紐華克國際機場，目前長榮與華航均停靠紐約甘迺迪國際機場。

紐約小檔案 09

電壓 | 免變壓器及轉接插頭

　　美國的電壓為120V，台灣的電壓為110V，基本上110V跟120V在交換使用上沒有問題，而目前生產的電器或3C商品大都已是國際寬頻電壓100V～240V，所以也不會有需要變壓器的問題。美國的插座孔也與台灣的相同，三孔式的在美國較為普遍，台灣帶過去的兩孔插頭可以直接使用，無須另外購買轉接插頭。

紐約小檔案 10

小費 | 給15～20%是基本禮貌

在美國給小費是一種生活習慣與禮貌，在有服務生桌邊服務的餐廳內用餐一定要給小費，潛規則是：午餐給消費額（含稅）的15%、晚餐則是20%，有些餐廳會在帳單上幫客人先行計算小費金額，大致列出15%、18%、20%三種金額，讓你不用傷腦筋計算。連鎖速食餐廳、咖啡廳、披薩店、焙果店等在櫃檯點餐付費的店，不用給15～20%的小費，但可以依心意或以找回的零錢，投入櫃檯旁的小費罐裡，當然不投也是可以的。

搭計程車也要給小費，約車資的20%，若車資的20%不足$1.00也要給$1.00，放在後車廂的大行李，小費$1.00／件。參加導覽團也要給導覽員小費，約$5.00；飯店人員幫你提行李、叫車、客房服務、客房清潔等也要給小費，約$2.00～5.00。

請注意 給小費千萬不能給銅板，這是不禮貌的行為，請一定要給紙鈔。

紐約小檔案 11

消費稅 | 買維他命不加稅

紐約的消費稅為8.875%（州稅+市稅），採外加稅制，所以商店內物品上的標價都是未稅的價格。藥品、維他命，以及超市、雜貨店的部分食品類免稅（須經烹調的生鮮食材大都免稅，但已經料理過的熟食則需加稅）；而單件售價$110.00以下的衣服、鞋子、帽子、圍巾等也是免稅。若不清楚要購買的商品是否在免稅類別內，可先請問店內服務人員。

美國沒有外國人購物免稅制度，出境海關時不會退稅給你，所以購物時不用詢問是否有免稅或退稅等問題。

紐約小檔案 12

度量衡 | 使用習慣大不同

美國在距離、重量、容量方面的計算方式，與台灣習慣使用的公制有明顯的不同，以下列出幾項常用度量衡的對照表供讀者參考。

美國	台灣
1磅(pound)=16盎司	453.59公克(g)
1盎司(ounce，oz)	28.35公克(g)
1英吋(inch，in)	2.54公分(cm)
1英呎(foot，ft)	0.3公尺(m)
1英里(mile)	1.6公里(km)
1碼(yard)	91公分(cm)
1加侖(gallon)	3.78公升(L)

紐約小檔案 13

營業時間 | 商店週末不打烊

- ■ **商店：**09:00～19:00
- ■ **超市：**07:00～23:00
- ■ **百貨公司及購物區商店：**週一～四10:00～20:30，週五～六10:00～22:00，週日11:00～18:00
- ■ **餐廳：**11:00～23:00，早餐店約06:00開始
- ■ **銀行：**週一～五08:00～18:00，部分銀行週末也有營業，但營業時數短、服務項目也有限
- ■ **郵局：**週一～五08:00～19:00，週六08:00～16:00
- ■ **博物館、美術館：**開放時間、休館時間均不相同，需上網查詢
- ■ **百老匯音樂劇：**週一、二、四、五晚場20:00，週六～日有下午場14:30及晚場19:00或20:00，大部分音樂劇週三休息（每齣音樂劇的場次、休息時間均不相同，需上網查詢）

路上觀察 解讀紐約街道、地址

紐約的街道在豪斯頓街(Houston St)以北，採棋盤式的方正規畫，街道名稱也多以數字來命名，相當容易辨識方向及位置；下城區、金融區算是紐約較早開發的區域，街道較呈交錯狀，街道名非數字命名，比較容易讓人迷路。

▲ 路標下方有時會看到以此街道或路口紀念某人的標示

Broadway(B'way) = 百老匯大道

百老匯大道是紐約最長的一條街道，由上至下貫穿整個曼哈頓，所經之處都是商業鬧區。

Avenue(Ave) = 大道

街道走南北向垂直狀的稱為大道，1～11大道由東(右)至西(左)，但其中沒有4大道，3與5大道之間有列辛頓大道(Lexington Ave)、公園大道(Park Ave)與麥迪遜大道(Madison Ave)。另外6大道還有美洲大道(Ave of the Americas)之稱、7大道則有時尚大道(Fashion Ave)的別名；而中央公園西側的8～11大道，在60街以上的名稱也不同，8大道是中央公園西大道(Central Park West)、9大道是哥倫布大道(Columbus Ave)、10大道是阿姆斯特丹大道(Ameterdam Ave)、11大道則是城西大道(West End Ave)。

Street(St) = 街

街道走東西向平行狀的稱為Street，而Street以5大道為界，分東(East，簡寫為E，如E 42nd St)與西(West，簡寫為W，如W 42nd St)，所以看街道地址時要注意是E或W。

Square(Sq)、Place(Pl) = 廣場

Square、Place都可稱為廣場，如時代廣場(Times Sq)、華盛頓廣場(Washington Sq)等。

Between(bet、btw、b/w) = 之間

紐約店家地址的寫法相當簡單，通常只有寫出門牌號碼及街道名，如100 W 42nd St、100 5th Ave，由於紐約的街道長，若地址只寫門牌號碼，沒有寫靠近哪裡，很難看出大約位在哪個街區，最好在前往此地址之前先用網路地圖搜尋一下正確位置。有的店家在地址下會寫上或只有寫出大略位置，如42nd St at 5th Ave(表示店家在42街與5大道口)、42nd St bet 5th & 6th Ave(表示店家在42街上，位於5～6大道之間)、或42nd St near 5th Ave(表示店家位在42街上，靠近5大道)，這種標示法就能讓人馬上清楚店家的位置。

Corner = 街角

街角的寫法比較常見的是用在地鐵站出入口標示，如NE(東北)、NW(西北)、SE(東南)、SW(西南)，這種寫法有時也偶爾出現在公寓的地址上，如FE(前棟東間)等。

Near = 靠近

通常出現在商店、餐廳的地址上，以明顯的地標標示出大約位置。

行前準備
Preparation

攝影 / 梁鶴獻

出發前往紐約旅行前，該做哪些準備？

旅行前要先做好規畫，買機票、找住宿、辦旅行證件、規畫行程、美金換匯
等，這些繁瑣的事前計畫可一點都馬虎不得，事關旅遊的順暢。還有旅費的預
算與控制也很重要，總得好好計算一下需準備多少旅費，才能知道還有多少費
用可以拿來吃喝玩樂、外加買到過癮！

旅遊行程規畫

完美的旅遊包括選對季節、挑對節慶，找對麻吉的好旅伴

行前準備流程

	詳見	待辦	已辦
Step 1：蒐集旅遊情報 6~12個月前	詳見	待辦	已辦
網路上有相當多旅遊達人提供紐約旅行資訊或旅遊心得，可以多爬文作筆記；挑選適合的旅遊書也很重要，有著重歷史的、有專攻購物的、有教你省錢的，依自己喜好來購買。	P.52		
Step 2：規畫行程與旅費預算 6個月前	詳見	待辦	已辦
排定假期季節與天數後，再把想看、想玩、想吃和想買的內容一一寫下來，然後列一下預算清單，看看是否符合自己的旅遊預算，再依情況增減行程內容或旅遊預算。	P.47		
Step 3：護照申請與ESTA登記 3個月前	詳見	待辦	已辦
記得舊護照一定要有6個月以上的期限(從入境紐約日算起)，若不足期限或已過期，記得提前申辦；入境美國的旅行證明ESTA也請提前上網登記，並列印下來。	P.54		
Step 4：訂購機票 3個月前	詳見	待辦	已辦
網路上有許多機票銷售網站，可以多比較價錢及航程等，下單購買前記得要詳讀票務規定，改期或取消通常是需要手續費的；或也可交給旅行社代為訂購。	P.59		
Step 5：旅館預訂 3個月前	詳見	待辦	已辦
房價差別在於等級、地點、淡旺季等，可以用交通便利性、區域安全性、住宿舒適性等，來做住宿選擇，選定符合需求及價位的旅館後，記得盡量提早完成預訂。	P.124		
Step 6：保險與健康 1個月前	詳見	待辦	已辦
出發前可購買有包含意外及疾病醫療部分的旅行平安險，比較一下各家保險公司的服務、保障與理賠內容；另外基本的身體健康維持也很重要，有任何不適最好在出發前搞定。	P.63		
Step 7：匯兌與信用卡額度調整 2週前	詳見	待辦	已辦
可以選擇出發前先至各大銀行匯兌美鈔現金，或當天至機場內的銀行櫃檯匯兌；也可致電信用卡公司調整信用額度及告知旅遊天數及地點，或申請國際提款的專用密碼。	P.62		
Step 8：打包行李 3天前	詳見	待辦	已辦
季節因素及旅行目的關係著行李的內容，全部帶足或到紐約再買都是打包選項，必要的藥品千萬要記得隨身攜帶；打包行李的最高境界就是輕鬆出門、滿載而歸啦！	P.64		
Step 9：注意飛航資訊 1天前	詳見	待辦	已辦
出發前往機場搭機前，請確認搭乘航班的即時訊息，是否有因天候等因素而延遲或停飛；也要注意紐約的天氣是否較冷，有下雨、下雪等，記得為抵達做好準備。	P.40		

選擇旅行時間

Pick a Season

紐約的四季變化相當分明，每個季節都有讓人心動的節日與活動。若以氣候來說，春秋兩季絕對是旅遊紐約的好季節，天氣舒爽，景色也相當美麗；夏季雖然炎熱，但精彩的戶外活動最多樣，日落晚，可以玩的時間最充足；冬天的聖誕節、新年倒數絕對值得體驗，冷歸冷，但天氣就是要冷一些才有聖誕節的氣氛，要是剛好再下點雪，那就更讚了！

春季3～5月

春天是紐約花草甦醒的季節，公園的景色時刻在變化，不同的花朵輪番綻放。3月的早春還相當寒冷，氣溫變化大，要注意早晚的保暖；4月復活節期間是春季的高峰，氣溫開始變得溫暖舒適，4月同時也是美國各學校的春假時間，觀光客明顯增加許多；5月百花盛開，紐約客開始在公園裡野餐，並脫掉外衣迎接陽光，大剌剌地曬起日光浴。4月中旬～5月上旬也是紐約櫻花盛開的季節，植物園、中央公園一片春櫻美景，若你想看看不同於日本或台灣的櫻花景色，就選這個時期來紐約玩。

夏季6～8月

夏季是紐約最讓我難以忍受的季節，原因不外乎熱、熱、熱……讓人只想待在室內，免得曬成人乾。6月雖日照增強許多，但還算乾爽舒適，也是旅遊的淡季；7、8月只有炎熱能形容，若遇上空氣濕度變高，再加上悶熱的地鐵站，好比到了三溫暖裡的蒸氣室一般，讓人汗流浹背。而且7、8月也是全球的旅遊高峰，人多、機票貴、住宿也難找，不過夏季也是紐約戶外活動最多最精彩的季節，幾乎每個週末都有大型的活動，免費的音樂會，還有最精彩的國慶煙火。

當然，服飾店的折扣季也在7月達到高峰，想撿便宜就得這時候來紐約採購。

秋季9～11月

秋季也是紐約另一個適合旅遊季節，秋高氣爽，加上葉黃楓紅，這時的中央公園最具詩意了，若你想欣賞紐約上州美麗的楓紅，可以參加季節限定的楓紅火車或楓紅遊輪一日遊。9月已是夏季的尾聲，白天的日照還是相當強，但一到晚上就有些許的涼意囉！

10月開始進入美國年末的三大節日，首先登上商店櫥窗的是萬聖節的橘色+黑色，好不熱鬧，10月31日的萬聖節遊行，精彩不能錯過；11月立刻換上火雞主題，月末的感恩節是家人團聚的日子，美國人相當重視這一天，餐桌上的火雞一向是話題焦點。而感恩節隔天的週五（又稱為Black Friday），是商店折扣最優惠的一天，也是美國人採購聖誕節禮物的開跑日。

若要來紐約欣賞楓紅，10月下旬～11月底是最佳的時間，這期間天氣也開始變冷了。

▲ 紐約也有美麗的春櫻可以欣賞

▲ 夏天戶外活動多，紐約客喜歡曬太陽

▲ 家家戶戶裝飾起門面迎接萬聖節

冬季12～2月

紐約的冬季相當寒冷，偶爾會遇上暴風雪，若這期間來紐約旅行，帽子、圍巾、羽絨衣等保暖衣物是必備的裝備，尤其當2、3月融雪的時候更是需要一雙雨鞋或防水鞋，不然真的是寸步難行。從11月底開始，各街道、商店就已經陸續換上聖誕節的裝飾，越接近聖誕節越熱鬧，聖誕市集、百貨櫥窗、超市購物、戶外溜冰等，都是體驗紐約聖誕節氣氛的好去處。

12月正是紐約旅遊旺季的高峰，很多人來大城市採購、度假兼過節，將商店、超市擠得水洩不通，煞是熱鬧，而除夕夜時代廣場的倒數活動，更是年度大戲。不妨將假期排在這個時期，親身體驗一下紐約的聖誕、新年氣氛。不過，相對來說，機票、住宿費都會增加許多，但是到了1、2月的旅遊超淡季，飯店馬上推出優惠住宿價，而且商店季末折扣也開始了喔！

▲ 體驗一下冬天雪白的紐約

體育賽事、藝文表演

你也可以參考體育賽事或藝文活動舉行的時間來規畫假期，不僅玩紐約也順道看賽事、看表演，讓你的行程更加豐富。

棒球(MLB)：4月上旬～9月下旬
籃球(NBA)：10月上旬～4月下旬
網球(US Open)：8月底～9月初
大都會歌劇：9月中旬～5月中旬
芭蕾舞(NYCB)：5～6月、11月下旬～2月下旬

旅行天數
Travel Days

到紐約旅行當然待的時間越長越好，不過一般上班族請假的天數實在有限，若想玩得比較充裕，最好可以計畫至少7～10天的假期，但搭飛機來回幾乎就占去了假期裡的2～3天，而且旅遊天數也關乎旅遊預算的增減。

預算規畫
Budget

旅遊預算的多寡幾乎左右你的旅行方式與內容，其中以機票、住宿費占最大部分，幾乎會花掉預算的1/2、甚至2/3，所以盡早計畫能盡早開始存足旅遊基金。

出發前	費用計算(台幣)	我的預算
來回機票	30,000～45,000元／人	
護照	1,300元／人	
ESTA 旅行登記	US$14.00／人(約440元)	
購買旅遊書籍	1,000元	
旅館住宿	3,000～8,000元／天(2人房)	
旅行中		
機場來回交通	2,200元／趟(計程車)	
7日無限搭乘地鐵票卡	$32.00／張(約1,000元)	
一日三餐+點心	2,000元／人	
參觀費	6,000元／人	
購物	預算自己抓吧	

行前準備

紐約的假日與節慶
Holiday & Events

選個你喜歡的假日或節慶來紐約，除了到各個熱門景點逛逛玩玩，還能跟著紐約客一起慶祝與歡樂，不論是復活節帽子節慶、同志驕傲日的遊行、萬聖節的裝扮派對，或者新年倒數的熱鬧慶祝，都會讓你的旅行有更多特別的回憶。

紐約年度活動曆
http www.events12.com/new york

Time Out new York
http www.timeout.com/newyork

1月	國定假日與特別節慶	說明
1月1日	新年 New Year's Day	**國定假日**
1月第三個週一	金恩博士紀念日 Martin Luther King Day	**國定假日**
1～3月期間，為期約3週(每年時間會變動)	冬季紐約餐廳週 NYC Winter Restaurant Week	參加活動的知名高檔餐廳很多，可以用非常優惠的價格品嘗到精緻的套餐餐點，這時期也是旅遊淡季，機票比較便宜，喜歡美食的朋友不能錯過。 http www.nycgo.com/restaurant-week
2月		
2月第三個週一	美國總統日 President's Day	**國定假日**
農曆春節的週末	中國新年 Chinese New Year	曼哈頓中國城的Mott St與法拉盛中國城的Main St都有慶祝活動，傳統年味十足。 http www2.chinatown-online.com
2月1～28日	熱巧克力節 Hot Chocolate Festival	由The City Bakery所舉辦，為期一個月的熱巧克力節，每天都會推出不同口味的熱巧克力與甜點。 http www.thecitybakery.com f City Bakery　　　　o citybakerydaily y The City Bakery
2月中旬	紐約時裝週 New York Fashion Week	紐約時尚圈的年度盛事之一。 http nyfw.com fyt o NYFW
3月		
3月17日	聖派翠克節 St. Patrick's Day Parade	傳統的愛爾蘭節慶，第五大道從44th～83rd St有遊行活動，身著傳統蘇格蘭軍裝的樂儀隊伍最吸引人目光。 http www.nycstpatricksparade.org
3月下旬或4月上旬(週日)	復活節 Easter Day Parade	迎接春天的到來，於第五大道上從49th～57th St，有以帽子為主題的慶祝活動，誇張鮮豔的特殊造型帽子，往往是鏡頭下的焦點。
3月底～4月初，為期2週	梅西百貨花卉秀 Macy's Flowers Show	梅西花卉秀是紐約春天的一大盛事，不論是商場內、櫥窗裡、服裝秀等，都以花卉為主題，鮮花造景相當奪目。 http social.macys.com/flowershow

4月		
4月中旬	翠貝卡電影節 Tribeca Film Festival	成立於2002年，位於紐約下城西區，為振興911後的紐約經濟而發起，發起人之一是知名演員勞勃迪尼洛，特別推崇獨立製片的電影。 http tribecafilm.com/festival f y t Tribeca
4月中旬～5月初	櫻花祭 Cherry Blossom Festival	http www.centralparknyc.org、www.bbg.org
5月		
5月最後的週一	美國國殤紀念日 Memorial Day	**國定假日**
6月		
6月上旬的週二	博物館嘉年華 Museum Mile Festival	這一天的晚上(18:00～21:00)第五大道從82nd～105th St，除了博物館、美術館開放免費參觀外，還有各種藝術活動。 http museummilefestival.org
6月中下旬的 週六	美人魚遊行 Mermaid Parade	布魯克林海濱盛大的夏日節慶，打扮成美人魚與各類海中生物，一場繽紛熱鬧的遊行活動。 http www.coneyisland.com/programs/mermaid-parade
6月最後一個 週日	同志驕傲日 Gay Pride Day Parade	6月是同志驕傲月，有一連串的活動，以月底週日沿著第五大道的同志遊行為活動高潮，紐約客展現熱情的一面。 http www.nycpride.org　　f NYC Pride y New York City Pride　　nycpride
6月中～8月中 (週一17:00)	HBO露天電影節 HBO Bryant Park Summer Film Festival	HBO於布萊恩公園辦起了仲夏夜露天草地電影活動，吸引廣大市民參與。 http bryantpark.org/programs/movie-nights?
7月		
7月4日	美國獨立紀念日(國慶日) Independence Day	**國定假日**：欣賞由梅西百貨所贊助的河岸煙火大秀，是國慶日的重點活動，五彩絢麗的煙火配上氣勢磅礴的交響樂，讓人頓時感情澎湃了起來。 http www.macys.com/social/fireworks
7月4日	10分鐘快速吃熱狗大賽 Nathan's Famous Hot Dog Eating Contest	在布魯克林康尼島Nathan's本店所舉辦的吃熱狗大賽，已經成為紐約國慶日的著名活動，夏日的康尼島相當熱鬧。 http nathansfamous.com f y Nathan's Famous　　originalnathans
7月	林肯中心藝術節 Lincoln Center Festival	由林肯中心主辦的藝術節，包括音樂、舞蹈，及與藝術家的對談等藝文活動，均為一流的藝術家與表演團體。 http lincolncenterfestival.org f y Lincoln Center　　lincolncenter
7～8月期間，為期約3週(每年時間會變動)	夏季紐約餐廳週 NYC Summer Restaurant Week	可以用非常優惠的價格品嘗到知名餐廳精緻的套餐餐點，午餐約$25.00、晚餐也只要約$40.00，相當划算，想撿便宜就得搶先訂位喔。 http www.nycgo.com/restaurant-week

行前準備

9月		
9月第一個週一	美國勞工節 Labor Day	**國定假日**
9月上旬	紐約時裝週 New York Fashion Week	紐約時尚圈的年度盛事之一。 http nyfw.com 📘🐦📷 NYFW
9月中旬～下旬 為期10天	義大利宗教日慶典 Feast of San Gennaro	在下城Little Italy的Mulberry St.街道兩旁，設有各種美食、商品、遊戲的攤位，慶典的熱鬧活動為期10天。 http www.littleitalynyc.com/sg_page1.asp
9月底～10月中旬	紐約影展 New York Film Festival	國際電影圈盛事，佳片雲集。 http www.filmlinc.org 📘 Film Society of Lincoln Center 🐦 The Film Society
10月		
10月第二個週一	哥倫布紀念日 Columbus Day	**國定假日**
10月中旬週末 為期2天	建物開放參觀日 Open House New York	每年僅開放2天，可以參觀平時難得一見的建物內部。 http www.ohny.org
10月31日	萬聖節遊行 Village Halloween Parade	整個10月全紐約都洋溢著過節氣氛，而當晚西村(West Village)的遊行活動，則將萬聖節的熱潮帶到最高點，群魔出動、聲勢浩大，處處都是鬼怪派對的歡樂聲。 http halloween-nyc.com 📘 New York City Halloween Parade 🐦 NYC Halloween Parade 📷 nychalloween
11月		
11月11日	退伍軍人節 Veterans Day	**國定假日**
11月第四個週四	感恩節遊行 Macy's Thanksgiving Day Parade	**國定假日：**由梅西百貨贊助主辦，巨大的充氣人偶、絢麗的花車，以及影視名人，長長的遊行隊伍從上西城中央公園旁開始，一路到34街的梅西百貨，街道兩側滿滿都是圍觀的群眾，想卡到好位置就得忍受清晨刺骨的寒冷。 http www.macys.com/social/parade
感恩節隔日	黑色星期五 Black Friday	全美最大的折扣日，搶購人潮從凌晨就開始了。
12月		
12月25日	聖誕節 Christmas Day	**國定假日**
12月	聖誕節百貨公司櫥窗秀 Christmas Window Display	各大商店、百貨公司的櫥窗秀是聖誕節期間必看的景點，排隊看櫥窗也是只有紐約才有的奇景。
12月第一個週三 (或11月底)	洛克斐勒中心聖誕樹點燈 Rockefeller Center Christmas Tree Lighting	全球最高大的聖誕樹，在這一天點亮，一整個月的聖誕氣氛由此開始感染，能在樹下溜冰更是浪漫。 http www.rockefellercenter.com/holidays/rockefeller-center-christmas-tree-lighting
12月31日	時代廣場新年倒數 Times Square New Year's Eve	紐約年末最瘋狂的活動，想體驗得提早前去卡位，還要備有長時間耐寒+憋尿的功力，活動持續到凌晨倒數結束。 http www.timessquarenyc.org

※ 資料時有異動，請以官方公布的最新資料為主

蒐集旅行資訊

行前功課一定要做，才能有個完美的假期

出發前往紐約旅行前，相關的功課一點都馬虎不得，不論是諮詢去玩過的朋友、上網爬旅遊達人的部落格，或購買幾本旅遊導覽書籍來閱讀，都是很不錯的方法。尤其是各種免費好用的APP，行前下載，有地圖不迷路、有翻譯好溝通、有資訊最即時。

購買適合的導覽書籍
Guide Books

市面上有關紐約的旅遊書籍相當多，有指南型的、有交通型的、有歷史型的、有購物型的，琳琅滿目相當多樣，每位作者各有擅長的類別，可以到書店翻翻看看，買幾本適合你的旅遊形態、旅遊目的的導覽書籍。這裡推薦幾本紐約的旅遊書籍給大家參考：

個人旅行－紐約

這是一本全方位的紐約導覽書籍，資訊、地圖清楚詳細，包含各種玩賞紐約的方法，以及如何省錢、如何買戲票、如何搭地鐵等的好撇步，最貼心的是幫讀者規畫好了分區散步路線圖，跟著建議路線走免迷路，重要的景點也絕不會錯過。

個人旅行－美國東岸重要城市

如果除了紐約以外，你還安排了其他城市旅遊，如華盛頓D.C.、波士頓、費城，這幾個城市在這本書裡都有介紹，一本抵好幾本，非常值得參考。

搭地鐵玩遍紐約

以搭乘紐約地鐵的交通方式，帶著讀者一站一站玩遍紐約，尤其作者具有時尚專業背景，說起流行購物可說是精彩十足，更以在地客的優勢，介紹別人所沒有的特別景點、商店、餐廳與玩法。

放眼紐約設計

熱愛藝術、喜歡設計的朋友，一定要拜讀這一本，認識一下紐約的藝術風格與設計潮流，聽聽設計師如何看紐約、設計紐約，發掘紐約新創意。

DK：New York City

英國出版，具國際盛名的導覽叢書，以建築、歷史、典故及精美的插圖見長，若喜歡聽城市的老故事，這本書相當值得閱讀。不過本書的中文版出版至今已有20年了，目前只能透過二手書店或網拍尋得。

地球步方-紐約

若看得懂日文，推薦你閱讀這一本日本最負盛名的旅遊導覽系列叢書，以包含詳盡的資訊見長，並介紹紐約最新、最熱門景點、餐廳、商店等，藝文、體育也有精彩介紹。本書最新版本的中文版尚未上市。

聽聽過來人的旅行經驗
Experience

去玩過紐約的人越來越多，有不少都是部落客寫手，上網搜尋一下就有好多，不妨上去瀏覽一下他們的旅行紐約經驗，以及推薦哪裡有好吃好玩好買的，一一做筆記，再依旅行天數整理規畫出適合自己的行程。

下載實用的APP
Downloading

若不喜歡帶著沉重的導覽書出遊，將所有資訊載入手機、小筆電或iPad裡，是最方便的方式。可以購買有電子版的旅遊書，及下載免費或付費的各種實用APP，就連各大景點也有推出導覽APP，讓你能隨時掌握最新資訊。

實用旅遊APP推薦

 Time Out：Discover your City
全方位的紐約生活指南，提供餐廳、商店購物、活動、文化藝術等最新資訊。

 Weekender
面對紐約週末多變的地鐵動態，你絕對需要這個官方的APP來搞清楚路線更動。

 NYC Subway & Bus
提供地鐵、公車即時動態、時刻表、路線圖等實用資訊。

 New York Map and Walks
詳細的街道地圖，有城市觀光資訊，可以沿著景點規畫出散步路線。

 Yelp
網路最佳餐飲推薦指南，提供價位、菜單，還有過來人精確的評論。

 Free Wifi New York City
提供搜尋紐約哪裡有免費的Wi-Fi可以讓你快速連線。

 Yahoo Weather
Yahoo官方氣象APP，可以查詢各城市當日天氣及未來10天的天氣預報。

 Citi Bike
城市單車哪裡找？怎麼租借、歸還？怎麼到目的地？這個官方APP最好用。

 Uber
最方便的叫車系統，周遭沒地鐵公車可以搭、計程車招不到，UBER最方便。

 Google Map
詳細的街道地圖，指引你前進的方向，是迷路、找地址的最佳APP。

 The Metropolitan Museum of Art, NYC
博物館地圖，展覽品介紹與活動導覽。

 Central Park Visitor Guide
詳細的公園地圖，讓你遊園不迷路，介紹公園內知名景點與活動。

 TKTS
百老匯折扣票亭APP，當天有哪幾齣戲？多少折扣？幾點演出？資訊一目了然。

※ 資料時有異動，請以官方公布的最新資料為主

旅行證件準備

護照、ESTA旅行登記或簽證，記得提早辦理

護照準備

Passport

　　到紐約旅行，可持6個月內將過期的護照入境美國，但無法獲准停留超過護照效期，建議不足6個月效期就申辦新護照。若護照已過期，或持非新款的晶片護照，都需要重新申辦新的護照，等新護照辦妥後再申請簽證或ESTA旅行許可。

貼心 小提醒

　　首次申請普通護照必須本人親自至領事事務局或外交部中、南、東部或雲嘉南辦事處辦理；或向全國任一戶政事務所辦理人別確認後，始得委任代理人續辦護照。

行家 祕技　旅外國人動態登錄

　　外交部領事事務局架設「旅外國人動態登錄網頁」(出國登錄)，提供民眾出國觀光、遊學或洽商，都可到網頁上登錄個人資料及旅外停留資料，有助於駐外館處了解國人動態，當發生天災、動亂、急難事件或有協尋請求時，能立即聯繫國人以提供必要協助。

🌐 **個人旅遊、度假打工登錄**：www.boca.gov.tw，進入網站後點選「旅外安全」下拉的「出國登錄」選項

護照這裡辦

🌐 www.boca.gov.tw
🕐 週一～五08:30～17:00(中午不休息，另申辦護照櫃檯每週三延長辦公時間至20:00)
　　一般申請案4個工作天，遺失補發5個工作天
💲 新台幣1,300元

外交部領事事務局
✉️ 台北市中正區濟南路1段2之2號3～5樓
📞 (02)2343-2888

外交部中部辦事處
✉️ 台中市南屯區黎明路2段503號1樓
📞 (04)2251-0799

外交部雲嘉南辦事處
✉️ 嘉義市東區吳鳳北路184號2樓
📞 (05)225-1567

外交部南部辦事處
✉️ 高雄市前金區成功一路436號2樓
📞 (07)211-0605

外交部東部辦事處
✉️ 花蓮市中山路371號6樓
📞 (03)833-1041

外交部東部辦事處：台東行動領務
✉️ 台東市博愛路275號(台東縣民服務中心)
📞 (089)377-550
🕐 每月15日12:00～17:00(遇週末、假日或颱風假順延至下一個上班日)

※ 資料時有異動，請以官方公布的最新資料為主

ESTA旅行授權申請
ESTA

自2012年11月1日起,凡在台灣設籍之中華民國國民,並持新版晶片護照赴美從事90天以內的商務或觀光旅行,旅客可以事先上網至「旅行授權電子系統」(Electronic System for Travel Authorization,簡稱ESTA)申請並取得旅行授權許可,即可直接搭機赴美。

ESTA是決定旅客是否有資格以「免簽證計畫」(Visa Waiver Program,簡稱VWP)赴美的自動化系統,ESTA旅行授權許可有效期限為2年,或至護照過期失效為止(視何者到期時間較早為準),在ESTA旅行授權許可的有效期限內,旅客可以多次入境美國。

不過,取得ESTA旅行授權許可並不一定就代表可以順利入境美國喔!ESTA僅是授權旅客可以免簽證登機赴美,在入境審查時美國官員仍持有旅客能否入境之最終決定權。

http **https://esta.cbp.dhs.gov/esta**

符合申請ESTA之資格

■設籍台灣並且持有身分證字號之國民。
■持有外交部核發並具效期之新版晶片護照。
■赴美目的為觀光或商務,且只停留90天以內。
■沒有犯罪紀錄、沒有被美國拒絕入境的紀錄。
■若先前以免簽證計畫入境,而未遵守相關規定者,有可能會以資格不符而被拒絕。

貼心 小提醒

ESTA旅行授權許可最好親自申請

有些網站雖也提供ESTA資訊,並聲稱可代旅客提出ESTA申請,但這些網站其實並未獲得美國政府的認可,也不是美國政府的附屬機構。如果網址不包含「.gov」或收費高於官方,它就不是ESTA的官方網站,瀏覽網站或提出申請時請特別注意。

請注意 美國新政府上任,對旅遊入境等規定或許會有變動更改,申請簽證或出發前需特別注意。

申請ESTA Step by Step

※ 網頁畫面時有異動,請以官方公布的最新資料為主
※ 以下畫面欄位資料均為填寫參考範例,勿照抄,請依照個人資料填寫

Step 1 點選進入中文頁面

進入網站可點選上方的中文語言介面順利瀏覽,唯獨仍須以英文填寫各項資料。

▲ 提出申請前可以詳閱各項條款的中文說明,若要查詢已提出的申請案件,請點選上方的「查閱現有申請」。

Step 2 同意免責聲明及付費條款

均先點選「**是**」,再點選「**下一步**」。

Step 3 填寫申請人資料

雖是中文顯示，但全程還是需要以英文填寫，填寫完畢請點選「**下一頁**」繼續。

> **若不清楚填寫欄位內容，可點選問號閱讀詳細填寫說明**

輸入申請人資料

本表給本審理之申得民身份給客若為 8 CFR 217.2列項國家 所列成員。

請全部以英文表示。
必填欄目均以紅色星號 * 標示。

申請人／護照資料

參考空的護照主公相同形式輸入所有資料。

姓 *	名（給名） *
CHANG	TAI YA

性別 *
男性

護照範例

申請人/護照資訊
請依護照內的資料填寫，
名字中間的「-」請以空格代替

您是否使用任何其他名字或別名？ *
否

姓	名（給名）	
		增加另一份

出生日期 *	出生城市 *	出生國家 *
3 月 3 1980	TAIPEI	TAIWAN(TWN)

護照號碼 *	公民身份之國家 *	國家證件號碼 *
1234567890	TAIWAN(TWN)	UNKNOWN

發照日期 *	發照國家 *	個人身分證號碼
3 月 3 2017	TAIWAN(TWN)	A123456789

效期截止日期 *		
3 月 3 2027		

以下三題若勾選「是」，
請照實填寫資料

您是否擁有任何其他物國籍外發的之證明或身份證？ *
否

新聯國家

證件號碼	效期截止年份

		增加另一份

其他公民身分／國籍

您目前是否為任何其他物國籍之公民或國民？
否

公民身分國籍／國籍	您如何取得該國之公民身分／國籍？	其他

		增加另一份

您是否為任何其他國籍之公民或國民？
否

公民身分國籍／國籍		
		增加另一份

GE 會員

您是否為 CBP Global Entry 計劃之會員？
否

PASSID／會員號碼

父母 *
請在本欄輸入列出您父母的姓名。所有申請人必須填寫此基本資料。

姓 *	名（給名） *
CHANG	SHIS LIN
LIANG	GEN TAIN

您的聯絡資料

請輸入您的聯絡資料。

直接地址行1 *	家庭地址2號碼	公寓號碼
32 TAI ROAD		

城市 *	所在／省名／區名 *	國家 *
TAIPEI	UNKNOWN	TAIWAN(TWN)

電話類型 *	國碼＋電話號碼 *	
行動電話	886 987654321	增加另一份

電子郵件地址 *
taiya@morning.com

確認電子郵件地址 *
taiya@morning.com

社群媒體（選填） **非必填項目**

請輸入與您的網路身分有關的資料。

提供商／平台	社群媒體識別碼

	增加另一份

就業資料

你現在或過去是否曾受聘？ *
是

職稱	聘用單位名稱	直接地址行1
EDITOR	PUBLISH CO.	46 PEI ROAD

家庭地址2號碼	城市	所在／省名／區名
	TAIPEI	UNKNOWN

國家	國碼＋電話號碼	
TAIWAN(TWN)	886 212345678	

請點選
「下一頁」

上一頁	步驟 2，共 6 步驟	下一頁

Step 4 填寫旅行資料

若是不清楚或是沒有資料可填寫，可填「**UNKNOWN**」，電話欄填「**0**」。

輸入旅行出遊資料

請全部以英文顯示。
必填欄目均以紅色星號 * 標示。

在美聯絡人、地址資料為非必
填項目，在美地址可以填寫投
宿飯店的資料。

您是否造訪美國前往的地方？ *
否

在美聯絡人資料

姓名			直接地址行1

家庭地址2號碼	公寓號碼		城市

所	電話號碼		

在美住址 可填住宿飯店的資料 如同上述在美聯絡人之資料

直接地址行1	家庭地址2號碼	公寓號碼

城市	所	

在美或在美境外緊急聯絡人資料 可填寫家人或朋友的資料

姓 *	名（給名） *	電子郵件地址 *
UNKNOWN	UNKNOWN	UNKNOWN

國碼＋電話號碼 *		
0	0	

請點選
「下一頁」

上一頁	步驟 3，共 6 步驟	下一頁

行前準備

Step 5 填寫資格符合問題

問題請確實勾選回答，若選「**是**」，則需詳細填寫說明，2處免責聲明均需勾選。

資格符合問題

顯於資格符合問題是否需要其他說明?
必須攔位均以紅色星號「*」標示。

1)您是否患有身體或心理障礙，或是您有吸毒或患有傳染性疾病（§section 361(b) of the Public Health Service Act中所述之傳染傳染性的疾病)。*
- 淋病
- 白喉
- 傳染性肺結核
- 麻疹
- 天花
- 黃熱病
- 病毒性出血熱，包括伊波拉、拉薩、馬爾堡、剛果出血熱病毒
- 能傳染感染入境可能引起疫了的急性重嚴呼吸性疾病

2) 您是否曾被逮捕或定罪，或遭他人或成因重嚴造成嚴重傷害而被逮捕或定罪過? *　否

3) 您是否曾經違反任何關於持有、使用或與非法藥物非法相關之法律規定? *　否

4) 您是否尋求涉及或或曾經涉及恐怖、間諜、破壞或種族滅絕活動? *　否

5) 您是否曾經欺詐或或或不實代表自己或他人以取得、或協助他人取得簽證或入美? *　否

6) 您目前是否在尋求就業機會或過曾否定或過去在美本獲提供得前職的工作之前受工? *　否

7) 您是否曾經以任何或以前的護照申請簽證審查而遭到拒絕，或您是否曾被拒絕入境美國成入美國口岸或從美國口岸入境入過之申請? *　否

8) 您是否曾在美國簽證時 超過美國准許給您之入境許可時限? *　否

9) 您是否在2011年3月1日之後曾經在任或身處伊拉克、敘利亞、伊朗、蘇丹、利比亞、索馬利亞或葉門門? *　否

權利放棄

本以聲明放棄聲明，茲此，本人對ESTA 取得之旅行證件許可授權，本人放棄對 United States Customs and Border Protection 員所作出入境與不之決定提出聲出聲明之權利，以及根據 Visa Waiver Program 入境申請所導致任何遺逮行動或驅逐出境之權利。

除上述權利放棄之聲明外，根據 Visa Waiver Program 每份入境申請的件中，本人同意就美相序規間關發生有關閱問題之（包括豁除及豁外）與另西確定加豁制 United States Customs and Border Protection 官員所作出入境與不之決定提出電審查之權利，以及根據 Visa Waiver Program 及入境申請所導致任何遣逐行動費出出境之權利。

聲明保證: **請勾選**
☐ 本人，即為申請人，茲此聲明保證本人已閱讀、或已瞭解本，及此申請內的所有問題及答聲明，本人解解本申請內的所有問題及答聲明，本人閱讀所如指切，於本申請中所給予之所答及資訊均為真實且正確。

備與第三方使用: **請勾選**
☐ 以第三方為代代申請入境出申準，本人已瞭解，本人已讀本申請之所有問題及答聲錯勿此申請所有問題及答...更進一步明代本人閱讀同/或簽署本申請內的所有問題與聲明，或與答聲明給 United States Customs and Bor......可之決定提出電審出出境上明，以及申請。以第三方為代代申請人入境出申準，於本申請所導致出出任何遣逐行動付出出境之權利。茲此確定代本的給予之代與答聲並均為真實且正確。

請點選「下一頁」

[上一頁]　步驟 4，共 6 步驟　[下一頁]

需要協助嗎?

Step 6 檢閱申請資訊

請仔細檢閱填寫的申請資訊，若資料都沒問題可點選「**下一頁**」進行付款動作。

你現在或過去是否受聘? * 是	職稱 DESIGNER	聘用單位名稱 * TAIYA PUBLISHING CO.
首實地址行1 * JIANTAN ROAD	來源地址2郵號	城市 * TAIPEI
州名/省名/區名 * UNKNOWN	國家 * TAIWAN (TWN)	國碼 + 電話號碼 886

[確認 & 繼續]

[+] 申請者信息　　　Edit ✎

[+] 旅遊信息

[+] 驗證

請點選「下一頁」

[上一頁]　步驟 5，共 6 步驟　[下一頁]

Step 7 付款前再次確認

頁面會顯示你的申請號碼與資料，你可以重新檢視或更新申請，若沒問題請勾選免責聲明，再點選「**支付**」進行信用卡付款。若有多人一起申請，你也可以全部填寫完後再一起付款，或加入個別申請號碼一起付款。

> 若你有多人要一起申請，請點選「新增新的申請」繼續填寫申請資料

請勾選

ESTA Electronic System for Travel Authorization
U.S. Department of Homeland Security

申請狀態

新增申請號碼RXB...

必須付款

您的申請未完成，並且在支付手續費以使CBP才會受理申請。您必須在7天內完成付款。

[新增現有申請]　[新增新的申請]

申請編碼	護照號碼	護照核發國家	姓氏	名字	出生日期
RXB...	000000000	TAIWAN	HUN	CHUN CHUCH	四月 00, 1999
[檢視申請] [列印申請] [退款申請]					尚待申請

列印或配備申請號碼，這將幫助您返回申請以支付申請費用或檢查狀態。 🖨 列印

免責聲明: **請勾選**
☑ 我瞭解持卡人向銀行請求追還申請時消費故申請自動退回。

提出: 美國 $14.00

[取消]　　　[支付]

Step 8 信用卡付款

申請費用為US$14.00／人，填妥信用卡資料後點選「**送出付款**」進行付款。點選「**送出付款**」後會出現正在處理付款畫面，請靜待付款動作完成，約需30秒左右。

Step 9 完成ESTA申請

完成付款後會顯示「**許可已核准**」頁面，你可以點選「**列印**」將資料印出來保存，或將資料畫面存檔。

貼心 小提醒

列印出紙本為非必要動作，入境美國時不會要求出示，但還是可紀錄有效期限以備日後自己查詢。

美國非移民簽證申請
VISA

　　若你打算在美國進行90天以上的商務或觀光旅行，除了以ESTA旅行授權許可入境後，在90天停留期限到期前出境美國再次入境外，你也可以前往美國在台協會台北辦事處辦理非移民簽證申請，非移民簽證有效期限最長可達5年（視申請案件而有所不同），每次入境停留最多可達6個月之久（美國入境審查官員有給予停留期限長短的權利）。有關美國非移民簽證詳細的申請資訊、費用等，請參考美國在台協會的官方網站。

1
Step
準備適當的照片：申請人需要準備數位及沖印照片各一份，於線上填表時與列印紙本申請確認單時使用。

2
Step
線上填寫簽證申請表：申請人須於線上以英文填寫DS-160申請表，填寫申請完成請列印出一份含有條碼的確認單。

3
Step
支付簽證規費：須先在申請網站上安排預約，再依規定完成付費。

4
Step
預約面談時間：上網輸入付款收據號碼，完成安排預約程序。

5
Step
依約前往面談：持面談預約單及相關輔助文件至美國在台協會進行面談。

6
Step
快遞發還護照：若簽證申請獲核准，簽證及護照會透過快遞服務送交給申請人。

美國在台協會資訊看這裡

🌐 www.ait.org.tw
　　www.ustraveldocs.com/tw_zh(申請美國簽證)
✉ 台北市信義路三段134巷7號
📞 (070)1080-1575(電話服務中心)
💲 簽證費US$160.00(以新台幣劃撥匯款，幣值換算請以官網最新公告為準)

※ 資料時有異動，請以官方公布的最新資料為主

全球入境計畫
Global Entry

　　2017年11月台灣正式加入美國全球入境計畫（Global Entry，簡稱GE），全球入境計畫讓會員在入境美國時可以在美國主要機場，或全球各地預先核可的地點，使用全球入境計畫的自動查驗機，快速地進行海關及移民通關檢查。

　　申請全球入境計畫需至官方網站登錄申請，費用為$100.00，並前往美國本土指定地點進行面試審核，面談通過即可取得5年的會員資格，之後將可以更簡易、迅速地通關入境美國。

　　申請詳情及所需資料及規定，可以參考美國在台協會的網站，或內政部移民署網站說明。

🌐 www.ait.org.tw/zhtw/global-entry-zh
🌐 egate.immigration.gov.tw/ge-frontend/home/twHome

其他旅行證件
Others

　　旅遊紐約，除了憑國際學生證可享車票、門票、戲票等優惠外，青年旅舍卡及國際駕照派上用場的機會不大，若有需要還是可以順便申請。

其他證件申辦資訊看這裡

ISIC國際學生證 / YH國際青年旅舍卡
🌐 www.yh.org.tw/member2.asp(國際學生證)
　　www.yh.org.tw/member.asp(國際青年旅舍卡)
✉ 中華民國國際青年之家協會：台北市中正區北平西路3號3樓3037室(台北火車站東二門)
📞 (02)2331-1102
🕐 週一～五09:00～18:00
💲 新台幣350元(國際學生證)
　　新台幣600元(國際青年旅舍卡)

國際駕照
🌐 tpcmv.thb.gov.tw(點選「國際駕照」)
✉ 各地所屬監理單位均可申辦
💲 新台幣250元

※ 資料時有異動，請以官方公布的最新資料為主

購買機票、參觀票券

機票票價會隨著旅遊淡旺季,以及轉機狀況而有差異

購買機票
Flight Booking

玩紐約的第一步除了申請好ESTA旅行許可登記外,還有就是購買機票了。如何買到最便宜的機票,一向都是自助旅行愛好者最關心的,飛紐約的機票費用約在新台幣30,000～45,000元之間,淡季、旺季的票價不一樣,直飛或轉機也是直接影響票價的因素之一。

旅遊淡季與旺季

飛紐約的航線,4月、6月下旬～8月底、12月,以及農曆春節假期屬於旺季,這些時段都是美國境內的旅遊高峰,票價相對會偏高;而哪一天飛也會影響票價,通常選擇週二～四起飛的航班會比週末起飛的票價便宜。

直飛與轉機

目前由台灣直飛紐約的航班只有華航與長榮,直飛的優點就是方便省時,缺點就是票價比較貴(但不時也會推出特惠票價)。若想壓低機票預算,搭乘需轉機的航班是唯一選擇,而票價也會因為轉機時差、城市而有所不同,其中以需要過夜轉機的票價最便宜,價差可多達新台幣10,000元左右。搭乘轉機航班的好處是,回程可安排在轉機點停留(有些特價機票不能停留第三航點),

只要多加一點費用就可多玩一個地方,可以依照想轉機停留的城市來選擇航空公司。

機票期限與艙等

就算是自助旅行客只搭得起的經濟艙,也有分好幾種艙等,這部分影響機票價較少,而機票限期就影響很大了。其中以年票最貴,但限制最少;其他還有6個月、3個月、2個月、1個月等的票期,票期越短越便宜,但使用限制也會較多,如無法改日期、無法退票、轉機點無法停留等。

不同點進出

若除了紐約,你還想去其他較遠的城市或西岸玩,不妨改買不同點進出的來回票,雖然票價會多一點,但相當值得,在美國境內搭機也不用擔心行李收費及件數問題,因為你買的是國際票,所以全程通用國際票的行李規定。

票面價與稅金

直接找旅行社詢問的都會報給你含稅後的總價,若在網路購票的則需要多加注意了,國內的機票購票網站通常都只標示出約只有總票價2/3的票面價,其中還要加上一筆稅金,稅金會隨著航空公司、轉機城市而不同,稅金約在新台幣6,000～12,000元不等,相差非常大,所以先別被便宜的標價給沖昏頭了。

網路上購買機票

除了找旅行社代為訂位外，還可在網路上比價訂位，不妨多試幾個網站比較，找出最符合你預算、航段的機票。網路購票除了幾家國內網站可以至實體店面付費外，國外的網站幾乎都需要以信用卡付費，另外網路購票的訂位保留也比較短，通常下單後的3～7天內就須完成付費開票，若期限內沒完成付費，訂位也就自動取消了。

在網路上購買的特惠票，大都不能退票，改期的手續費較高，若行程日期沒有確定，千萬不要冒然付款開票，若遇上非得改期，建議也可先致電航空公司洽詢，有時直接請航空公司改期的手續費會比透過購票網站較低一些。也可直接在航空公司的官網上訂位，順便加入會員累積哩程。

上網買機票看這裡

易遊網
www.eztravel.com.tw

雄獅旅遊網
www.liontravel.com

易飛網
www.ezfly.com

Skyscanner
www.skyscanner.com.tw

Expedia
www.expedia.com

Booking.com
www.booking.com

※ 資料時有異動，請以官方公布的最新資料為主

劃位儘早、特殊餐要提出

成功訂位後，可以至航空公司官方網站查詢你的訂位紀錄，及提早劃位，選擇你喜歡的座位，有的航空公司還可以另外付費選擇座位區域佳、座位較舒適的豪華經濟艙。

若有特殊餐點的需求，如宗教素餐、蛋奶素餐、水果餐、兒童餐、無麩質餐，或對任何食材過敏等，都可以直接提出要求。

座位及餐點要求，在出發期限前都可以隨時更改，之後除了座位還可以在機場Check-in櫃檯更動外，餐點是無法臨時更換的。

加入航空公司會員
Membership

購買機票前可考慮加入航空公司會員，除了可累積哩程換取升等或免費機票，日後搭乘聯盟內其他航空公司也可以一併累積哩程。目前共有3個聯盟集團，每個聯盟都有許多航空公司成員，成員間有聯運服務，也可以相互累積哩程，所以每個聯盟只要挑一家航空公司加入會員即可。

星空聯盟Star Alliance
www.staralliance.com/hk

寰宇一家OneWorld
zh.oneworld.com

天合聯盟Skyteam
www.skyteam.com

貼心 小提醒

手機APP更方便

加入會員外，也可以下載航空公司的APP，可以隨時查詢票務、訂位紀錄、會員哩程、劃位、登機Check-in、行李付費等都可以在APP上直接完成。

預購參觀票券

Tickets

想要在短短的假期內輕鬆遊紐約,會浪費你長時間排隊買票的事一定要避免,不妨提前規畫好參觀計畫,並提早透過網路購買票券,才能讓你有充分的時間將紐約玩透透。

參觀自由女神

船票建議出發前先上網購買,若你想進入女神內部參觀,則強烈建議在出發前3個月先預購好,以免好不容易到紐約旅行,參觀名額卻早已售完(購票方法請見P.110)。

體育賽事、演唱會、藝文表演

若你也想趁遊紐約之際,來一趟賽事朝聖,記得要先挑有賽事或表演的期間,再來規畫旅行時間,計畫好哪天看球賽、哪天聽歌劇,先上網買好票券,那你的完美旅程就萬無一失了。

景點綜合參觀票券

許多熱門景點都需要花時間排隊買票,也沒有優惠票價,想省時又省錢,就推薦你購買綜合參觀票券,不僅重要的知名景點都包含在內,還附贈許多餐廳、購物、觀光的折扣,整體相當優惠,約可以省下40%以上的參觀費。

百老匯音樂劇戲票

排TKTS票亭的半價票通常需要3個小時左右,若不在意一定要看哪齣,倒是可以於開演前1小時再到TKTS碰運氣,買到哪齣看哪齣。若你早有嚮往已久、非看不可的音樂劇,建議提早上網購買票券,或拜託紐約的親友幫你先買好,雖然費用會多了些,但能保證有票看得到(百老匯音樂劇資訊請見P.186)。

http www.ticketmaster.com/broadway
www.toptickets.us/category/broadway
www.broadway.com
www.broadwaybox.com

▲ 位於時代廣場的折扣票亭TKTS,人山人海大排長龍

綜合票券	期限	景點	使用限制	票價	省下費用	網址
New York City Pass	9天	6個	每個景點參觀一次	成人$126.00,兒童$104.00	約40%的參觀費	zh.citypass.com /new-york
The New York Pass	1天 2天 3天 5天 7天 10天	90個 以上	每個景點都可重複參觀	1天:成人$124.00,兒童$94.00 2天:成人$189.00,兒童$159.00 3天:成人$273.00,兒童$199.00 5天:成人$324.00,兒童$239.00 7天:成人$369.00,兒童$259.00 10天:成人$419.00,兒童$279.00	玩越多省越多	cn.newyorkpass .com
New York City Explorer Pass	30天	80個 以上	每個景點參觀一次	3個景點:成人$89.00,兒童$67.00 4個景點:成人$119.00,兒童$84.00 5個景點:成人$134.00,兒童$99.00 7個景點:成人$169.00,兒童$129.00 10個景點:成人$219.00,兒童$169.00	約50%的參觀費	www.smartdes tinations.com 點選New York

※ 資料時有異動,請以官方公布的最新資料為主

匯兌、保險

生病、意外無法預測，旅遊保險不可少

美金匯兌

Currency Exchange

現鈔匯兌

目前美金兌新台幣的匯率比約1：29～32，在進行匯兌前不妨多注意匯率走向，雖各家銀行的匯率稍有差別，但基本上相差非常微小，目前許多銀行也提供有外幣存摺開戶，可以直接購買小額外幣，匯率也比較有優惠，可作為平時匯率佳時隨時買進之用，旅行前再直接提領外幣，不失為一個儲存旅行基金的好方法，也不用擔心匯率在臨行前飆高。若行前來不及換匯，在桃園國際機場的出境大廳及候機大廳都設有匯兌處可進行各種幣值的換匯，也相當方便。

▲ 銀行設於機場出境大廳與候機大廳的匯兌處

貼心 小提醒

準備小額美金現鈔

匯兌時請記得向銀行要求換匯一些小額現鈔，作為從紐約機場到市區的行李推車費、交通費、小費等支付使用。

國外ATM現鈔提領

直接在海外以金融卡或信用卡提領現鈔雖然方便，但相對的手續費及匯率都較高，必須先向銀行提出申請供海外ATM提領的密碼，才能使用這項功能。不妨將此功能備用於人在海外現金不足，或現金遺失的緊急處理方式，若連信用卡與金融卡也一起遺失，就只能求助家人以西聯匯款（見P.210）的方式將現金立刻匯到紐約給你了。

▲ ATM提款機需要有以上的標示才能進行海外提款

信用卡

信用卡是出國旅行最方便的支付工具，各發卡銀行對外幣刷卡交易的手續費收費標準不一，可以行前詢問清楚，也可以要求銀行提高信用卡消費額度，並告知在紐約的旅行期間，以免臨時有高額的海外消費而無法成功過卡。

旅行支票

旅行支票可以直接使用的場所不多，大致僅於飯店及百貨公司，還得出示護照。旅行支票若要在當地銀行兌換成現鈔，同樣需要出示護照正本，有時還會要求你出示第二個身分證明，你可以拿國際學生證、國際駕照或信用卡給銀行行員核對身分。不是太方便的支付工具。

行家祕技　如何使用旅行支票

購買旅行支票後，就立刻在上款簽下與護照相同的簽名，等到要使用、兌換時才當場在下款簽名及填上日期，要記得攜帶護照！

兌換日期

支票面額	下款簽名	上款簽名	支票號碼

旅行保險
Travel Insurance

美國的醫療費用相當高，掛號、看診、藥品費都是分開計算，幾百或數千元美金是基本的開銷，除非你可以忍到回台灣再就醫，或保證不會有任何意外發生，不然行前投保是相當重要的，不要因省小錢而得不償失。

旅遊保險分好幾項，有旅遊平安險（如車禍等意外事故）、旅遊不便險（如行李遺失、班機延誤取消等）、醫療險，還有急難救助險等，目前市場上的保險公司都有針對海外旅遊提供以上部分或全部涵蓋的保險商品，你可以針對自身的需求來做選擇或搭配。許多國人平時都已有投保壽險、意外險等，可以撥個時間整理已有保險的涵蓋範圍，再針對不足的部分做加保動作，尤其在醫療險及海外緊急難救助險更需注意。

由於國人大多都已經擁有國民健康保險，若有在海外就醫、拿藥、住院等情形發生，記得要保留收據及就醫紀錄等證明，以便回台灣後向建保局或保險公司提出申請給付或理賠。

若行前來不及投保，桃園國際機場的出境大廳設有多家保險公司的服務櫃檯，供出國民眾當下投保，投保項目、理賠金額選擇多，相當便利，保險公司也大都會贈送一些小禮物給保戶。

http 健保申請給付：www.nhi.gov.tw→點選「一般民眾」選項裡的「自墊醫療費用核退」→點選「申請醫療核退須知」與「自墊醫療費用核退簡介及申請相關表單」

▲ 保險公司設於機場出境大廳的投保服務櫃檯

貼心 小提醒

確認投保保單內容

一定要確認投保所涵蓋的內容，以及理賠的範圍及理賠程度，若覺有不足可以再調整加保。

信用卡付費投保也有保險

若以信用卡支付機票等交通費用，也會產生因支付而附贈的意外險、不便險等，不過並非全面性的保障，保障程度、理賠條件各家銀行不一，想要以信用卡支付交通費，可以先向發卡銀行確認所包含的理賠項目、條件，以及理賠程度。

打包行李

切勿受陌生人之託提領行李或攜帶物品入出境

出發前往紐約旅行前，打包行李是最後一項重要的準備工作，衣物怎麼帶、物品怎麼整理、行李怎麼準備，雖都是小事，但整理起來同樣繁瑣煩人，託運行李、隨身行李，還有電腦、相機背包該怎麼準備都相當重要。

託運行李
Check-in Baggage

行李箱百百款，到底哪一款最好用呢？多大的尺寸才適合？端看每個人的喜好而見仁見智，託運行李箱的大小大致分有21吋、25吋、29吋這3種，大容量後背包也有50～85L的不同容量，可以依照身材、體力，以及旅行天數的長短與目的來選擇，當然價格也是考慮因素之一。

硬殼旅行箱

硬殼箱防水、耐摔、易碎品保護性佳、使用年限長，材質還有鋁合金、ABS、PP、PE，有鋁框或拉鏈等不同選擇；還有結合ABS跟軟箱的新型旅行箱，與目前最夯結合強化ABS與PC的超輕量、耐衝擊的旅行箱。其中以鋁合金與超輕量材質的價格最貴，PP與ABS鋁框行李箱重量最重。

軟殼旅行箱

軟殼箱則較輕便、收納層袋多、容量大、有

▲ 輕型硬殼箱　　　　　　　▲ 軟殼旅行箱

伸縮性，花色、款式相當多樣，但通常以拉鏈開合，物品塞太滿較易從拉鏈處爆開；還有背包客愛用的大容量旅行背包，這種後背包也發展出附帶拉桿與雙輪的可拖式旅行背包。

託運限制

市面上所販售的行李箱、旅行背包的大小都符合託運行李的尺寸限制。以飛美國航線的經濟艙等來說，以單件23公斤（50磅）為上限，每人最多可免費託運兩件行李，超重及超件則需要額外付費；若是搭乘商務艙或頭等艙，可免費託運的行李重量與件數就大大增加許多。

貼心 小提醒

購買配有TSA美國海關認證密碼鎖

若你習慣將行李上鎖再託運，建議購買配備有TSA美國海關認證密碼鎖的行李箱，方便美國海關檢查託運行李，或另外添購TSA鎖頭使用。

隨身行李
Carry-on Baggage

根據航空公司規定,每位旅客可以攜帶1件手提行李及1件隨身包包上飛機,手提行李尺寸不能大於56x36x23公分(機場出境大廳都設有手提行李尺寸測量器)、重量不得超過7公斤(15磅),手提行李可以是市售的登機箱或旅行袋。雖規定是如此,不過超標的大有人在,只要體積看起來不會誇張的大件,通常也不會一一秤重檢查。

隨身包包就視個人需要,可以是側背包、後背包、手提包、電腦包或公事包等,以可以擺放在座椅底下的尺寸為佳,方便拿取需要的物品。

如果你的隨身物品簡單,不妨只背個隨身包包輕便登機就好,但建議可以多打包個手提旅行袋在託運行李中,以備在回程時使用。

▲ 手提旅行袋

▲ 登機箱

▲ 旅行箱束帶

▲ 隨身後背包

貼心 小提醒

行李磅秤最好用
擔心行李超重,除了使用機場設有的磅秤機外,也可以使用家裡現有的體重機,或購買攜帶型的行李磅秤,相當便利。

液體密封袋

隨身行李內的任何液態物、膏狀物,需集中放置於容量不能大於1公升的透明封口袋內,每件物品的容量不能超過100毫升(ml),於安檢時放置於置物籃內通過X光檢測儀檢查,每名旅客僅能攜帶1個透明封口袋。

護脣膏

化妝水 保濕乳液 藥膏 眼藥水 牙膏 洗面乳

衣物與穿著
How to wear

行李打包

衣物帶多帶少學問大,除了依出遊季節帶齊所有行頭外,也可以輕便出門,到紐約購買最新最潮的立刻穿上身。春秋兩季早晚溫差大,保暖薄外套一定要準備;夏天炎熱日照強,太陽眼鏡、遮陽帽、防曬用品不可少;冬天氣溫低,圍巾、帽子(以可遮蓋耳朵為佳,或耳罩)、羽絨外套、長短靴最適合禦寒。

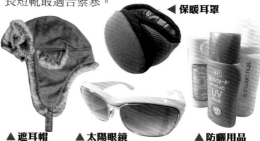

◀ 保暖耳罩

▲ 遮耳帽　　▲ 太陽眼鏡　　▲ 防曬用品

登機穿著

以輕便舒適為佳,具彈性的衣物最適合長時間搭飛機穿著,盡量避免有金屬飾物的衣褲,省卻安檢上不必要的困擾,鞋子也以方便穿脫的樣式為佳;機艙內冷氣較強,保暖、保濕的物品也可以準備。另外一些搭機的小物,如耳塞、眼罩、口罩、頸枕等,也可視自身需要打包至隨身手提包內。

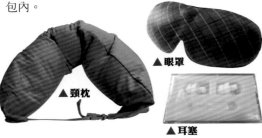

▲ 眼罩

▲ 頸枕

▲ 耳塞

海關規定

Customs

衣物打包固然重要,攜帶的物品是否符合海關的規定也要注意,需要申報的請誠實申報、不可攜帶入境的違禁品,千萬不可硬闖,以免觸法。

美國海關入境規定

禁止攜帶入境美國的違禁品項,是隨時都在更新的,所以能不帶的盡量少帶,紐約當地中國城裡真的什麼都有,要買華人食材相當方便。

http www.boca.gov.tw,點選「旅外安全」單下的「旅外安全資訊」,再點選「各國暨各地區簽證、旅遊及消費者保護資訊」,點選「北美地區」下的「美國」,再進入「簽證及入境須知」

台灣海關入境規定

入境台灣也有許多規定,免稅規定、禁止攜帶入境的物品項目等,可以參考財政部關務署的官方網站。

http web.customs.gov.tw,點選「旅客服務」單下的「入境報關須知」

切勿受陌生人之託提領行李或攜帶物品

自己的行李自己打理,切勿交給不熟識的親友代為打包,以免攜帶違禁品而不自知。也不要隨便答應陌生人幫忙提行李或攜帶物品過海關,即使是親朋好友請託代為攜帶物品到美國給他人,也要仔細確認物品內容,以免觸法。

保留完整藥品包裝

成藥請保持包裝完整,處方箋藥品最好也要放在原處方藥袋內(處方箋也可以放在一起),必要的話請醫師開立英文用藥證明。

鋰氫電池不可託運

任何鋰氫電池都不能放置於託運行李內託運,必須置於隨身行李內攜帶上飛機。

噴霧罐不可託運及攜帶

噴霧髮膠或任何噴霧器,都不能託運及帶上飛機,有需要使用可以到紐約再買,但醫藥用的噴霧藥品可以攜帶,但請放置於透明封口袋內。

免稅店、飛機上購物需維持完整包裝

在機場管制區或於飛機上所購買的液體、膠狀及噴霧類物品,可隨身攜帶上機,但包裝需經封口,防止調包並附上購買證明,包裝袋不可拆開。

水果、肉乾、肉鬆不能攜帶入境

蔬果、肉類製品嚴禁攜帶入境美國,若有隨身攜帶或購買來當零食者,請記得在飛機上就吃完它。任何有疑慮的食材、食品,可填寫在海關申報單上,或乾脆不要攜帶、購買。

▲ 衣物分類整理打包,拿取方便、清楚

行李清單

證件(隨身行李放正本、託運行李放影本)
	護照(正本、影本、數位檔)
	護照相片(沖印2張、數位檔)
	機票訂位紀錄、住宿訂房紀錄、保險資料
	國際學生卡、國際駕照、YH會員證等
	旅行支票、信用卡(正本、影本、數位檔)

託運行李
	換穿衣物、換洗內衣褲(依自己需求攜帶)
	稍正式衣物一套(看歌劇、上高級餐廳用)
	鞋、襪、拖鞋
	吹風機(先問住宿處是否有提供使用)
	個人藥品、常備藥品
	圍巾、帽子、耳罩、手套、太陽眼鏡
	化妝品、保養品、防曬乳
	折疊式雨傘
	預購的參觀票券紀錄單
	其他個人必需品

隨身行李
	美金現鈔
	透明封口袋(裝所有液體、膏狀物品)
	個人藥品
	小水瓶(通過安檢後再裝飲用水)
	牙刷、刮鬍刀
	筆電、平板
	手機、相機
	備用電池、行動電源、電源線
	眼罩、口罩、耳塞、頸枕
	旅遊書、書報雜誌
	機場至市區的交通預約單
	救命小紙條
	記事本、通訊錄、筆
	糖果、餅乾等小零嘴

行李遺失及損毀
Losing Baggage

在行李提領處找不到自己的託運行李時,可以至行李服務櫃檯申報遺失,處理方式請參見應變篇(P.210)。

路上觀察 來蒐集紐約味道的馬克杯

除了玩家必買的星巴克城市杯外,咖啡廳、超市、百貨公司、紀念品店、博物館禮品部裡,也有許多紐約城市味道的馬克杯可以蒐集。

機場篇
Airport

入境紐約有步驟，前往市區有撇步

紐約有3個主要機場，分別為位在皇后區的甘迺迪國際機場(JFK)、拉瓜地亞機場(LGA)，以及位在新澤西州的紐華克國際機場(EWR)，國際航線多停靠甘迺迪國際機場與紐華克國際機場，拉瓜地亞機場則以美國境內航線停靠為主。要從機場前往市區的交通方式相當多，選個你最方便的搭乘吧！

出境與轉機

從台灣直飛紐約的只有中華航空與長榮航空

從台灣出境

Take Off

目前直飛紐約或需中途轉機的航班,都是從桃園國際機場起飛,旅客最少需要提前2～3小時至機場辦理報到、安檢、出境等手續。所有出境、入境等資訊,都可以在桃園國際機場官網上查詢,或下載免費的APP。

http www.taoyuan-airport.com　f 桃園國際機場

Step 1 辦理Check-in

桃園機場有兩個航廈,請先確定你搭乘的航空公司從哪個航廈起飛,抵達出境樓層後準備好護照及停留美國的地址,至航空公司櫃檯辦理Check-in手續及託運行李。若你搭乘直飛航班,只會拿到一張登機證;若你搭乘的航班需要中途轉機,大部分都會拿到兩張或以上的登機

▲ 可以從報到櫃檯指引處找到你該前往辦理Check-in的櫃檯

▲ 若需列印機票紀錄或任何疑問,可以前往大廳的服務中心尋求協助

證,而行李大都會直接掛到終點站機場,轉機時不需提領行李(在美國境內轉機除外,見P.74)。

▲ 辦理人工Check-in,請依序排隊等候櫃檯為你服務　　▲ 行李託運後至一旁的螢幕確定你的行李完成X光檢查

貼心 小提醒

Check-in需提供美國的聯絡地址

依美國運輸安全局的規定,所有旅客赴美都需提供滯留美國期間的聯絡地址,除了可提供住在美國親友的地址,也可以提供投宿飯店的地址。

Check-in不需出示機票

目前均已改用電子機票系統,只要航空公司有你的訂位紀錄,Check-in時只需出示護照即可。

行李記得託運到目的地:紐約

若搭乘需中途轉機的航班,行李記得直接託運至目的地(需在轉機地入境過夜轉機的航班,依航空公司或轉機狀況而不同,需特別詢問清楚),櫃檯給你的行李託運憑據也要收好(通常都幫你貼在登機證背面),以防出美國海關時需要查對(通常不太會有查對程序,除非突發狀況)。

▲ 貼在登機證背面的行李託運憑證,一件行李一張

自助報到櫃檯服務

行家祕技

目前已經有數家航空公司啟用自助報到機檯，讓旅客能更方便快捷地辦理Check-in手續，免除排隊的時間。

Step 1 放入護照供機器讀取資料，或輸入電子機票的訂位號碼，搜尋航班資料。

Step 2 選擇座位並列印登機證。

Step 3 前往指定的行李託運櫃檯託運行李。

Step 4 辦完以上手續，確定行李通過X光檢查，就可前往安檢大廳準備出境。

除了使用機場內的自助報到台辦理Check-in，目前許多家航空公司也可以使用網路或手機辦理Check-in手續，詳請可查詢各航空公司的規定，或上桃園國際機場網站查詢。

▲ 方便快速的自助報到Check-in機

Step 2 出境安檢

出示護照及登機證即可進入安檢大廳，安檢時除了隨身行李需通過X光儀檢查外，身上的金屬飾品、帽子、圍巾、外套等均須脫下，口袋內的鑰匙、零錢、相機、手機等也都須放至托盤內通過X光儀檢查。旅客須待自己的物品進入X光儀機器時，再通過金屬探測門。

▲ 出境安檢處入口，需出示登機證

▲ 包包、外套等一律需放至托盤內通過X光機檢驗

貼心 小提醒

注意隨身行李的違禁品規定

■ 尖銳金屬物品(如：剪刀、瑞士刀、水果刀等)不可置於隨身行李中；水瓶內的水請喝完或倒掉。

■ 隨身行李內的液體密封袋需拿出，放置於托盤內，隨身行李液體密封袋的相關規定請見P.65。

■ 隨身行李攜帶規定可參考機場官網的相關內容。

http www.taoyuan-airport.com/chinese/security

Step 3 證照查驗

可以準備好護照及登機證至窗口排隊等候證照查驗，或使用自動查驗通關機。自動查驗通關服務可以在機場出境大廳的移民署櫃檯辦理，申辦需要準備護照與身分證、健保卡、駕照(三擇一)，雙證件辦理。

▲ 請在等候線後方排隊

Step 4 準備登機

依登機門指標前往指定的登機口候機，登機前可以逛逛免稅商店或至美食區用餐，但記得最少要預留30分鐘至候機室準備登機，請準備好護照以及登機證，登機時會依照艙等以及座位區域依序登機。

▲ 記得準時抵達登機口

中途轉機
Connecting Flights

　　如果你搭的不是直飛航班，就會需要在另一個城市轉機，轉機同樣需要再一次通過安全檢查，但不需要提領行李；若搭乘需要過夜轉機的航班，行李可能需先提領，隔天報到時再次辦理託運手續（每家航空公司規定會有所不同）。**以下轉機步驟以在東京成田機場當日轉機爲例。**

Step 1 依指標前往安檢區

　　下飛機後請循著轉機「International Connecting Flights」的指標前往安檢區，再次接受隨身行李安全檢查，準備好你的護照以及第二段航程的登機證。

▲ 步出機艙後請一路沿著指標前往安檢轉機

Step 2 轉機安檢

　　若隨身水瓶裡有水或在台灣出境時買的飲料，記得先喝完或倒掉，任何液體都不能通過安檢區，安檢內容與從台灣出境的程序差不多，唯獨不同的是要將隨身行李中的筆電、平板、iPad取出，另外放置於托盤內。

Step 3 前往登機門

　　安檢前或通過安檢後，記得一定要先在電子看板上查看續乘航班的起飛時間與登機門編號，**請注意** 登機證上的資訊不一定是最準確的，起飛時間與登機門隨時有因任何因素而更動的可能。若你第二段航程的登機證有問題，請至轉機櫃檯洽詢。

Step 4 登機前往紐約囉

　　請先前往登機門，確定位置與登機時間後再去逛免稅店，最少要預留30分鐘至登機口準備登機，請準備好護照以及登機證，登機時會依照艙等以及座位區域依序登機。

♥ 貼心 小提醒

注意轉機銜接時間

　　有時航班的轉機銜接時間太過緊湊，航空公司會派人在機艙出口舉牌，如果看到你的續乘航班編號在上面，請直接與他聯繫；或到安檢區時直接找服務人員說明轉機時間緊迫事宜，請對方代為安排插隊安檢。所以請特別注意機艙口及安檢處的呼叫。

美國城市轉機大不同

　　若你搭乘的航班是在美國境內城市轉機，比如在舊金山轉機，你會需要在舊金山機場先辦理入境美國的手續、提領行李，再轉搭飛往紐約的航班，這時候搭乘的已經是美國國內線航段，抵達紐約時不需再次辦理入境，下飛機後就可以直接前往行李提領區。(美國境內轉機方式請見P.74)

登機證解析

1 乘客姓名
2 航班編號
3 啟程城市機場
4 目的地城市機場
5 起飛時間
6 登機時間
7 座位編號
8 登機順序
9 登機門位置(出境 Check-in時會印出或手寫，轉機時則需要查看電子看板)
10 行李託運件數

入境美國需要雙手指紋與臉部照相建檔

紐約共有3座機場，兩座屬國際機場，另一座多為美國國內線起降使用，大多數的國際航線都停靠在甘迺迪國際機場(JFK)，但不論是停靠哪個機場，入境美國的手續都相同。

入境美國
Landing

依規定，所有從台灣出發前往美國的旅客，都必須持護照及美國簽證或ESTA旅行許可辦理入境，入境美國需填妥海關申請表(有中文表格可索取，但須以英文填寫)，海關申請表可以在國內旅行社、飛機上或美國移民局大廳取得，最好先在旅行社或飛機上拿取，在抵達機場前填妥，海關申請表填寫範例請參見P.76。

若你是以陸路方式(例如從加拿大或墨西哥開車)入境美國，則需另外填寫美國入境I-94申請表，I-94申請表填寫範例請參見P.76。

▲ 步出機艙後只有一個前進方向，就是移民局大廳

Step 1 抵達移民局大廳

飛機降落機場後，請依指標隨即前往移民局大廳接受入境審查，入境審查分為幾個排隊區：1.美國公民與綠卡持有者；2.使用美國簽證與初次使用ESTA旅行許可者；3.非初次使用ESTA旅行許可入境美國者，現場有機場工作人員指引，若不清楚該排哪裡，可以詢問他們。

Step 2 移民局入境審查

將護照及海關申請表一併交給審查員，審查員或許會詢問幾個簡單的問題，例如來美國洽公或度假、從事什麼工作、待多久等，只要誠實答覆，也沒有不法，基本上都不會有拒絕入境的問題。

Step 3 移民局取得生物採證

若入境資格沒有問題，移民局會採取旅客雙手十指指紋，以及臉部照相紀錄，生物採證請依審查員指示完成。完成採證後，審查員會在護照上蓋上入境章，並將護照及海關申請表交還給你，之後便可前往提領行李。

Step 4 提領行李

請依螢幕顯示的航班編號至行李轉台等候提領行李，行李轉台處附近都設有行李推車，但行李推車可不是免費的喔，需要付費才能使用（$6.00，可以現金或信用卡付費），而且不會退費；不過若沒有過多的行李，其實根本就不需要租用推車。若你的行李沒有隨著搭乘的航班抵達，請前往行李服務處（Baggage Service Office）詢問並提出遺失申請。

▲ 行李轉台與航班編號

▲ 行李沒有隨機抵達，請聯絡行李服務處

▲ 行李推車要付費

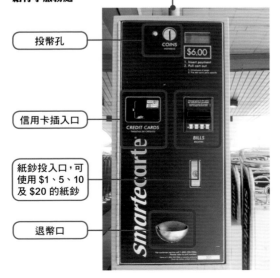

投幣孔

信用卡插入口

紙鈔投入口，可使用 $1、5、10 及 $20 的紙鈔

退幣口

Step 5 通過海關

若有需要申報關稅的物品，請預先詳細填寫於海關申請表背面，並循著紅色海關口通關；若無須申報，則循著綠色海關口通關，直接將海關申請表交給海關人員即可。

Step 6 前往市區

抵達入境大廳後，就可以選擇你要搭乘的交通工具前往市區或住宿的飯店。

▲ 位於各航站入境大廳的Welcome Center可詢問及處理各種前往市區的大眾交通工具搭乘

美國境內轉機
Connecting Flight in Land

若你是搭乘從美國境內其他城市轉機到紐約的航班，就需要在轉機點提前辦理入境手續，入境手續Step 1～Step 4與前面所述內容相同。

Step 5 依轉機指標前往安檢區

提領行李後請循著轉機的指標前往安檢區，**請注意** 不要出海關喔！前往安檢區途中會有行李託運處，只要將你的託運行李交給服務人員即可（**請注意** 行李箱上的託運掛條千

萬不要拆掉）。轉搭美國境內航班需要再次接受隨身行李的安檢，準備好護照以及登機證。

Step 轉機安檢

美國的安檢程序是出了名的嚴格謹慎，除了隨身行李檢查（參照台灣出境及中途轉機的內容）外，還需要脫下鞋子、腰帶，並經過全身的X光機掃描檢查，有時還會做雙手毒物、火藥物的抹片擦拭測試。

Step 7 前往登機門

依登機門指標前往指定的登機口候機，登機前可以逛逛免稅商店，或至美食區用餐，但記得最少要預留30分鐘至登機口準備登機，請準備好護照以及登機證，登機時會依照艙等以及座位區域依序登機。

貼心 小提醒

飛機上不供應免費餐點

雖然美國境內航班上的餐點及酒類飲料都需要付費，但還是有供應旅客免費的小餅乾及飲料，若你的轉機飛行時間較長，可以在候機處買食物帶上飛機，或體驗一下付費的機上餐點。

出境美國

Departure

旅客最少需要提前2～3小時至機場辦理報到、安檢、出境手續。

Step 1 辦理Check-in

確定你搭乘的航空公司從哪個航廈起飛，抵達出境樓層後準備好護照，至航空公司櫃檯或自助報到機辦理Check-in手續及行李託運。

若搭乘直飛航班，只會有一張登機證；若搭乘的航班需中途轉機，大部分都會拿到兩張或以上的登機證，而行李大都會直接掛到終點站的機場：台北，轉機時不需提領行李（若直接回台灣）。

▲ 美國機場設有大量的自助報到機，方便又快速

Step 2 出境安檢

安檢時請出示護照及登機證，除了隨身行李需通過X光儀檢查外，身上的金屬飾品、帽子、圍巾、外套、鞋子等均須脫下，口袋內的鑰匙、零錢、相機、手機等也都須放至托盤內，隨身行李中的筆電、平板、iPad、液體密封袋等也須另外放置，通過X光儀檢查。旅客須待自己的物品進入X光儀機器時，再通過金屬探測門或全身的X光機掃描檢查。

Step 3 準備登機

依登機門指標前往指定的登機口候機，登機前可以逛逛免稅商店或至美食區用餐，但記得最少要預留30分鐘至登機口準備登機，請準備好護照以及登機證，登機時會依照艙等以及座位區域依序登機。

▲ 記得先前往登機處確定登機時間再去逛免稅店

貼心 小提醒

通過安檢後直接前往登機門

美國的出境手續通常在進入安檢區時，就會有人員核對護照及登機證，之後沒有官員檢查護照蓋出境章的程序，這是與其他國家的不同之處。

海關申請表、I-94入境表填寫範例

若是一家人同遊，海關申請表只需填一份，從台灣出發的旅客不需填寫I-94入境表。

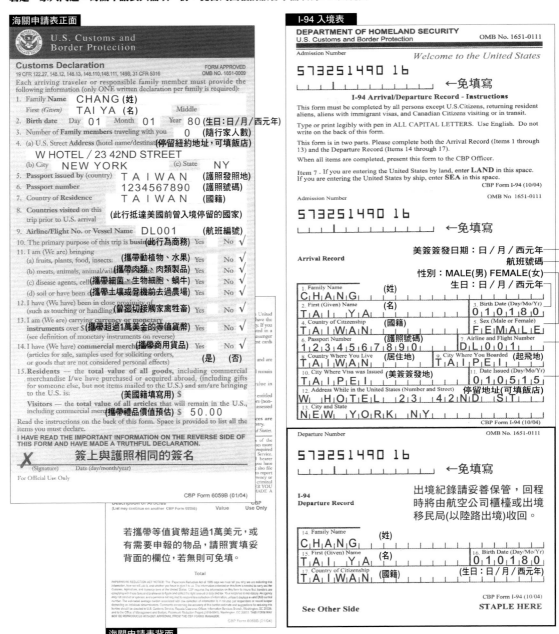

海關申請表正面

U.S. Customs and Border Protection

Customs Declaration
19 CFR 122.27, 148.12, 148.13, 148.110,148.111, 1498; 31 CFR 5316
FORM APPROVED OMB NO. 1651-0009

Each arriving traveler or responsible family member must provide the following information (only ONE written declaration per family is required):

1. Family **Name** CHANG (姓)
   First *(Given)* TAI YA (名) Middle
2. **Birth date** Day 01 Month 01 Year 80 (生日:日/月/西元年)
3. Number of **Family members** traveling with you 0 (隨行家人數)
4. (a) U.S. Street **Address** (hotel name/destina(停留紐約地址,可填飯店)
   W HOTEL / 23 42ND STREET
   (b) City NEW YORK (c) State NY
5. **Passport issued by** (country) TAIWAN (護照發照地)
6. **Passport number** 1234567890 (護照號碼)
7. **Country of Residence** TAIWAN (國籍)
8. **Countries visited on this** (此行抵達美國前曾入境停留的國家)
   trip prior to U.S. arrival
9. Airline/**Flight No.** or Vessel Name DL001 (航班編號)
10. The primary purpose of this trip is busin(此行為商務) Yes No √
11. I am (We are) bringing
    (a) fruits, plants, food, insects: (攜帶動植物、水果) Yes No √
    (b) meats, animals, animal/wild(攜帶肉類、肉類製品) Yes No √
    (c) disease agents, cell(攜帶細菌、生物細胞、蝸牛) Yes No √
    (d) soil or have been (攜帶土壤或登機前去過農場) Yes No √
12. I have (We have) been in close proximity of (such as touching or handling(曾密切接觸過農家牲畜) Yes No √
13. I am (We are) carrying currency or monetary instruments over $ (攜帶超過1萬美金的等值貨幣) Yes No √
    (see definition of monetary instruments on reverse)
14. I have (We have) commercial merch(攜帶商用貨品) Yes No √
    (articles for sale, samples used for soliciting orders, (是) (否)
    or goods that are not considered personal effects)
15. **Residents** — the **total value** of all goods, including commercial merchandise I/we have purchased or acquired abroad, (including gifts for someone else, but not items mailed to the U.S.) and am/are bringing to the U.S. is: (美國籍填寫用) $
    Visitors — the **total value** of all articles that will remain in the U.S., including commercial merc(攜帶禮品價值預估) $ 50.00

Read the instructions on the back of this form. Space is provided to list all the items you must declare.

I HAVE READ THE IMPORTANT INFORMATION ON THE REVERSE SIDE OF THIS FORM AND HAVE MADE A TRUTHFUL DECLARATION.

X 簽上與護照相同的簽名
(Signature) Date (day/month/year)

For Official Use Only

CBP Form 6059B (01/04)

若攜帶等值貨幣超過1萬美元，或有需要申報的物品，請照實填妥背面的欄位，若無則可免填。

Total

海關申請表背面

I-94 入境表

DEPARTMENT OF HOMELAND SECURITY
U.S. Customs and Border Protection
OMB No. 1651-0111

Admission Number *Welcome to the United States*

573251490 16 ←免填寫

I-94 Arrival/Departure Record - Instructions

This form must be completed by all persons except U.S.Citizens, returning resident aliens, aliens with immigrant visas, and Canadian Citizens visiting or in transit.

Type or print legibly with pen in ALL CAPITAL LETTERS. Use English. Do not write on the back of this form.

This form is in two parts. Please complete both the Arrival Record (Items 1 through 13) and the Departure Record (Items 14 through 17).

When all items are completed, present this form to the CBP Officer.

Item 7 - If you are entering the United States by land, enter LAND in this space. If you are entering the United States by ship, enter SEA in this space.

CBP Form I-94 (10/04)

Admission Number OMB No 1651-0111

573251490 16 ←免填寫

美簽簽發日期：日/月/西元年
航班號碼
性別：MALE(男) FEMALE(女)
生日：日/月/西元年

Arrival Record

1. Family Name (姓) CHANG
2. First (Given) Name (名) TAIYA
3. Birth Date (Day/Mo/Yr) 010180
4. Country of Citizenship (國籍) TAIWAN
5. Sex (Male or Female) FEMALE
6. Passport Number (護照號碼) 1234567890
7. Airline and Flight Number DL001
8. Country Where You Live (居住地) TAIWAN
9. City Where You Boarded (起飛地) TAIPEI
10. City Where Visa was Issued (美簽簽發地) TAIPEI
11. Date Issued (Day/Mo/Yr) 010515
12. Address While in the United States (Number and Street) 停留地址(可填飯店) W HOTEL 23 42ND
13. City and State NEW YORK NY

CBP Form I-94 (10/04)

Departure Number OMB No. 1651-0111

573251490 16 ←免填寫

出境紀錄請妥善保管，回程時將由航空公司櫃檯或出境移民局(以陸路出境)收回。

I-94
Departure Record

14. Family Name (姓) CHANG
15. First (Given) Name (名) TAIYA
16. Birth Date (Day/Mo/Yr) 010180
17. Country of Citizenship (國籍) (生日：日/月/西元年) TAIWAN

CBP Form I-94 (10/04)

See Other Side **STAPLE HERE**

※ 以上資料時有異動，請以官方公布的最新資料為主

甘迺迪國際機場
John F. Kennedy International Airport / JFK

甘迺迪國際機場是國際航線的主要停靠機場

甘迺迪國際機場位於紐約市皇后區，距離曼哈頓市中心約24公里，是國際旅客進入紐約的最主要機場，也是美國最忙碌的機場之一。甘迺迪國際機場使用中的航站有6個，各航站間以免費電車(Air Train)接駁，接駁電車也會開往地鐵站及車站，方便旅客銜接搭乘地鐵、公車或火車進入市區。

http www.jfkairport.com

▲ 航廈陸續翻新，機場改頭換面　　▲ 部分60年代風格的建物仍保留完整　　▲ AirTrain連接各航站與地鐵站

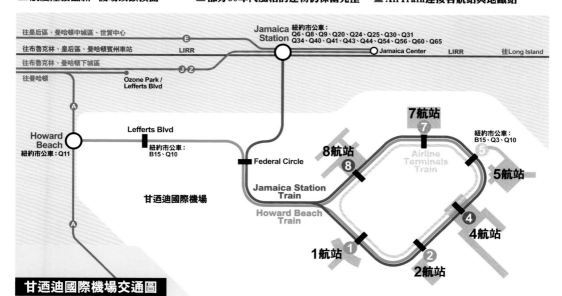

往皇后區、曼哈頓中城區、世貿中心　E
往布魯克林、皇后區、曼哈頓賓州車站　LIRR
往布魯克林、曼哈頓下城區　J Z
往曼哈頓

Jamaica Station
紐約市公車：
Q6、Q8、Q9、Q20、Q24、Q25、Q30、Q31
Q34、Q40、Q41、Q43、Q44、Q54、Q56、Q60、Q65
Jamaica Center　LIRR　往Long Island

Ozone Park / Lefferts Blvd

Howard Beach
紐約市公車：Q11

Lefferts Blvd
紐約市公車：B15、Q10

Federal Circle

Jamaica Station Train

Howard Beach Train

甘迺迪國際機場

7航站 7
8航站 8
Airline Terminals Train
5航站　紐約市公車：B15、Q3、Q10
4航站 4
1航站 1
2航站 2

甘迺迪國際機場交通圖

從甘迺迪國際機場到曼哈頓的交通表

交通工具	搭乘方法	費用	時間	市區停靠點
機場巴士 **NYC** **Airporter**	在各航站入境大廳的Welcome Center洽詢,或大廳外巴士站前的服務人員,巴士站均在航站外的大眾交通候車處	■$19.00 ■小費隨意,可以乘客$1.00/人+行李$1.00/件,下車時支付 ■也可以網路事先付費預約(記得列印下來)	05:00～23:30,約20～30分鐘一班車,行車時間約90分鐘(視交通狀況而定)	■中央車站 Grand Central Terminal ■巴士轉運站 Port Authority Bus Terminal ■賓州車站 Penn Station
機場接送小巴 **Shuttle Vans**	可在各航站入境大廳的Welcome Center洽詢,為你安排搭乘	■$22.00起 ■小費隨意,可以乘客$1.00/人+行李$1.00/件,下車時支付 ■也可以網路事先付費預約(記得列印下來)	24小時隨時可預約,行車時間約2小時(視交通狀況而定)	曼哈頓裡的飯店或地址(Battery Park～125th St之間)
機場電車+地鐵 **AirTrain+** **Subway**	各航站均有Air Train可以搭乘(搭乘方法見P.81)	$7.75 (購票步驟見P.82)	24小時,機場電車約5～10分鐘一班,行車時間約1小時(視交通狀況而定)	機場電車停靠 ■「Howard Beach」轉搭地鐵Ⓐ線 ■「Jamaica Sta-tion」轉搭地鐵ⒺⒿⓏ線
計程車 **Taxi**	各航站入境大廳均設置有計程車招呼站,排隊搭乘	到曼哈頓約$72.00(基本車資$52.00+過路費$7.50+20%小費)	24小時隨時可搭乘,行車時間約1小時(視交通狀況而定)	曼哈頓的任何飯店或地址

※ 資料時有異動,請以官方公布的最新資料為主

▲計程車快又方便,最多人搭乘

▲ 任何交通問題請洽Welcome Center

▲ AirTrain機場電車候車室

注意事項	優缺點	從市區前往機場	聯絡方式
■有轉搭飯店接送小巴前往飯店的服務，僅接送中城區飯店(23rd～63rd St之間，詳情與飯店列表請至網站查詢) ■回程到機場沒有至飯店接送的服務	**優點：1.**停靠中央車站有多條地鐵線可以轉乘／**2.**去程有中城區飯店接送免費小巴服務／**3.**車上有免費的Wi-Fi **缺點：**巴士可能需要在各航站載客，會花較多時間	可從兩處搭乘至機場： ■中央車站(E 41st St與Lexington Ave口) ■巴士轉運站(W 42nd St，8th～9th Ave之間)	http www.nycairporter.com (718)777-5111
■機場接送小巴只服務曼哈頓地區，其他區域不在服務範圍內 ■若趕時間請勿搭乘，或選擇包車服務	**優點：1.**直接到達目的地，不用擔心換車或搬運行李／**2.**人多包車比較方便，分攤費用較划算，也節省時間 **缺點：1.**小巴需要在各航站載客(11人共乘)，會花較多時間／**2.**各乘客目的地不同，需要在市區繞一陣子，運氣好的話先抵達	於前往機場前一天打電話確認預約接送時間、地點(通常都是大約飛機起飛前4～4.5小時至預約地址接客，相當地提早啊！)	**Super Shuttle** http www.supershuttle.com (212)258-3826 **Go Airlink NYC** http www.goairlinkshuttle.com (212)812-9000
早晚上下班尖峰時間，地鐵站、車廂裡人潮多，要特別注意隨身物品、行李	**優點：1.**費用經濟實惠／**2.**抵達市區的時間也較短些 **缺點：**需要拉著行李上上下下，比較麻煩些	搭地鐵 A 線至Howard Beach站，或搭地鐵 E J Z 線至Jamaica Station站，下車後轉搭AirTrain至機場各航站，記得MetroCard裡至少有$7.75的餘額(儲值卡)，或$5.00的餘額(無限卡)，也可以到機場電車閘口前再行加值	**Air Train** http jfkairport.com/#/to-from-airport/air-train (877)535-2478
每部車最多可載送4名乘客，若行李放不下就得分兩部搭乘	**優點：1.**直接到達目的地，不用擔心換車或搬運行李／**2.**多人共乘分攤車資比較划算，也節省時間 **缺點：1.**會遇上尖峰塞車時間／**2.**交通費用較高	可請飯店幫忙叫計程車，費用大致與機場到市區相同	http www.jfkairport.com/#/to-from-airport/taxi-car-and-van-service

▲ 搭機場電車到地鐵站要買票出站

▲ 搭地鐵進市區最經濟划算

▲ 航廈外面有癮君子專用的吸菸室

機場巴士
N Y C   A i r p o r t e r

這是可容納30人共乘的中型巴士，直接從機場抵達曼哈頓中城區的42街，兩處下車地點都有多線地鐵可以轉乘，相當方便。除了機場到曼哈頓

市區的服務，NYC Airporter也有從甘迺迪機場直接銜接拉瓜地亞機場（\$17.00）與紐華克機場（\$29.00）的服務。可在入境大廳的Welcome Center洽詢，或在NYC Airporter的服務櫃檯或搭乘處洽詢。

▲ 機場航廈外的巴士搭乘處

▲ NYC Airporter機場巴士外觀

紐約市公車
M T A   B u s

如果你的目的地在皇后區內，附近也沒有地鐵站，就只能搭公車了。紐約市公車在機場內只有第五航站外設有巴士站，有B15、Q3、Q10共3條公車線可搭乘；或搭機場電車至Howard Beach轉搭Q11線公車，或至Jamaica Station轉搭Q6、Q8、Q9、Q10、Q20、Q24、Q25、Q30、Q31、Q34、Q40、Q41、Q43、Q44、Q54、Q56、Q60、Q65線公車。

Q線為皇后區公車、B線為布魯克林公車，公

▲ 第5航廈外的市公車搭乘處

車24小時營運，路線、時刻表可參考網站。雖然車資只要\$2.75，但需要拉著行李上下，擠公車也比較麻煩些，初到紐約身上也沒有銅板可以投，倒還不如叫電召車省時省事，也安全些（電召車介紹見P.93），若是從皇后區或布魯克林前往機場，最佳建議也是叫電召車，就算你在曼哈頓也可以叫車。

http web.mta.info/nyct/maps/busqns.pdf

機場電車+地鐵
A i r T r a i n + S u b w a y

從機場前往曼哈頓最省錢的交通方式，就是乘坐機場電車再銜接地鐵。機場電車除了接駁各航廈外（黃線），還可以連接到地鐵站轉搭地鐵到曼哈頓。搭乘機場電車到各航廈免費，但要搭到地鐵站轉搭地鐵就要付費了（\$5.00），機場電車分有

兩個方向，終點站分別為「Howard Beach」（綠線）可轉搭地鐵 Ⓐ 線，以及「Jamaica Station」（紅線）可以轉搭地鐵 Ⓔ Ⓙ Ⓩ 線，其中以 Ⓔ 線最快速到達曼哈頓。

▲ 機場電車AirTrain

▲ 機場電車站與地鐵站Howard Beach相連接

機場篇

機場電車搭乘方法 Step by Step

STEP 1 前往機場電車入口

請依入境大廳內的指標前往機場電車的搭乘處。

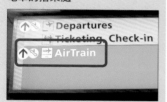

STEP 2 直接前往月台候車

搭乘機場電車不須先買車票,等要出機場電車閘口時再購票,購票方式請見P.82。

STEP 3 搭乘前往地鐵站

搭乘時需注意電車前往的目的地,可參考月台上的跑燈指示,或仔細聆聽廣播,或詢問服務人員。終點站分別為「Howard Beach」及「Jamaica Station」。以下的步驟以搭到「Jamaica Station」轉搭地鐵E線為例。

▲所有航站都可搭到這兩個車站

▲黃線為航站間的循環接駁路線

STEP 4 買車票出閘口

下車後往閘口方向前進,需先在自動售票機買票(有中文介面)才能過票出閘口,自動售票機與紐約地鐵使用的機器完全相同(售票機解析請見P.100),購買方式也幾乎一樣,機場電車與地鐵均使用同樣的票卡,你可以直接買MetroCard的儲值票卡使用,這裡的售票機無法購買無限卡(無限票卡不能用來搭乘AirTrain)。

▲往地鐵站、巴士站、火車站與購買機場電車票,都在同一個出口

▲Jamaica Station閘口大廳

▲機場電車售票機,也可以買地鐵票

▲插入票卡出閘門,記得將票卡取回

STEP 5 前往地鐵站

依指標前往地鐵站,會先經過長島火車(LIRR)搭乘處,直接走到盡頭搭乘電梯往下到地鐵站,刷過地鐵票卡直接前往月台搭車。

也可以選擇搭乘長島火車(LIRR)進曼哈頓,長島火車停靠34街的賓州車站(Penn Station),班次多也相當快速,你可在出機場電車閘口前,直接購買機場電車+長島火車的票卡($15.00)。

▲長島火車(LIRR)售票機

▲長島火車搭乘處

STEP 6 搭上地鐵前往市區

你可以在月台搭乘E線,或再往下一個樓層搭乘J Z線,E線為快速線地鐵,能最快抵達曼哈頓市區。

▲E線地鐵的終點站為世貿中心

機場電車車票購買 Step by Step

STEP 1 觸碰螢幕進入購票程序

觸碰螢幕「**Start**」開始進入購票程序，售票機解析請參見P.100。

STEP 2 選擇語言介面

可點選「**中文**」。

STEP 3 選擇購買票卡種類

若只想支付AirTrain車費，請點選「**1 AirTrain Ride**」($6.00，但卡上的儲值金額為$5.25，票卡也可以在日後加值為地鐵儲值卡及無限卡使用)，若想連日後的地鐵票卡一起購買則點選「**MetroCard**」。以下步驟以購買「MetroCard」為例。

請選擇卡種類

1 AirTrain Ride 支付$1.00費用 $5.00 +0.25獎金	MetroCard
	取消

STEP 4 選擇交易種類

若你身上沒有舊的MetroCard，請點選「**取得新卡**」，新卡需支付$1.00的票卡費。

請選擇交易種類

補充 你卡上的 金額	取得新卡 支付$1.00費用
	獲得 卡的資料
返回	取消

STEP 5 選擇票卡種類

請點選「**AirTrain MetroCard**」。

何種MetroCard?

Regular MetroCard	AirTrain MetroCard
	返回　取消

你也可以選擇直接購買地鐵的儲值票卡「**Regular MetroCard**」，儲值票卡同樣可以用來支付AirTrain的費用(購買方法請參照P.102「購買儲值卡」步驟3~8)。

STEP 6 選擇票卡種類

請點選「**AirTrain+Subway**」。

您需要何種AirTrain MetroCard?

AirTrain 10-Trip $25	AirTrain 30-Day $40	AirTrain
AirTrain + Subway		返回　取消

STEP 7 選擇儲值金額

你可以選擇螢幕上提供的4個金額的選項，也可以隨意儲值你要的金額(請點選「其他的選擇」)，以下步驟以選購$20.00的儲值票卡為例。

請輸入您想要的數額?

$5.00 +$0.25獎金	$7.75 +$0.38獎金	$10.00 +$0.50獎金
$20.00 +$1.00獎金		其他的 選擇
		返回　取消

STEP 8 選擇付款方式

可以用現金及信用卡購買，以下使用現金為例，使用信用卡的方式請參見P.103。

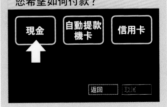

您希望如何付款?

現金	自動提款 機卡	信用卡
		返回　取消

STEP 9 付費取票卡

螢幕會顯示你需付款的金額$26.00(儲值$20.00+票卡費1.00+機場電車費5.00)，投入金額後機器會吐出票卡，然後你可點選是否需要收據。

您插入了

請付款? ➜ $26.00

找回零錢的最高額度是$9.00　　返回　取消

▲ 機器最多只能找回9美金，所以請勿投入大面額紙鈔，在台灣結匯時請記得換匯一些小面額的美金現鈔

紐華克國際機場
Newark Liberty International Airport / EWR

從機場到市區最經濟快速的就是搭AirTrain+NJ Trainsit

紐華克國際機場位於新澤西州，距曼哈頓市中心約26公里，是國際旅客進入紐約的次要機場。共有3個航站，A航站為軍用，一般旅客起降B、C航站，各航站間有免費電車(AirTrain)接駁，接駁電車也有開往NJ Trainsit車站，方便旅客銜接搭乘新澤西火車(NJ Trainsit)，或美國國鐵(Amtrak)前往曼哈頓34街的賓州車站(Penn Station)。 **http** www.newarkairport.com

▲ 相較之下沒有甘迺迪機場來得忙碌

▲ AirTrain機場電車相當新穎便利

▲ 大眾運輸均設置在地面樓層

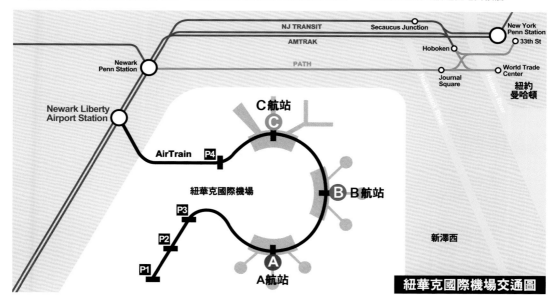

紐華克國際機場交通圖

從紐華克國際機場到曼哈頓的交通表

交通工具	搭乘方法	費用	時間	市區停靠點
機場巴士 Newark Airport Express	在各航站入境大廳的Welcome Center洽詢，或大廳外巴士站前的服務人員，巴士站均在航站外的大眾交通候車處	■ $17.00 ■ 小費隨意，可以乘客$1.00/人+行李$1.00/件)，下車時支付 ■ 也可以網路事先付費預約(記得列印下來)	04:45～02:00，約20～30分鐘一班車，行車時間約60分鐘(視交通狀況而定)	■ 中央車站 Grand Central Terminal ■ 巴士轉運站 Port Authority Bus Terminal ■ 布萊恩公園 Bryant Park
機場接送小巴 Shuttle Vans	可在各航站入境大廳的Welcome Center洽詢，為你安排搭乘	■ $21.00 ■ 小費隨意，可以乘客$1.00/人+行李$1.00/件)，下車時支付 ■ 也可以網路事先付費預約(記得列印下來)	24小時隨時可預約，行車時間約2小時(視交通狀況而定)	曼哈頓裡的飯店或地址(Battery Park～125th St之間)
機場電車+新澤西火車 AirTrain+ NJ Transit	各航站均有AirTrain可以搭乘，請搭至終點Newark Liberty International Airport站，轉乘NJ Transit(搭乘方法見P.87)	$13.00(費用包含AirTrain與NJ Transit)，購票步驟請見P.88	**AirTrain**：24小時，約5～15分鐘一班 **NJ Transit**：05:00～02:00，約10～30分鐘一班；行車時間約60分鐘(視交通狀況而定)	曼哈頓的賓州車站(Penn Station)
計程車 Taxi	可洽各航站入境大廳的Welcome Center，或航站外設置的計程車招呼站搭乘	$50.00～70.00+20%小費+過路費$12.00(若到曼哈頓東邊，從Battery Park～E 185th St另加$5.00)	24小時隨時可搭乘，行車時間約1小時(視交通狀況而定)	曼哈頓的任何飯店或地址(Battery Park～185th St)

※ 資料時有異動，請以官方公布的最新資料為主

▲ 任何交通問題請找 Welcome Center

▲ 搭機場排班計程車較有保障

▲ 搭機場接送小巴免提行李最便利

注意事項	優缺點	從市區前往機場	聯絡方式
各航站的巴士停靠處不一樣，A航廈Lane 5、B航廈Lane 2、C航廈Bus Stop 5&6，請循著指標方向前往或詢問Welcome Center	**優點：1.**巴士停靠點有多條地鐵線可以轉乘／**2.**購買來回票有優惠 **缺點：1.**交通尖峰時間會塞車／**2.**有大行李轉乘地鐵較不方便	可從3處搭乘至機場： ■ 中央車站(E 41st St，Park Ave～Lexington Ave之間) ■ 巴士轉運站(W 41st St，8th～9th Ave之間) ■ 布萊恩公園(42nd St與5th Ave口)	http www.newarkairportexpress.com ☎ (877)894-9155
■ 機場接送小巴只服務曼哈頓地區，其他區域不在服務範圍內 ■ 若趕時間請勿搭乘，或選擇包車服務	**優點：1.**直接到達目的地，不用擔心換車或搬運行李／**2.**人多包車比較方便，分攤費用較划算，也節省時間 **缺點：1.**小巴需要在各航站載客(11人共乘)，會花較多時間／**2.**各乘客目的地不同，需要在市區繞一陣子，運氣好的話先抵達	於前往機場前一天打電話確認預約接送時間、地點(通常都是大約飛機起飛前4～4.5小時至預約地址接客，相當地提早啊！)	**Super Shuttle** http www.supershuttle.com ☎ (212)258-3826 **Go Airlink NYC** http www.goairlinkshuttle.com ☎ (212)812-9000
■ NJ Transit注意行車方向，若有疑問請詢問月台上的服務人員 ■ 用票卡上的QR Code感應AirTrain閘口通過，車票則於NJ Transit上由驗票員收回	**優點：**交通費用最便宜，若接駁順利1小時之內便可抵達賓州車站 **缺點：**賓州車站相當大，共有4個交通系統在此轉運，人潮多、路線指標也複雜，容易迷路	■ 從34th St賓州車站內的NJ Transit區域，在售票櫃檯或售票機購買票券搭乘，搭至Newark Liberty International Airport站轉乘AirTrain ■ NJ Transit上會有驗票員驗票，車票則在通過AirTrain閘口時收回(與機場往市區的方式不太一樣)	**AirTrain** http www.newarkairport.com/#/to-from-airport/air-train **NJ Transit** http www.njtransit.com
每部車最多可載送4名乘客，若行李放不下就得分兩部搭乘	**優點：1.**直接到達目的地，不用擔心換車或搬運行李／**2.**多人共乘分攤車資比較划算，也節省時間 **缺點：1.**會遇上尖峰塞車時間／**2.**交通費用較高	可請飯店幫忙叫有跑紐華克機場的計程車，費用大致與機場到市區相同	http www.newarkairport.com/#/to-from-airport/taxi-car-and-van-service

▲ 搭機場巴士到曼哈頓也相當方便

▲ AirTrain與NJ Transit交接閘口

▲ 人車繁忙的賓州車站Penn Station

機場巴士
Newark Airport Express

紐華克機場巴士是由Coach USA巴士公司所營運,所以與甘迺迪國機場及拉瓜地亞機場的巴士,外觀上明顯不同,車體也比較大,是從機場到曼哈頓最方便的交通工具。

▲ 機場航廈外候車月台上的標示

▲ Newark Airport Express機場巴士外觀

計程車
Taxi

紐華克機場排班計程車的計價方式,與甘迺迪機場及拉瓜地亞機場不同,採不同區域不同車資方式計價,搭乘處貼有車資計價方式的詳細公告可以參考,公告上的車資不包含過路費及小費。

▶ 計程車搭乘處有清楚的計價方式可以參考

機場電車+新澤西火車
AirTrain + NJ Transit

另一個可以快速抵達曼哈頓的交通方式,就是乘坐機場單軌電車。機場單軌電車除了接駁各航廈外,還有連接到車站讓旅客轉搭火車到曼哈頓的賓州車站,或其他新澤西城市。搭乘機場電車到各航廈免費,但要搭到車站轉搭火車就要付費了($5.50),也可跟著NJ Transit的車票一起購買($13.00)比較方便。

▲ NJ Transit是紐華克地區居民不可或缺的通勤交通工具

▲ 小巧方便的機場單軌電車

▲ AirTrain車廂內部

▲ NJ Transit車廂內部

貼心 小提醒

前往世貿中心最方便快速

若你的目的地是在曼哈頓下城世貿中心附近,你也可以搭上NJ Transit後在「**Newark Penn Station**」站下車,再轉搭PATH通勤電車,直接抵達世貿中心。PATH通勤電車的車票請在PATH月台上的售票機購買(有中文介面),可以直接買Metro Card的儲值票卡使用搭乘,或買無限卡後另外加值儲值部分,地鐵無限票卡不能直接搭乘PATH通勤電車。PATH通勤電車$2.75,介紹請見P.120。

機場篇

機場電車搭乘方法 Step by Step

STEP 1 前往機場電車入口

請依入境大廳內的指標前往機場電車的搭乘處。

STEP 2 到自動售票機購票

自動售票機就在入口處，若不清楚怎麼購買，除了參考「車票購買步驟」(P.88)外，也可以直接找入口處的服務人員幫忙。

STEP 3 至月台候車搭乘

買票後直接上到月台候車搭乘，車票尚不用過閘口驗票。請搭往「**Station P4, RAILink**」方向的電車。

STEP 4 下車，前往出口

直接搭到終點站「**Newark Liberty Airport Station**」下車，跟著指標上樓至機場電車出口。

STEP 5 驗票過閘口出站

將車票上的QR Code對準閘口驗票機的感應處感應。

STEP 6 前往NJ Trainsit月台

跟著指標下樓至NJ Trainsit月台候車。

▲ 注意指標上寫著New York

STEP 7 月台候車

候車月台有兩側，也設有休息室及廁所，可以詢問服務人員進站列車的目的地是否為紐約。

STEP 8 搭上火車前往曼哈頓

車身上會標示著「**New York**」，任何車廂、座位都可搭乘。火車行進中會有驗票員來驗票，會把車票直接收走。

STEP 9 抵達賓州車站

下車後直接跟著上樓出月台，抵達車站大廳，再循著地鐵線指標前往搭乘地鐵。賓州車站相當大，共有4個交通系統(地鐵Subway、長島火車LIRR、新澤西火車NJ Transit、美國國鐵Amtrak)在此轉運，人潮多、指標雜，很容易迷路，要特別注意。

機場電車車票購買 Step by Step

STEP 1 觸碰螢幕進入購票程序

STEP 2 點選「NJ Trainsit Rail」

STEP 3 點選目的地

要去曼哈頓賓州車站請點選「**NY Penn Station**」，要轉Path通勤電車到世貿中心請點選「**Newark Penn Station**」，只要購買機場電車請點選「**AirTrain**」。以下步驟以購買搭至曼哈頓賓州車站為示範。

STEP 4 點選票種

有成人票(Adult)及兒童票(Child)，可購買單程票或來回票，購買成人單程票請點選「**One Way Adult**」。

STEP 5 點選付費方式

可用現金「**Cash**」或信用卡「**Credit**」付費。

單人票價

STEP 6 付費取票

用現金付費請投入紙鈔或硬幣，機器吐出票卡後直接拿取即可。

▲ 顯示可使用的幣值面額，若要收據請點選「Yes」

自動售票機解析

信用卡操作處

觸控式螢幕

找零、出票口

AirTrain+NJ Transit車票

QR Code

紐華克機場

單程票

紐約賓州車站

票價

拉瓜地亞機場
LaGuardia Airport／LGA

離曼哈頓最近的機場，但以國內航線服務為主

拉瓜地亞機場位於皇后區北方，距離曼哈頓市中心僅13公里，以服務美國國內航線為主的機場，航班與往來的旅客都很多。拉瓜地亞機場共有4個航站，各航站間有免費巴士接駁，從機場進入市區只需1小時左右，以紐約市公車搭配地鐵的交通方式最為經濟划算。

http www.laguardiaairport.com

▲ 機場交通相當繁忙

▲ 航廈內也有受歡迎的速食店

▲ 提領行李請準備好託運單據備查

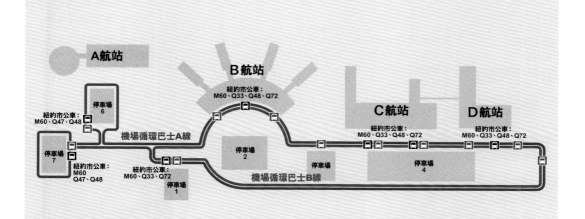

A航站

B航站

紐約市公車：
M60、Q33、Q48、Q72

停車場
6

C航站

D航站

紐約市公車：
M60、Q47、Q48

紐約市公車：
M60、Q33、Q48、Q72

紐約市公車：
M60、Q33、Q48、Q72

機場循環巴士A線

停車場
2

停車場
4

停車場
7

紐約市公車：
M60
Q47、Q48

紐約市公車：
M60、Q33、Q72

停車場
1

機場循環巴士B線

停車場

拉瓜地亞機場交通圖

從拉瓜地亞機場到曼哈頓的交通表

交通工具	搭乘方法	費用	時間	市區停靠點
機場巴士 **NYC Airporter**	在各航站入境大廳的Welcome Center洽詢，或大廳外巴士站前的服務人員，巴士站均在航站外的大眾交通候車處	■ \$16.00 ■ 小費隨意，可以乘客\$1.00/人+行李\$1.00/件，下車時支付 ■ 也可以網路事先付費預約(記得列印下來)	05:00～23:30，約20～30分鐘一班車，行車時間約90分鐘(視交通狀況而定)	■ 中央車站 Grand Central Terminal ■ 巴士轉運站 Port Authority Bus Terminal ■ 賓州車站 Penn Station
機場接送小巴 **Shuttle Vans**	可在各航站入境大廳的Welcome Center洽詢，為你安排搭乘	■ \$19.60 ■ 小費隨意，可以乘客\$1.00/人+行李\$1.00/件，下車時支付 ■ 也可以網路事先付費預約(記得列印下來)	24小時隨時可預約，行車時間約2小時(視交通狀況而定)	曼哈頓裡的飯店或地址(Battery Park～125th St之間)
紐約市公車+地鐵 **Bus+Subway**	各航站入境大廳外面的公車候車處，搭乘「M60」號公車(搭乘方法見P.92)	\$5.50(公車\$2.75+地鐵\$2.75)	24小時，機場電車約5～10分鐘一班，行車時間約1小時(視交通狀況而定)	搭乘M60號公車至「Astoria Blvd」站下車，轉搭 N W 線地鐵至曼哈頓；你也可以直接搭乘M60號公車至曼哈頓的125th St、哥倫比亞大學及Broadway與106th St，沿途可以轉搭 1 2 3 4 5 6 A C B D 線地鐵
計程車 **Taxi**	可洽各航站入境大廳的Welcome Center，或航站外設置的計程車招呼站搭乘	\$25.00～37.00+20%小費+過路費\$13.00	24小時隨時可搭乘，行車時間約1小時(視交通狀況而定)	曼哈頓的任何飯店或地址(Battery Park～185th St)

※ 資料時有異動，請以官方公布的最新資料為主

▲ 大眾運輸與接送車都在航廈外搭乘

▲ 拉瓜地亞機場以循環巴士接駁各航廈

▲ 搭機場接送小巴免提行李最便利

機場篇

注意事項	優缺點	從市區前往機場	聯絡方式
■有轉搭飯店接送小巴前往飯店的服務，僅送中城區飯店(23rd～63rd St之間，詳情與飯店列表請至網站查詢) ■回程到機場沒有至飯店接送的服務	優點：**1**.停靠中央車站有多條地鐵線可以轉乘／**2**.去程有中城區飯店接送免費小巴服務／**3**.車上有免費的Wi-Fi 缺點：巴士可能需要在各航站載客，會花較多時間	可從兩處搭乘至機場： ■中央車站(E 41st St與Lexington Ave口) ■巴士轉運站(W 42nd St，8th～9th Ave之間)	http www.nycairporter.com ℅ (718)777-5111
■機場接送小巴只服務曼哈頓地區，其他區域不在服務範圍內 ■若趕時間請勿搭乘，或選擇包車服務	優點：**1**.直接到達目的地，不用擔心換車或搬運行李／**2**.人多包車比較方便，分攤費用較划算，也節省時間 缺點：**1**.小巴需要在各航站載客(11人共乘)，會花較多時間／**2**.各乘客目的地不同，需要在市區繞一陣子，運氣好的話先抵達	於前往機場前一天打電話確認預約接送時間、地點(通常都是大約飛機起飛前4～4.5小時至預約地址接客，相當地提早啊！)	**Super Shuttle** http www.supershuttle.com ℅ (212)258-3826 **Go Airlink NYC** http www.goairlinkshuttle.com ℅ (212)812-9000
搭公車前要先在售票機買票，可投幣(可找Welcome Center兌換25分的硬幣)，或以Metro Card購買	優點：交通費相當划算，公車下車處就是地鐵站 缺點：**1**.需要扛著行李上下地鐵站／**2**.會遇上尖峰塞車時間	搭乘地鐵 N W 線至Astoria Blvd站下車，轉搭M60號公車至各航站下車；或在曼哈頓上城區搭乘M60號公車直接抵達機場(需多預留點時間喔！)	http web.mta.info/mta/planning/sbs/lga_analysis.html http web.mta.info/nyct/bus/schedule/manh/m60scur.pdf
每部車最多可載送4名乘客，若行李放不下就得分兩部搭乘	優點：**1**.直接到達目的地，不用擔心換車或搬運行李／**2**.多人共乘分攤車資比較划算，也節省時間 缺點：**1**.會遇上尖峰塞車時間／**2**.交通費用較高	可請飯店幫忙叫計程車，費用大致與機場到市區相同	http laguardiaairport.com/#/to-from-airport/by-taxi

▲ NYC Airporter機場巴士服務櫃檯

▲ 搭M60公車要先在站牌旁的機器買票

▲ 搭M60公車再轉地鐵進市區最省錢

紐約市公車M60
MTA Bus

M60公車是服務曼哈頓到機場的快速公車，停靠站較一般公車少，是機場到市區最經濟的交通工具，除了可以直接抵達曼哈頓上西城哥倫比亞大學，也可以在沿途下車轉搭各地鐵線，相當便利(請參考機場交通平面圖)。搭乘M60公車需在搭乘前於站牌邊的售票機買票，售票機只提供投硬幣購票，及MetroCard購票兩種方式。

若你的投宿點是在皇后區或法拉盛附近，你也可以搭乘其他線公車至地鐵站轉搭地鐵：「Q48

▲ 航廈外的候車站牌

▲ 搭M60是最經濟的交通方式

」到Corona公園及法拉盛，可銜接地鐵 **7** 線；「Q70」到Jackson Heights及Woodside，可銜接地鐵 **7** **E** **F** **M** **R** 線；「Q72」到Elmhurts及Rego Park，可銜接地鐵 **7** **M** **R** 線。

M60公車搭乘方法 Step by Step

STEP 1 前往公車搭乘處

售票機

STEP 2 先在售票機買票

M60車票

```
HTA NYC Transit
SELECT BUS SERVICE
Proof of Payment

Stop ID:      042201
Machine ID:   010389
Mon 06 Oct 14 13:55

Route         M60
Direction     N/E

Payment Type:
MetroCard
Serial N:2587478483
Card Type: 036
30-DAY UNLIMITED

Questions? Call 511
```

先按此黑色鈕

▲ 不收紙鈔，可以先向航站內商店或Welcome Center換硬幣：1.先按鈕(黑色)／2.投幣／3.取票

STEP 3 直接上車免驗票

STEP 4 在地鐵站下車

在「**Astoria Blvd**」地鐵站下車，這一站有不少人下車，所以不用擔心錯過站。或直接搭到曼哈頓上城區再轉搭地鐵。

STEP 5 前往月台候車

先在售票機購買地鐵票卡(售票機購票請參見P.101)，或向服務站購買單程票，進閘口後往「Manhattan & Brooklyn」方向的月台前進。

STEP 6 搭上地鐵前往市區

列車進站即可上車，不必擔心搭錯方向；即使搭錯方向，下一站就是終點站，再換個月台往回搭就好了。**N** **W** 兩線地鐵走同一條路線，直到Canal St站才會分開。

機場交通注意事項

在入境大廳依循「Ground Transportation」指標找到「Welcome Center」服務櫃檯，詢問機場交通等相關事宜，或依循大廳內外的指標直接前往交通工具搭乘處搭車。

■Welcome Center

紐約3座機場均設有旅客服務台「Welcome Center」，天藍色的櫃檯與身穿紅色外套的服務人員，相當容易找到。若你對進入市區的交通有任何疑問，或要搭任何大眾交通工具到市區，都可以在這裡詢問、預訂，比較安全有保障，已經預訂的共乘接送小巴，也是在這裡接洽！

■機場接送小巴 Shuttle Vans

紐約3座機場都有機場接送小巴的服務，機場接送小巴只服務曼哈頓125街以下地區，其他區域不在接送範圍內喔！有老字號的Super Shuttle(又稱為Blue Van)與新加入的Go Airlink NYC這兩家，兩家的服務、車型、車資都差不多，選搭哪一家其實都可以。**請注意** 散客搭機場接送小巴相當耗時，趕時間的旅客最好不要搭乘，以免耽誤行程；人多可包車。

▲ 共乘接送小巴士是經濟又省事的交通工具

■機場計程車 Taxi

從機場要搭計程車進入市區，最保險的方法就是到機場設置的招呼站搭乘，有專人為你服務登記，切記不要搭乘私人招攬的計程車或私家車，以免被亂喊價或有安全上的疑慮。

▲ 計程車服務站有專人服務，並登記車號

■電召車、轎車服務

如果覺得搭計程車難溝通，搭大眾運輸太麻煩費時，不妨考慮叫由華人經營車行的車，或預訂專營接送服務轎車公司的車。車資比計程車便宜些，能載你到目的地，也較省時間，是往返機場不錯的選擇，都可電話或網路預訂，可用信用卡付費，相當方便。記得叫有經營牌照車行的車，安全有保障，沒有經營牌照的車盡量避免搭乘。

新金馬	www.car8888.com/about_cn.html (718)762-8888、(718)359-6666
皇后林肯	www.queenhh.com/zh (718)762-3333
中華	www.yescarny.com (718)539-7777、(212)529-6060
Dial 7	dial7.com (212)777-7777
Carmel	www.carmellimo.com (212)666-6666
Uber	www.uber.com/cities/new-york

交通篇
Transportation

暢遊紐約，搭哪種交通工具最方便？

地鐵與公車絕對是暢遊紐約不可或缺的交通工具，只要購買一張票卡，就能暢行無阻地玩遍紐約。另外，滿街跑的黃色計程車不僅便利，也是紐約象徵之一，數量之多超乎你想像，但要招到一輛可不簡單呢！若想嘗新，可以試試新上路的Citi Bike，用單車玩遍紐約。

地鐵
Subway

地鐵是暢遊紐約最便利的交通工具

自1904年開通至今的紐約地鐵，已有114年的歷史，這個營運超過一整個世紀的地鐵系統，在過去的形象曾是「髒亂+危險」，遭噴漆的老舊車廂、發生搶案的月台等畫面，你現在只能從電影中懷舊了。如今地鐵車廂煥然一新(但站體依然老舊、悶熱)、安全無虞，是旅遊紐約最方便的交通工具，著名的觀光景點、購物商圈，幾乎都位在地鐵站周邊，不論是要觀光、要購物都很方便。

▲ 營運超過百年的地鐵，到處都有歲月留下的痕跡

▲ 上下班時間是地鐵的尖峰時段，擠滿通勤的上班族

紐約交通資訊這裡查

紐約的地鐵及公車系統均由MTA(Metropolitan Transportation Authority)公司所營運，只要購買一張票卡，就能搭乘地鐵與公車，讓你暢行無阻地玩遍紐約。若要查詢最新的票價、路線等資訊，可上MTA官網查詢。

MTA
🌐 www.mta.info
📞 511、(212)878-7000
📘 Metropolitan Transportation Authority (MTA)
🐦 MTA
•• Metropolitan Transportation Authority of the State of New York

※ 資料時有異動，請以官方公布的最新資料為主

營運時間
Subway Schedules

紐約地鐵全年無休，是全球唯一24小時營運的地鐵系統，通勤的尖峰時間約2～5分鐘一班，其他時間約5～10分鐘一班，深夜過後的班次會減少，部分路線的停靠點也會有更動。另外，遇到週末或假日，通常也都是地鐵維修的時間，路線會有調整或停駛的狀況發生，需要特別注意車站內、月台上及車廂內所貼的公告，而列車長也都會廣播提醒乘客注意。

▲ 要隨時注意月台上或車廂內的營運變動公告

交通篇

地鐵路線
Subway Line

紐約地鐵目前共有24條營運路線，分別以數字、英文字母及顏色作為標示區隔。地鐵網路相當廣，四通八達，將4個大行政區連接在一起。

24條地鐵線裡分別規畫有快車（Exprss，EXP）及普通車（Local，LCL），車種及前往方向都會標示在每輛車廂上；其中只有❻及❼線兩條路線，同時有快車及普通車，快車在車身上的路線名以紅色菱形閃燈標示，而普通車以綠色圓形閃燈標示。

快車只會停靠主要車站，路線圖上以「〇」符號標示；而普通車則每一站都會停靠，路線圖上以「●」符號標示（其他地鐵路線圖標記解說請見P.2）。而列車的行進方向只分為往上城方向（Uptown）及往下城方向（Downtown）兩種。

曼哈頓的地鐵多為南北向行駛，只有❼Ⓛ❽線為東西向行駛，這3線均以兩頭的終點站為方向標示，要特別注意。而❽線則是區間接駁車（Shuttle），在曼哈頓與布魯克林共有3處（見P.98紐約地鐵路線表說明）。

▲ 紐約地鐵有快車(EXP)及普通車(LCL)之分

▲ 只有6、7兩線的快車及普通車標示方式不同

▲ S線地鐵為短程的區間接駁專車

貼心 小提醒

快車、普通車區分非全紐約通用喔

通常快車、普通車的區分只適用於曼哈頓區，一旦出了曼哈頓，大部分的快車也都變成站站都停的普通車了，建議還是直接看地鐵路線圖吧，目的地地鐵站有哪幾線停靠，都標示得很清楚，哪一線有停就搭哪一線吧！

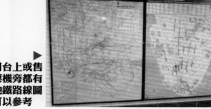

▶ 月台上或售票機旁都有地鐵路線圖可以參考

行家祕技 Uptown、Downtown 方向怎麼分辨？

請先將地圖拿正，找出你目前所在的地鐵站位置，若你要前往的目的地在上方，請搭乘Uptown方向(往北)，若目的地在下方，則請搭乘Downtown方向(往南)。 **請注意** 從**曼哈頓前往Bronx跟Queens要搭Uptown方向，往Brooklyn則要搭Downtown方向。**

若是要從Bronx、Queens或Brooklyn回曼哈頓，則要看清楚列車是往Manhattan方向，還是路線的終點站，小心別搭錯囉！

紐約地鐵路線表

地鐵線	車種	起訖站
1	普通車	Van Cortlandt Park-242nd St.(布朗士)⟷South Ferry(曼哈頓)
2	快車	Wakefield-241st St.(布朗士)⟷曼哈頓⟷Flatbush Ave-Brooklyn Collage(布魯克林)
3	快車	Harlem-148th St(曼哈頓)⟷New Lots Ave(布魯克林)
4	快車	Woodlawn(布朗士)⟷曼哈頓⟷New Lots Ave (布魯克林)
5	快車	Eastchester-Dyre Ave(布朗士)⟷曼哈頓⟷Flatbush Ave-Brooklyn Collage(布魯克林)
6	普通車	Pelham Bay Park(布朗士)⟷Brooklyn Bridge-City Hall(曼哈頓)
6	快車	Pelham Bay Park(布朗士)⟷Brooklyn Bridge-City Hall(曼哈頓)
7	普通車	34nd St-Hudson Yard(曼哈頓)⟷Flushing-Main St(皇后區)
7	快車	34nd St-Hudson Yard(曼哈頓)⟷Flushing-Main St(皇后區)
A	快車	Inwood-207th St(曼哈頓)⟷布魯克林⟷Rockaway Blvd(皇后區)⟷**1.**Ozone Park-Lefferts Blvd(皇后區)/**2.**Far Rockaway-Mott Ave(皇后區)/**3.**Rockaway Park-Beach 116th St(皇后區)
C	普通車	Washington Hights-168th St(曼哈頓)⟷Euclid Ave(布魯克林)
E	普通車	World Trade Center(曼哈頓)⟷Jamaica Center-Parsons/Archer(皇后區)
B	快車	Bedford Park Blvd(布朗士)⟷曼哈頓⟷Brighton Beach(布魯克林)
D	快車	205th St(布朗士)⟷曼哈頓⟷Coney Island-Stillwell Ave(布魯克林)
F	普通車	Jamaica-179th St(皇后區)⟷曼哈頓⟷Coney Island-Stillwell Ave(布魯克林)
M	普通車	Forest Hill-71st Ave(皇后區)⟷曼哈頓⟷布魯克林⟷Middle Village-Metropolitan Ave(皇后區)
G	普通車	Court Sq(皇后區)⟷Church Ave(布魯克林)
J	普通車	Broad St(曼哈頓)⟷布魯克林⟷Jamaica Center-Parsons/Archer(皇后區)
Z	快車	Broad St(曼哈頓)⟷布魯克林⟷Jamaica Center-Parsons/Archer(皇后區)
L	普通車	8th Ave(曼哈頓)⟷Canarsie-Rockaway Parkway(布魯克林)
N	普通車	Astroia-Ditmars Blvd(皇后區)⟷曼哈頓⟷Coney Island-Stillwell Ave(布魯克林)
Q	快車	96th St(曼哈頓)⟷Coney Island-Stillwell Ave(布魯克林)
R	普通車	Forest Hill-71st Ave(皇后區)⟷曼哈頓⟷Bay Ridge-95th St(布魯克林)
W	普通車	Astroia-Ditmars Blvd(皇后區)⟷Whitehall St-South Ferry(曼哈頓)
S	接駁車	**1.**Times Square-42nd St⟷42nd St-Grand Central(曼哈頓) **2.**Franklin Ave⟷Pospect Park(布魯克林) **3.**Broad Channel⟷Rockaway Park-Beach 116th St(皇后區)
SIR	史泰登島線	St. George(史泰登島)⟷Tottenville(史泰登島)

※ 資料時有異動，請以官方公布的最新資料為主

地鐵站出入口
Subway Entrance

　　地鐵站出入口大都設在十字路口的4個角落，若是主要車站(快車、普通車都會停靠)大多不分Uptown或Downtown出入口，都可進出；一般車站(只有普通車停靠)則部分有分Uptown或Downtown的出入口。出入口均會標示該站的站名以及可搭乘的路線，出入口也立有燈球，綠燈球表示該出入口24小時開放，半紅燈球表示該出入口有開放時間的限制，而全紅燈球表示僅出口專用或該出入口暫停使用。

▲ 全紅燈球：出口專用或暫停使用

▲ 綠燈球：24小時開放

▲ 半紅燈球：有時間限制

地鐵站月台
Subway Platform

　　近幾年，紐約地鐵系統開始陸續更新設備，以電子廣播取代讓遊客有聽沒有懂的人聲廣播，月台上多了列車進站時刻的電子看板，也在月台上裝上緊急服務設施。大部分車站也裝了電信系統的信號，讓乘客候車時也可以連上電信網路上網或打電話。而下一項將全面設置的就是大型觸控式螢幕的告示板，所有地鐵資訊、地鐵路線圖等，都會顯示在這個互動性的裝置裡。

路上觀察 紐約地鐵2017～2021的願景計畫

　　2016年7月紐約州長Andrew Cuomo宣布將投入270億美元，進行紐約地鐵系統升級計畫，以減少乘客及列車的等候時間、增加運載率等。MTA公司提出5年改造計畫，除了車站改造，也將採購上千部新型開放式車廂。

手機信號與無線網路無礙

　　所有地鐵站將可通手機信號和Wi-Fi網絡，此外，在地鐵站、公車上配備USB充電器。

第二大道地鐵線

　　沿著2nd Ave的新地鐵T線正興建中，從上城125th St～下城的Hanover Sq，共增設有16個新地鐵站，未來將帶動曼哈頓東區新的活力。

翻新170個地鐵車站

　　預計將有31個地鐵車站進行大整修，這些車站也預計會關閉長達6個月的時間。

▲ 列車進站資訊電子看板

▲ 月台緊急通話系統

▲ 觸控式互動資訊螢幕

地鐵票卡種類

MetroCard

■ 無限卡Unlimited Ride

以第一次使用的當天開始計算，並非以購買日計算。

■7-Day Unlimited Ride：$32.00

7天內可無限次搭乘地鐵與普通公車。

■30-Day Unlimited Ride：$121.00

30天內可無限次搭乘地鐵與普通公車。

■ 儲值卡Pay-Per-Ride

可以購買$5.50～100.00的儲值卡，購買儲值卡可享有5%的紅利加值，例如購買$20.00，則預付卡內會有$21.00的使用額度。使用儲值卡搭乘地鐵，每一趟扣除$2.75，儲值卡內的餘額若不足或用罄，可以再補充儲值。

■ 單程卡Single Ride

單程卡為白色紙卡，只能使用一次，票卡費用是$3.00，購買後兩小時之內有效，單程票卡可以公車間轉搭一次，地鐵與公車間無法轉搭。

貼心 小提醒

票卡費$1.00，可重複加值

購買無限卡或儲值卡，隨卡加收票卡費$1.00(不會退還，購買單程票卡不收票卡費)。地鐵票卡為塑膠卡，在票卡背面的有效期限內，可以重複及可隨時變更為無限卡或儲值卡使用，也可以一卡二用，同時兼具儲值卡與無限卡功能。

票卡過期，可將餘額挪至新票卡

票卡背面上方印有使用期限的日期，若你之前購買儲值卡還有餘額，在過期日起的兩年內都可以轉移金額。第一年只要到車站裡的服務亭要求轉移餘額至新卡即可，第二年就要將過期的票卡寄回地鐵公司處理(服務亭有免郵資的信封可以索取)。

地鐵票卡自動售票機解析

有些售票機只收現金(但不收百元紙鈔)，有些只收信用卡，注意看售票機上的顯示，但大部分的機器二者都收。

▲ 地鐵票卡為塑膠卡片　▲ 地鐵單程票卡為紙片

- 觸控式操作螢幕
- 郵遞區號輸入鍵
- 信用卡插入口
- 找零、收據出口
- 硬幣投入口
- 紙鈔投入口
- 地鐵票卡投出口
- 地鐵票卡插入口
- 單程票卡投出口

交通篇

地鐵票卡購買 Step by Step

選擇語言介面

STEP 1 進入語言選擇程序

觸碰螢幕右上角的「**Start**」進入選擇語言畫面。

STEP 2 可以選擇中文介面

不一定每部機器都有中文介面可以選擇，不妨多試幾部，若不幸當站全部機器都沒有中文介面，就點選「**English**」吧！放心，**以下購票步驟我會把中文及英文都放入說明圖示裡。**

STEP 3 點選欲購買的票卡種類

各種票卡購買或儲值步驟，請見以下說明。

購買無限卡Unlimited Ride

STEP 1 點選「MetroCard」

單程票及快速購票步驟，在後面會另外解說。

STEP 2 請選擇交易種類

若是第一次購買地鐵票卡，請點選「**Get New Card／取得新卡**」；若你持有仍在使用有效期限內的舊票卡，可以點選左邊的「**Refill Your Card**」進行重新儲值的動作，票卡儲值步驟Step by Step請見P.104。

STEP 3 何種MetroCard

點選「**Unlimited Ride**」。

STEP 4 選擇購買天數

購買7日票請點選「**7-Day $31**」購買30日票請點選「**30-Day $116.50**」，以下以購買7日票為例。

STEP 5 選擇付費方式

以現金付費點選「**Cash／現金**」以信用卡付費點選「**Credit Card／信用卡**」。

STEP 6 投入現金

投入螢幕所顯示的總金額$33.00（7日票$32.00+票卡費$1.00），購票機最多只能找$9.00，所以不要投入太大的金額。

購買儲值卡Regular MetroCard

STEP7 列印收據及找零

需要收據請點選「**Yes**」，收據會在下方紅色的窗口，若有找錢也是從這個窗口取回。

Do you want a receipt?

Yes	No
列印收據	不要收據

STEP8 領取票卡

票卡則會從右邊的票卡遞出口吐出。

貼心 小提醒

儲值卡可以多人共用

　　紐約地鐵採單一費用搭乘，每次刷卡進閘口扣$2.75，只要不出站，不管你要搭多遠、坐多久、轉幾趟車都可以，還可以在刷票卡後2小時內免費轉乘市公車一次，可以說是搭越遠越划算。

　　由於儲值卡是採刷票卡扣款方式，所以可以多人共用一卡，只要輪流刷卡進閘口即可(不像無限卡有同一站進站時間上的限制，見P.106)，可省下多買一張票卡就要多付$1.00的費用。

STEP1 點選「MetroCard」

你也可以點選螢幕左邊的快速購票選項，點選後投入$10.00即可輕鬆買到票卡。

Please select MetroCard type

Fast $9 MetroCard 1.00 Fee Applies $9.00 +$0.45 BONUS	MetroCard 儲值卡 無限卡	Single Ride Vaild for 2.0 hours 單程票
$9.00快速購票		CANCEL

STEP2 請選擇交易種類

點選「**Get New Card／取得新卡**」。

Please select MetroCard type

Refill Your Card	Get Card Info	Get New Card $1.00 Fee Applies
舊卡儲值	查詢	取得新卡
	返回 取消	

STEP3 何種MetroCard

點選「**Regular MetroCard**」。

What type of MetroCard?

Regular MetroCard	Unlimited Ride
儲值卡	無限卡
	返回 取消

STEP4 點選預付金額

你可以直接點選螢幕上顯示的金額，以下以直接點選$19.00的選項為例。

What amount do you want?

$9.00 +$0.45 BONUS	$19.00 +$0.95 BONUS	$29.00 +$1.45 BONUS
$39.00 +$1.95 BONUS		Other Amounts
	返回 取消	

- - - - - - - - - - - - - - - - - - - -

若想儲值選項以外的金額，請點選「**Other Amounts／其他金額**」，鍵入你想儲值的金額後點選「**Enter／輸入**」。(註)

What amount do you want?

$9.00 +$0.45 BONUS	$19.00 +$0.95 BONUS	$29.00 +$1.45 BONUS
$39.00 +$1.95 BONUS		Other Amounts
	返回 取消	

STEP5 選擇付費方式

以現金付費點選「**Cash／現金**」以信用卡付費點選「**Credit Card／信用卡**」。

How do you want to pay?

Cash	ATM Card	Credit Card
現金	提款卡	信用卡
	返回 取消	

註：你可以購買或加值$20.95(搭乘8次)、$34.05(搭乘13次)、$41.90(搭乘16次)、$55.75(搭乘21次)、$75.95(搭乘29次)，扣完款，卡上的餘額剛好是$0.00。(以上所列金額不含$1.00票卡費)

交通篇

STEP 6 投入現金

投入螢幕所顯示的總金額$20.00（$19.00+票卡費$1.00），購票機最多只能找$9.00，所以不要投入太大的金額。

$19.00
+$0.95
New Card Fee $1.00
Total Amount Due $20.00

You have inserted
Please Pay ➡ $20.00

Maximum Change is $9.00　返回　取消

STEP 7 列印收據及找零

需要收據請點選「**Yes**」，收據會在下方紅色的窗口內，若有找錢也是從這個窗口取回。

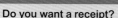

Do you want a receipt?

Yes | No
列印收據 | 不要收據

STEP 8 領取票卡

票卡則會從右邊的票卡遞出口吐出。

以信用卡付費Step by Step

STEP 1 選擇付費方式

若想以信用卡付費，請在付費選項頁面點選「**Credit Card/信用卡**」。

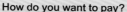

How do you want to pay?

Cash | ATM Card | Credit Card
現金 | 提款卡 | 信用卡

返回　取消

STEP 2 插入信用卡

插入信用卡後，請等待螢幕出現取出信用卡的訊息，再將信用卡取回。

Please dip your credit card

返回　取消

STEP 3 鍵入郵遞區號

使用信用卡付費需鍵入郵遞區號，非美國地區核發的信用卡只要輸入「**99999**」，然後按「**Enter/輸入**」鍵即可。

$19.00
+$0.95
New Card Fee $1.00
Total Amount Due $20.00

Please enter your ZIP code and press ENTER on the keypad below

取消

STEP 4 確認扣款金額

確認應付款金額後請點選「**OK**」，進行扣款動作。

$19.00
+$0.95
New Card Fee $1.00
Total Amount Due $20.00

You will be charged $20.00

OK | 取消

$19.00
+$0.95
New Card Fee $1.00
Total Amount Due $20.00

Processing payment
扣款中

STEP 5 列印收據

需要收據請點選「**Yes**」，收據會在下方紅色的窗口內。

Do you want a receipt?

Yes | No
列印收據 | 不要收據

貼心 小提醒

信用卡購買無限卡有保障

只要你使用信用卡購買30天效期的無限卡，一旦遺失或被竊，只要申報都可獲得餘額退費（餘額從申報日算起），會將餘額退到你的信用卡帳戶中，申報電話直撥511或(718)330-1234。

購買單程卡Single Ride

STEP 1 點選「Single Ride」

STEP 2 選擇付費方式

以現金付費點選「**Cash/現金**」
以信用卡付費請點選「**Credit Card/信用卡**」。

STEP 3 投入現金

投入螢幕所顯示的金額，購票機最多只能找$9.00，所以不要投入太大的金額。

STEP 4 領取票卡

票卡則會從右下的單程票卡(Single Ride)投出口吐出。

票卡儲值Refill Your Card

STEP 1 點選「MetroCard」

STEP 2 請選擇交易種類

點選「**Refill Your Card/補充你卡上的金額**」。

STEP 3 插入地鐵票卡

從右邊的票卡投入口插入票卡。

STEP 4 選擇儲值種類

若要儲值預付金額請點選「**Add Value**」。

之後的步驟請參考P.102「購買儲值卡Step by Step」的步驟4～8，完成儲值。

若要購買新的無限卡天數請點選「**Add Time**」。

之後的步驟請參考P.101「購買無限卡Step by Step」的步驟4～8，完成儲值。

貼心 小提醒

一張票卡兼具2種功能

除了可分別使用外，也可以隨時改儲值成無限卡或儲值卡，或乾脆一卡二用，同時兼具儲值卡與無限卡功能，機器會自動分辨扣款，無須另外再添購新票卡，你也不會將2張卡搞混、刷錯票卡，相當便利。

如何搭乘地鐵 Step by Step

STEP 1 注意搭乘方向出入口

一般較大或有多條路線停靠的地鐵站，在路面的地鐵站出入口不會分Uptown或Downtown出入口，是進到月台才分；只有小型地鐵站的路面出入口會分有Uptown方向或Downtown方向用的出入口。

STEP 2 刷票卡過閘門

只要成功刷過票卡，前方就會以綠色字顯示「Go」，就可以推開閘門旋轉橫把，進入車站內前往月台。

STEP 3 前往搭乘地鐵線月台

Uptown或Downtown方向的列車會有各自的月台，有些同一月台的兩側各會是Uptown方向及Downtown方向；有些則是Uptown與Downtown方向分別在鐵軌兩邊，別搞錯囉！不過這種分兩邊的月台通常都設有地下通道相連接，即使進錯邊也沒關係，找通道換到對面月台就好。

▲月台有分是往Uptown或往Downtown的方向喔

▲同一月台兩側分別為Uptown方向及Downtown方向，或是分別為快車月台及普通車月台

▲這種是鐵軌兩邊分別是Uptown及Downtown不同行進方向的月台

STEP 4 注意是快車或普通車

地鐵站像是時代廣場(42nd St-Times Sq)這種快車及普通車都會停靠的大站，若你要前往的地鐵站在路線圖上標示為「○」，則快車及普通車都可搭；若你要下車的地鐵站在路線圖上標示為「●」，就只有搭普通車才會停靠。快車及普通車通常會分別在月台兩側，車廂上也會標示，基本上地鐵路線的編號就已經將它是快車或是普通車規畫好了(見P.3「地鐵路線圖」、P.98「紐約地鐵路線表」說明)，選擇你要搭的路線編號就對了。

STEP 5 注意列車行進

若搭上了地鐵還不清楚要坐幾站抵達目的地，別擔心，每個車廂中都會有地鐵路線圖可以參考，新型的車廂還有電子式的單線路線圖；另外列車長也會廣播，但有時因口音問題或太過吵雜，根本就聽不清楚，若是搭到新的車廂就大可放心，電子式的廣播讓人聽得一清二楚；或下載紐約地鐵的APP(見P.53)到手機上，查詢更方便。

STEP 6 轉乘另一線地鐵

若需要中途轉乘另一條路線,則下車後依照地鐵線指標方向走,再來要注意的只有重複Step 4與Step 5囉!

▲ 跟著地鐵路線標示以及箭頭前往轉乘月台

STEP 7 到站下車,前往出口

下車後沿著「Exit」的標示前進,出地鐵站閘口不用再刷票卡,直接推開旋轉手把即可出站。而紐約地鐵站的出口沒有編號標示,也沒有出口附近有哪些景點或建築的標示,全部都只有街道路口的位置,如「42nd St & 7th Ave」,但出口處附近都會有街道地圖可參考。

▲ 注意出站閘口顯示為綠色箭頭才能推開橫把出站,出站免刷票卡

⁉ 搭乘地鐵及票卡使用注意事項

■轉乘地鐵或公車

轉乘地鐵:只要不出票閘口,單趟的票價可以隨你在任何車站內,隨意轉乘所有的地鐵線。

轉乘公車:單程卡無法轉乘;儲值卡在使用後的2小時內可免費轉搭公車一次;無限卡則沒有時間及次數的限制。

■無限卡不能在18分鐘內於同一站使用

為防止共用情形,無限卡有設定在18分鐘內不能於同一車站重複使用的鎖卡機制,從不同的地鐵站進站則沒有限制。

■地鐵票卡出狀況

若有地鐵票卡無法過卡、毀損等狀況出現,可找地鐵站內的服務票亭協助處理;若是要查看票卡內還有多少金額或是否過期,可利用購票處附近找得到的票卡檢查機,自行過卡檢查。

▲ 票卡查詢機,一旁是票卡回收盒　　▲ 地鐵站內的票亭,可詢問及購買票卡

■錯過下車車站或搭錯方向別擔心

若不慎錯過下車車站或搭錯方向,只要在其他站換月台往回搭即可,不必太過慌張。

■深夜搭乘請注意安全

紐約地鐵雖24小時營業,但午夜過後,班次會減少許多,車站內也人煙稀少。若你玩到太晚才要搭地鐵回住宿處,可以找月台上有黃色「Off Hours Waiting Area」標示的區域候車,表示這裡有監視系統,以及找有列車服務員的車廂搭乘。

渡輪
Ferry

從水岸看經典的紐約天際線

曼哈頓四周被紐約港、東河、哈德遜河以及哈林河環繞，與其他4個行政區完全不相連，除了以地鐵相互串聯外，另一項交通工具就是渡輪了。除了在曼哈頓玩透透，你也可以搭上渡輪，從紐約港或從東河，由外欣賞曼哈頓的水岸景色。

史泰登島渡輪
Staten Island Ferry

營運已有上百年歷史的渡輪，是連接曼哈頓與史泰登島的主要大眾交通工具，橘色船身相當醒目，是遊客免費一遊紐約港的絕佳機會。渡輪船體相當大，分有上下2層甲板，早期它還有承載汽車渡港的功能，如今則只剩下以服務紐約市民通勤為主。渡輪行駛途中可以看見自由女神、艾利斯島，以及曼哈頓金融區摩天高樓美麗的天際線，若不想花錢去自由女神島，這是從紐約港參觀自由女神最好的方式，若晚上搭乘則可順便欣賞金融區的百萬夜景喔！

▲ 船艙兩側及前後甲板最受青睞　　▲ 遠望自由女神

史泰登島渡輪資訊看這裡

- http www.siferry.com
- 渡輪24小時營運。**週間：**尖峰時間15～20分鐘一班，離鋒時間30分鐘一班；**週末假日：**30分鐘一班。單趟航程約25分鐘
- $ 搭乘渡輪免費
- ➡ 搭乘地鐵 **①** 線Downtown方向至終點站South Ferry站(記得**搭乘前5節車廂**，出地鐵站上到地面層就是渡輪搭乘碼頭)；**④ ⑤** 線至Bowling Green站；**Ⓡ** 線到Whitehall St-South Ferry站
- MAP P.24／D6

▲ 橘色的大型渡輪，相當好辨認

▲ 渡輪碼頭

▲ 前5節車廂才到碼頭

※ 資料時有異動，請以官方公布的最新資料為主

水上計程車 *Water Taxi*

水上計程車以哈德遜河為主要服務路線，原是為服務通勤的市民所設的交通工具，但受到觀光客的歡迎後，除了原有的通勤功能外，現在也加

入觀光船的行列，行程相當多樣，有搭配景點的、欣賞夜景的，也有隨季節變換的賞楓、跨年的特別活動。

▲ 位於南街海港的售票亭

▲ 跟紐約的計程車一樣，有著鮮黃色的標記

IKEA接駁船

此外，也有推出前往布魯克林IKEA的接駁服務，可以來看看紐約的IKEA跟台灣有什麼不同，

採購兼欣賞紐約港口風光。

🌐 www.nywatertaxi.com/ikea
✉ 在11號碼頭搭乘(Pier 11，華爾街走到底的東河岸)
🕐 約45～50分鐘一班，週間、週末船班時段不同，請上官網查詢，單趟行程約20分鐘
💲 週一～五$5.00(在IKEA消費$10.00以上，可享$5.00優惠，等於回程免費搭乘)，週六～日免費

紐約渡輪 *NYC Ferry*

紐約渡輪是為服務通勤的紐約市民所增設的路線，目前共整合規畫有6條路線，範圍含括布魯克林、皇后區、曼哈頓與布朗士的水岸，夏季也將航線延伸到總督島(Governors Island)停靠，將東河岸與紐約港的航道連成一氣，除了可以紓解尖峰時段的地鐵人潮，也提供紐約市民另一項通勤方式選擇。這也是玩紐約相當特別的方式，可以用不同的角度來欣賞紐約風光！

▲ 華爾街東河岸的11號碼頭，是最主要的航運點

▲ 位於DUMBO的搭乘碼頭，風景最漂亮

水上計程車資訊看這裡

🌐 www.nywatertaxi.com
📘📱 New York Water Taxi
📞 (212)742-1969
🕐 每日10:00～17:00，船班時刻會隨季節更動。每個搭乘處都有各自的首末船班時刻表，可以上官網查詢
💲 一日票：成人$37.00，兒童$31.00(一日票可以在任意一站隨意上下船)
ℹ 有數種觀光行程可以搭配購買

※ 以上資料時有異動，請以官方公布的最新資料為主

交通篇

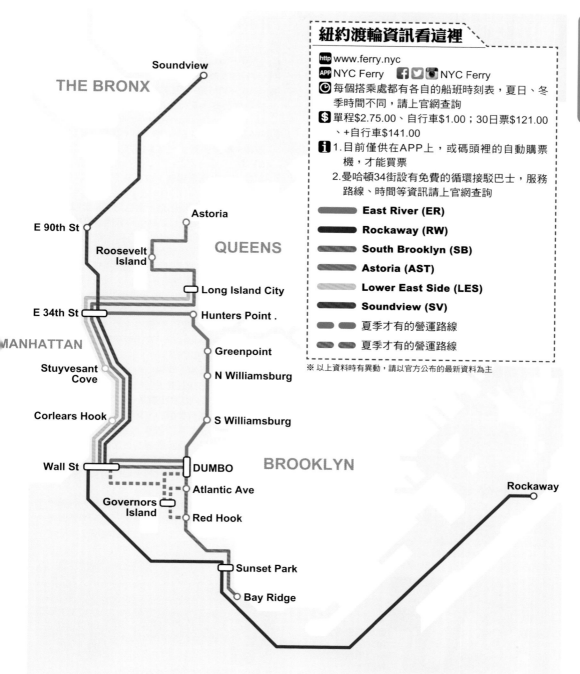

紐約渡輪資訊看這裡

- http www.ferry.nyc
- APP NYC Ferry　🅵🅣🅞 NYC Ferry
- 🕐 每個搭乘處都有各自的船班時刻表，夏日、冬季時間不同，請上官網查詢
- 💲 單程$2.75.00、自行車$1.00；30日票$121.00、+自行車$141.00
- ℹ️ 1.目前僅供在APP上，或碼頭裡的自動購票機，才能買票
  2.曼哈頓34街設有免費的循環接駁巴士，服務路線、時間等資訊請上官網查詢

- **East River (ER)**
- **Rockaway (RW)**
- **South Brooklyn (SB)**
- **Astoria (AST)**
- **Lower East Side (LES)**
- **Soundview (SV)**
- 夏季才有的營運路線
- 夏季才有的營運路線

※ 以上資料時有異動，請以官方公布的最新資料為主

THE BRONX — Soundview — QUEENS — Astoria — E 90th St — Roosevelt Island — Long Island City — E 34th St — Hunters Point — MANHATTAN — Greenpoint — Stuyvesant Cove — N Williamsburg — Corlears Hook — S Williamsburg — Wall St — DUMBO — BROOKLYN — Atlantic Ave — Governors Island — Red Hook — Sunset Park — Bay Ridge — Rockaway

自由女神島渡輪
Statue Cruises

要參觀紐約最知名、最受歡迎的自由女神或移民博物館,唯一的交通工具就只有搭乘自由女神島渡輪了,每天都有長長的隊伍等候搭船,尤其夏天旅遊旺季時期,更是船船爆滿,皇冠登頂參觀一票難求,而豔陽高照下的甲板,更是擠滿搶著賞景、曬太陽的觀光客,實在太吸引人了。

▲ 船船爆滿的自由女神島渡輪

路上觀察 狹窄的自由女神內部

如果已經計畫造訪自由女神,登上頭冠的難得機會一定要把握,可一覽石造基座內的展示,以及體驗登上內部旋轉而上的樓梯。

▲ 基座內展示有退役的自由女神火炬

▲ 狹窄的登頂樓梯,僅能供1個人通過

頭冠觀景窗旁有顧守的警衛,會貼心地幫遊客拍照留念

自由女神島渡輪資訊看這裡

🌐 www.statuecruises.com

📘📗📘 Statue Cruises

📞 (877)523-9849

🕐 約15～30分鐘一班(渡輪營業時間及班次會隨季節氣候更動,記得上網查詢最新的時刻表www.statuecruises.com/departure-schedule#)

💲 **來回船票**:成人$18.50,4～12歲兒童$9.00;
船票+基座參觀:成人$18.50,4～12歲兒童$9.00
船票+基座+頭冠參觀:成人$21.50,4～12歲兒童$12.00
船票除了來回渡輪搭乘,還包括下船參觀自由女神島及艾利斯島,以及語音導覽機,有中文

➡ 搭乘地鐵❶線Downtown方向至終點站South Ferry站(記得搭乘前5節車廂,出地鐵站上到地面層就是渡輪搭乘碼頭);❹❺線到Bowling Green;Ⓡ Ⓦ線到Whitehall St-South Ferry

ℹ **票亭購票**:至炮台公園(Battery Park)柯林頓碉堡(Castle Clinton)內的售票處排隊購買船票,票亭購票可以買到附加參觀基座或頭冠觀景台參觀通行券的機會相當小,若想要參觀基座或頭冠最好提前網路預約購票

網路購票:直接上渡輪公司的網站購票,尤其想要參觀基座或頭冠觀景台的朋友,最好確定參觀日期並提早訂購(網路開放6個月前訂購),因為觀景台每日開放參觀的人數有限,旅遊旺季時往往一票難求(尤其訂購參觀頭冠觀景台的票券時,還須登記所有參觀者的英文姓名,換取票券及參觀時也需要核對護照身分),參觀日再持購票證明至炮台公園柯林頓碉堡內的售票處換取票券即可。網路購票步驟請見P.111

雕像內部沒有無障礙設施:若是身障或行動不便的朋友,只要買一般的船票就可以,因為雕像內部沒有電梯設備,而通往頭冠的樓梯又窄且陡

MAP P.24 / B6

▲ 炮台公園柯林頓碉堡內的售票處

※ 以上資料時有異動,請以官方公布的最新資料為主

網路預購自由女神頭冠觀景台參觀票券 Step by Step

STEP 1 點選「BOOK NOW」

1. 進入網站後，從票券種類選單裡選擇「**Crown Reserve Ticket**」；2. 再點「**BOOK NOW**」鍵，開始網路購票程序。

STEP 2 點選出發地點

1. 請先勾選你預計搭船的出發地點「**New York Battery Park／曼哈頓炮台公園**」；2. 然後點選「**Buy Departing from New York／購票**」開始購票。

▲ 從頭冠窗口將紐約港景色盡收眼底

STEP 3 選購票數與預約日期

1. 請先填選欲預約購買的參觀票券數量，一個人一次只能購買4張票，持卡人必須於票亭兌換票券時，本人親自換票；2. 再選擇參觀日期。

點選日曆後會跳出視窗，請先選擇：1. 左側的參觀日期(藍色為可預約日期)；2. 再選擇當日參觀時段(直接點選欲參觀的時段)。

點選後會自動跳回到選購票數畫面，所填購的票數上方會顯示出剛剛所選的參觀日期與時間。確認無誤後，點選「**Add to Cart／放入購物車**」進行結帳程序。

STEP 4 確認選購內容

確認預約選購內容，若要更動，可增加票券數或取消重新預約，確認無誤後點選「**Checkout**」開始結帳。

1. 增加票券數／2. 更新／3. 取消
4. 繼續購票

STEP 5 確認取票方式

1. 勾選「**Pick up on site at the ticket booth／票亭取票**」；2. 點選「**Continue**」繼續結帳。

STEP 6 填寫參觀者姓名

需要清楚填寫所有參觀者護照上的英文姓名，點選「**Continue**」繼續結帳。

STEP 7 填寫帳務及個人資料

以英文填寫資料，填妥後點選「**Continue**」繼續結帳。

STATUE OF LIBERTY & ELLIS ISLAND TICKETS

Billing Information 帳務資料

First Name 名字
Last Name 姓氏
Address Line 1 地址
Address Line 2
國家（選台灣） Taiwan
City 城市
State/Provence
Zip/Postal C 郵遞區號
Alphanumer
Phone Num 電話號碼
Cell Number 手機號碼
Email Addre 電郵信箱
確認電郵信箱
Continue

STEP 8 填寫信用卡資料

確認以下資料無誤後，填妥信用卡資料，勾選同意條款選項，然後點選「**Place My Order and View Confirmation**」完成結帳。

填妥信用卡資料

1.帳務資料／2.地址資料／3.取票資料／4.票券預約內容與費用

STEP 9 列印確認信函

可將螢幕顯示的預約確認畫面，或email到你信箱裡的預約確認函列印出來。

STEP 10 票亭取票

參觀日當天帶著列印出來的確認信，以及所有參觀者的護照，到炮台公園柯林頓碉堡內的售票亭領取票券。由於需要通過安檢、排隊搭船等，所以請盡早出發，以免錯過預約參觀的時間，白白浪費了好不容易預約到登上皇冠參觀的機會喔！

▲請前往售票亭預購取票的專用窗口領取票券，不用跟著人潮排隊

STEP 11 通過安檢，登船

領取票券後，直接前往碼頭安檢處接受安檢，然後等候登船前往自由女神島及艾利斯島參觀。

▲登船前的安檢程序相當嚴謹

▲夏天人潮多，排隊較費時，日照強記得做好防曬

⁉️ 參觀自由女神島注意事項

■安檢規格比照機場

自從911事件後，登渡輪前或進入自由女神雕像參觀前，都要經過嚴格的安檢程序，建議穿著輕便保暖，隨身物品盡量簡便為佳；而進入自由女神雕像時需將所有物品寄放在自助寄物櫃中，但相機允許參觀者攜帶入內。

■注意最後回曼哈頓的船班，以免被放鳥

渡輪由炮台公園出發，會先抵達自由女神島，再前往艾利斯島，然後再回炮台公園；自由女神島與艾利斯島都可以下船參觀，碼頭上也都會有接駁的時刻表，要記得趕上最後一班回曼哈頓的渡輪喔！

交通篇

公車
MTA Bus

搭公車是欣賞紐約街景最棒的方式

紐約南北向的交通動線以地鐵最便利，而東西向的交通就得依賴公車囉！只要有地鐵站的地方，就一定會有公車站牌，以地鐵搭配公車就能如魚得水般跑透透，況且買張票卡就能免費轉乘或任意搭乘，是最方便不過的了。

公車路線
MTA Bus Routes

紐約公車路線多，路線圖有如蜘蛛網般複雜，只要稍微研究一下，會發現其實搭公車相當簡易。曼哈頓公車的路線標示以「M00」表示，M是曼哈頓區（B是布魯克林區、Q是皇后區、Bx是布朗士區、S是史泰登島），之後的數字是表示這路線主要服務的街區，如M72是服務72街的路線公車。部分同一路線公車也有分快車及普通車，快車的停靠站比較少，多半是上下班時段才有；另外還有快速公車，主要是連結曼哈頓與較遠的郊區，遊客搭乘到的機會相當少。

南北向公車通常2個街區就有一站，東西向則每個大道口都設有停靠站，紐約的街道多為單行道，往返的路線會走不同街道，要特別注意。

該站有停靠的公車路線 / NO STANDING / 該路線前往的終點站 / Columbus Circle / Yorkville/Hospitals / Central Pk W & West 68 St / 該站牌的所在位置 / M10 M72

公車路線圖、時刻表這裡查

曼哈頓(Manhattan)：
http web.mta.info/nyct/maps/manbus.pdf
http web.mta.info/nyct/service/bus/mhtnsch.htm

皇后區(Queens)：
http web.mta.info/nyct/maps/busqns.pdf
http web.mta.info/nyct/service/bus/qnsche.htm

布魯克林(Brooklyn)：
http web.mta.info/nyct/maps/busbkln.pdf
http web.mta.info/nyct/service/bus/bklnsch.htm

布朗士(The Bronx)：
http web.mta.info/nyct/maps/busbx.pdf
http web.mta.info/nyct/service/bus/bnxsch.htm

史泰登島(Staten Island)：
http web.mta.info/nyct/maps/bussi.pdf
http web.mta.info/nyct/service/bus/sisch.htm

▲ 公車車廂正面及側面都標示有該車的路線號碼

※ 資料時有異動，請以官方公布的最新資料為主

營運時間
MTA Bus Schedules

通勤尖峰時段班次多,除部分路線有24小時營運外,其他多只營運到午夜,夜間公車班次較少,深夜搭乘時可以隨時上下車,不必等停靠站牌。每條路線的公車站牌上都有該站牌的時刻表(有分週間及週末時刻表),還有該公車線的路線圖,搭乘前記得看清楚是否有到你想去的地方。

▲ 明亮簡潔的候車亭,有路線圖及班次時刻表

車資及轉乘
MTA Bus Fares & Transfer

普通公車的單趟車資為$2.75,可投現或使用MetroCard搭乘,投現只接受5分以上的硬幣,不收紙鈔;快速公車的單趟車資為$6.50。

■ **轉乘地鐵**:若使用儲值卡搭乘,在使用後的2小時內可以免費轉乘地鐵一次,無限卡則沒有限制;若投現搭乘則不能轉乘地鐵。

■ **轉乘公車**:若使用儲值卡搭乘,在使用後的2小時內可以免費轉乘公車一次;若投現搭乘,可以跟司機索取公車轉乘票券(Transfer),轉乘票券可在2小時內使用。

請注意 轉乘限制以搭乘不同路線公車為主,使用無限卡搭乘則沒有任何限制。

⁉ 搭乘公車注意事項

■ **上車付費,按鈴下車**

一律前門上車刷票卡或投現;下車要提前按下車鈴,窗邊黃色或黑色橡膠條,扶把上也有下車按鈴,部分公車還有使用舊式的拉繩拉鈴。可從前後門下車,後門須待門旁綠燈亮起再自己推開車門。

▲ 按過下車鈴,前方會亮起要求下一站停車的顯示燈

■ **搭公車需禮讓**

必須先讓行動不便的朋友上下車,紐約公車為氣墊式,到站會自動往下沉,也有電動升降斜坡板,而司機也會為親自為輪椅固定及解開,紐約公車對身障朋友相當友善。

■ **趕時間,別搭公車**

繁忙的紐約街道經常塞車,加上停靠站牌很多,還有搭乘的多數為年長或行動不便的市民,上上下下相當費時,若趕時間請搭地鐵,若想慢慢看街道風景,搭公車很適合。

■ **搭公車,票卡怎麼刷?**
1. 請將票卡上的箭頭方向朝下
2. 投入票口,機器過票後自動退出票卡
3. 直接取回票卡即可
4. 下車不須再次過卡

自行車
Citi Bike

機動性高，城市短程代步的最佳工具：www.citibikenyc.com

由花旗銀行與紐約市合作的城市自行車「Citi Bike」，於2013年開始上路，現在幾乎所有觀光景點、人潮聚集的地方都找得到，365天24小時無休，相當方便，只要備好一張信用卡，你就能在紐約暢行無阻了。

Citi Bike的缺點就是免費時間不長，超時要多付不算便宜的租金，無法長時間騎乘，若你計畫數小時或整日都以自行車遊逛紐約，最好的方式還是找當地的車行租借比較划算。

租借費用
Citi Bike Pricing

需使用信用卡購買通行證（Pass），購買時會額外預扣押金$101.00，若沒有超時使用的情形，則時間到期後會退還押金，若超時使用則依時間從信用卡收取額外費用，嚴格來說對觀光客並不算是便宜的代步工具，但對於當地人來說年度Pass是相當划算的，所以有不少人租借使用。

可以下載官方APP，隨時掌握資訊。**APP** Citi Bike

期限	費用	每次租借免費時間
單趟騎乘	$3.00	1～30分鐘 每次超時1～15分鐘+$4.00
24小時Pass	$12.00	1～30分鐘 每次超時1～15分鐘+$4.00
3天Pass	$24.00	1～30分鐘 每次超時1～15分鐘+$4.00
年度Pass	$169.00	1～45分鐘 每次超時1～15分鐘+$2.50

※ 資料時有異動，請以官方公布的最新資料為主

自行車租借看這裡

Central Park Bicycle Shop
http www.centralparkbicycleshop.com
$ 1小時$15.00(網路預約$8.00)，3小時$25.00(網路預約$18.00)，全天$35.00

Blazing Saddles New York
http www.blazingsaddles.com/new-york
$ 1小時$15.00起，全天$40.00起

Unlimited Biking
http www.unlimitedbiking.com
$ 1小時$18.00，全天$65.00

※ 資料時有異動，請以官方公布的最新資料為主

租借機解析

1.費用說明
2.取車說明
3.還車說明
4.再租借說明
5.觸控式操作螢幕
6.信用卡插入口
7.取車密碼收據吐出口

通行證購買方法 Step by Step

STEP 1 點選語言介面

共有7種語言,你可點選中文介面(簡體)。

STEP 2 點選「取單車」

STEP 3 選擇你要買的Pass

一張信用卡可以買2個Pass(租借2台自行車),但每次租借都要使用購買Pass時用的同一張信用卡,所以最好是一卡一車分開租借比較方便。

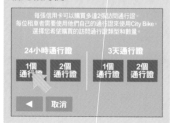

STEP 4 確認購買資格條款

年滿16歲才能騎車,年滿18歲才能購買Pass,直接點選「成人」。

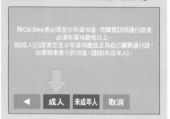

STEP 5 插入信用卡

將信用卡插入卡槽中,畫面會顯示刷卡金額。

STEP 6 確認金額,完成購買

刷卡金額包括Pass費用與稅金,確認後點選「OK」,完成購買。

貼心 小提醒

自行車遺失得賠償

借車除了要按時歸還外,好好保管也很重要,千萬別放任沒人看管而遭竊,不然得付出$1,200.00的高額賠償金。

每個站點的租借機可能長得不一樣,但操作功能、方式基本上是一樣的。

自行車租借方法 Step by Step

STEP 1 點選語言介面

共有7種語言,你可點選中文介面(簡體)。

| English | Español | 中文 | Français |
| English | Deutsch | Português |

STEP 2 點選「索取新的騎車代碼」

取單車 / 索取時間信用證 / 查找附近站點 / 打印收據 / 更改語言 / 索取新的騎車代碼

STEP 3 插入信用卡

卡槽插入購買Pass的信用卡(插入後隨即抽出)。

STEP 4 拿取密碼條

螢幕會顯示取車密碼,下方也會列印出密碼收據,密碼為5碼,5分鐘內有效。

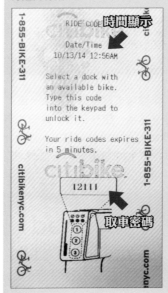

時間顯示 / 取車密碼

STEP 5 鍵入密碼取車

前輪左方有個密碼鎖,鍵入密碼,解鎖後將車子拉出。注意:密碼鍵上方亮綠燈才能取車,亮紅燈或自行車椅墊反過來放都表示這車子有故障等問題。

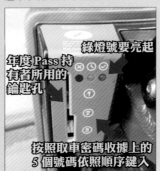

綠燈號要亮起 / 年度 Pass 持有者所用的鑰匙孔 / 按照取車密碼收據上的5個號碼依照順序鍵入

還車Step by Step

STEP 1 將自行車推回車槽裡

需稍微用點力氣將車卡進去,若密碼鎖綠燈有亮起,才表示歸還成功。

綠燈號要亮起

STEP 2 再次租借

若要再次租借,則需再次重複操作「自行車租借方法」取得新的租借密碼。

貼心 小提醒

索取時間信用證

若30分鐘租借時間快到了,而你所在的租借點卻沒有空的車槽可還車,這時就需要先插入信用卡(插入後隨即抽出),再點選螢幕上的「**索取時間信用證**」,它會給你15分鐘的額外時間讓你至附近的租借點還車。若不知道附近的租借點在哪裡,可以點選「**查找附近站點**」,會顯示地圖與其他站點。

取單車 / 索取時間信用證 / 查找附近站點 / 打印收據 / 更改語言 / 索取新的騎車代碼

計程車
Taxi

黃色計程車是紐約的活動地標代表

雖然搭地鐵很方便，但若血拼成果豐碩或深夜回住宿處，還是搭「小黃」最貼心、安全。紐約計程車世界有名，車身樣式也各有特色，但一律漆上黃顏色為代表，而幾乎每輛計程車的頭上都會搭載著廣告看板到處跑。招呼計程車的方式跟台灣相同，舉起手招車即可，雖然路上計程車滿滿都是，但紐約的計程車也以難招到而出名，搶車要像紐約客那樣夠強悍才行，招車要到路中央、高舉雙手外加大聲叫車，這樣計程車才會注意到你啦！

▲ 紐約計程車不用等乘客上門，輛輛都很搶手

計費方式
Taxi Fare

　紐約計程車一律以跳表計費，計費標準如下：
- 基本車資起表$2.50 + 紐約州稅$0.50
- 每1/5哩（320公尺）+ $0.50
- 塞車（時數低於12哩，約19.3公里）每分鐘 + $0.50
- 每日夜間20:00～06:00時段 + $0.50
- 週一～五16:00～20:00時段 + $1.00
- 曼哈頓至JFK機場的基本車資為$52.00 + 紐約州稅$0.50（過路費及小費另計）

付費方式
Taxi Bill

　支付車資以現金或信用卡為主，小費為車資的20%（若不足$1.00，最少還是要給$1.00），若用信用卡付費，車內座位前有觸控式螢幕及刷卡機，需自行操作付費，觸控式螢幕會顯示車資及小費（有3個小費金額隨你點選），刷卡後確認即可。

**計程車的前座幾乎不▶
載客，後座螢幕用於
結帳，也會播放新聞**

💗 貼心 小提醒

過路費、小費另計
　過路費、小費不含在跳表車資裡，需另外支付，若有紀錄的需要，可以要求司機給你收據。

交通篇

搭計程車注意事項

■英文不通，寫小紙條

紐約的計程車司機大部分都是印度族裔，口音大都相當重，時常讓人有聽沒有懂；若不善英語溝通者，可以將目的地的地址寫下來，直接秀給司機大哥看。

■先說目的地再上車

招得到計程車並不表示你就搭得上，有時候司機會開窗問你目的地，再決定載不載客，被拒絕的原因多半是太過短程、或是不順路、或是不願出車到曼哈頓以外的區域，或太遠的曼哈頓北邊。

■計程車出現冒牌貨？

紐約計程車竟然出現冒牌貨「小綠」？放心啦，這些小綠的也是有牌照的正牌計程車。從2013年起，為服務曼哈頓北邊(西110th St以北，與東96th St以北)以及其他4個行政區，特別為這些小黃超難招到的地方，計畫出新顏色的計程車系統「Boro Taxi」，以服務廣大的市民。

綠色的計程車可以隨意地在這些區域載客上下車，你也可從以上區域輕易招到「小綠」搭到曼哈頓(西110th St以南，與東96th St以南)下車，但小綠是不能在這個區域隨便載客的喔！

計程車資訊這裡查

🌐 www.nyc.gov/html/tlc/html/home/home.shtml
📘 NYC Taxi and Limousine Commission
📷 nyctaxi

※ 資料時有異動，請以官方公布的最新資料為主

空中纜車
Roosevelt Island Tramway

從高處遠眺曼哈頓美景

羅斯福島(Roosevelt Island)位於曼哈頓上東城東側，東河上的一座狹長形小島，島上原本是精神病院所在，但現在已經是住宅區，以及規畫完善的美麗公園。島上約有1萬名住戶人口，與喧囂的曼哈頓相較之下，這裡顯得相當安靜，四周沿著東河岸設有河岸步道，除了散步賞景還有公園可休憩。

這裡的住戶除了有地鐵F線，還有最獨特的空中纜車系統作為通勤工具，也因為電影《蜘蛛人》一片的取景拍攝，讓纜車成了觀光客來紐約必去的景點之一，尤其是從空中欣賞曼哈頓璀璨的夜景，更是遊客最愛。來到上東區，除了逛街購物，別忘了來享受這5分鐘，可以讓你擁有一個畢生難忘的浪漫空中之旅。

纜車資訊看這裡

✉ 2nd Ave與E 60th St口
➡ 搭乘地鐵 ④ ⑤ ⑥ 線至59th St站，Ⓝ Ⓡ Ⓦ 線至Lexington Ave-59th St站
🕐 週日～四06:00～翌日02:00，週五～六06:00～翌日03:30
　尖峰時段07:00～10:00、15:00～18:00
💲 單趟$2.75，只能使用MTA的MetroCard搭乘；3歲以下免費
ℹ 可從曼哈頓搭纜車去，搭地鐵 Ⓕ 線回；或搭地鐵 Ⓕ 線至Roosevelt Island站，再搭纜車回曼哈頓，或直接搭纜車來回
🗺 P.17 / I3

※ 資料時有異動，請以官方公布的最新資料為主

新澤西通勤電車
PATH

若投宿地點在新澤西，PATH是最方便的交通工具：www.panynj.gov/path

連接曼哈頓與新澤西，主要作為居民上班通勤使用，上下班尖峰時段同樣人潮爆滿。PATH通勤電車方便到達西村、雀兒喜，及中城區南的梅西百貨商圈。

電車路線
PATH Lines

PATH通勤電車24小時營運，有4條路線，其中紅線一週7天都正常營運；綠線只服務週間的06:00～23:00；黃、藍線在週間的06:00～23:00正常營運，週間深夜時段與週末假日整天，則會兩線合併成一線服務。

◀ **PATH通勤電車站**

搭乘費用
PATH Fares

PATH通勤電車可以使用MetroCard搭乘，費用與紐約地鐵一樣都是$2.75；若要購買多次票或Pass搭乘，則需要先至PATH票卡機購買SmartLink票卡（票卡費$5.00，沒有退卡退費），再到購票機儲值或購買Pass，購票機樣式、操作方式都與MTA相同。

種類	費用
單趟搭乘	$2.75
10次票卡	$21.00
20次票卡	$42.00
1日Pass	$8.25
7日Pass	$29.00
30日Pass	$89.00

※ 資料時有異動，請以官方公布的最新資料為主

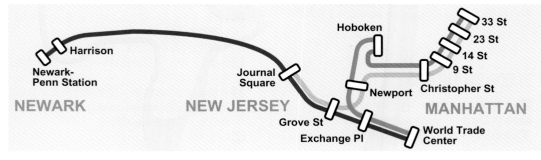

聯外交通
Transportation Network

從紐約前往其他城市旅遊，搭乘巴士最省錢

如果你的假期夠長，除了將紐約玩透外，也可安排個2天前往郊區，或不同城市旅行。紐約是美國主要的大城市，聯繫他州、他城均相當便利，除了搭飛機、國鐵的費用高些外，由於長途巴士公司競爭相當激烈，往往都有讓人意想不到的優惠價出現，是個不錯的旅行交通選擇。

長途巴士
Bus

　若想從紐約前往華盛頓D.C.、波士頓、費城等城市旅遊，巴士是最經濟實惠的聯外交通工具，長途巴士幾乎都集中在中城區，時代廣場附近的的巴士轉運站（Port Authority Bus Terminal）搭乘，部分巴士搭乘處在賓州車站附近。而中國城裡也有數家華人經營的巴士公司可選擇。

捷運、火車
Train

　發車點是中央車站與賓州車站，火車主要聯繫紐約郊區，或新澤西州紐華克機場周邊地區，算是以通勤為最大功能；美國國鐵則以連接各大主要城市為主，雖然乘坐舒適但費用相對高很多。

巴士公司	網站
Greyhound	www.greyhound.com
Gray Line	www.grayline.com
Coach USA	www.coachusa.com
Peter Pan	peterpanbus.com
Bolt Bus	www.boltbus.com
Mege Bus	us.megabus.com
Best Bus	www.bestbus.com
Hola Bus	www.holabus.com
Tripper Bus	www.tripperbus.com

火車系統	網站
長島火車 Long Island Railroad	www.mta.info/lirr
新澤西火車 NJ Transit	www.njtransit.com
美國國鐵 Amtrak	www.amtrak.com

住宿篇
Accommodations

在紐約旅行，有哪些住宿選擇？

紐約的住宿費高低取決於地段，想住交通、觀光、購物都方便的曼哈頓市中心，口袋要夠深；想以最低預算住一晚，就要與人共房、共衛浴；想溝通無虞，有華人經營的經濟民宿可選擇；不想花錢在住宿上，只有死皮賴臉拜託朋友收留你囉！

住宿種類

住宿等級、種類、地點，左右你的住宿預算

飯店、旅館
Hotels

紐約的高住宿費眾所皆知，高檔、精品、商務旅館大都集中在中城區，或時髦的消費地段，入住這些國際知名連鎖飯店，最大的好處便是安靜舒適、交通便利，讓你觀光、購物都方便。唯一讓遊客頭痛的就是昂貴的住宿費，商務飯店約$250.00～350.00，高檔五星飯店要價$400.00以上，但一間雙人房最多可投宿4個人。

若你想投宿五星、精品等級的飯店，國內的旅行社大多可以代為訂房，但價格並不是那麼優惠

划算。建議可以直接連上飯店網站，或至訂房網站訂房，價格一般都較優惠，可以依照你的預算比較看看哪家飯店最便宜、哪種套裝最優惠，哪個地點你最喜歡。

▲ 星級飯店、商務旅館的設備齊全，乾淨、安全

飯店訂房看這裡

Hotels.com
tw.hotels.com

Booking.com
www.booking.com

trivago
www.trivago.com.tw

travelocity
www.travelocity.com

Expedia
www.expedia.com

agoda
www.agoda.com/zh-tw

※ 資料時有異動，請以官方公布的最新資料為主

B&B民宿
Bed & Breakfast

中價位的B&B民宿是投宿紐約曼哈頓的另一個選擇，B&B多以民宅改裝，有的還是具有百年歷史的石造古宅，B&B多集中在上城區，雖離鬧區有點距離，但是相當安靜，住宿費用約$120.00～250.00，雙人房只可投宿2個人，增加人數會增加費用。

B&B民宿不會每天打掃房間，通常2～3天打掃一次，但每天早上備有簡單的早餐，供房客自由取用。B&B民宿可以透過網路訂房。

B&B訂房看這裡

B&B.com
www.bedandbreakfast.com/manhattan-new-york.html

tripadvisor
www.tripadvisor.com.tw/Hotels-g60763-c2-New_York_City_New_York-Hotels.html

※ 資料時有異動，請以官方公布的最新資料為主

貼心 小提醒

房價會隨時調整，飯店稅外加

房價會因季節、假日等因素而隨時調整，切記提早查詢預訂。每家飯店或網站的優惠不一，可多比較，通常住越久越划算。而網站上的房價通常都是稅前的價格，還要加上州稅或消費稅等，稅率不一，一定要問清楚、看仔細。

退房規則要遵守

訂退房條款一定要詳讀清楚，以備臨時取消或更改行程之需。

客房網路收費

飯店客房內的網路供應是否免費，最好訂房前看清楚或email詢問後再決定。

青年旅舍
Hostel & YMCA

青年旅舍是經濟實惠的住宿選擇，需要與他人共房，衛浴共用，費用約$40.00～80.00／人，部分青年旅舍有提供附衛浴的單人房或雙人房，費用約$100.00以上。青年旅舍都設有交誼廳、廚房，開放公共使用，部分YMCA旅舍更配備有健身房或游泳池。

青年旅舍投宿有各國背包客，是認識朋友、獲得獨特旅遊訊息的最佳場所。缺點是無法選擇室友，是否相處得來得完全靠運氣。

上西城 Upper West Side

Jazz On the Park Hostel

- http www.jazzhostels.com/jazzlocations/jazz-on-the-park
- ✉ 36 W 106th St
  (Central Park West～Manhattan Ave之間)
- ☎ (212)932-1600
- ➡ 搭乘地鐵 B C 線至103rd St站
- $ $48.00起／人
- MAP P.15／B1

Hi New York City

- http hinewyork.org
- ✉ 891 Amsterdam Ave (W 104th St口)
- ☎ (212)932-2300
- ➡ 搭乘地鐵 1 線至103rd St站
- $ $49.00起／人
- MAP P.15／A2

Broadway Hotel and Hostel

- http www.broadwayhotelnyc.com
- ✉ 230 W 101st St (Broadway口)
- ☎ (212)865-7710
- ➡ 搭乘地鐵 1 線至103rd St站
- $ $48.00起／人
- MAP P.15／A2

West Side YMCA

- http www.ymcanyc.org/westside
- ✉ 5 W 63rd St(Central Park West～Broadway之間)
- ☏ (212)912-2625
- ➡ 搭乘地鐵 ❶ Ⓐ Ⓒ Ⓑ Ⓓ 線至103rd St站
- $ $130.00起 / 雙人房
- MAP P.16 / D2

Central Park West Hostel

- http www.centralparkwesthostel.com/
- ✉ 201 W 87th St (Amsterdam Ave口)
- ☏ (646)490-7348
- ➡ 搭乘地鐵 ❶ 線至86th St站
- $ $40.00起 / 人
- MAP P.15 / A4

上東城 Upper East Side

Rostel

- http www.agoda.com，搜尋Rostel
- ✉ 160 E 116th St (近Lexington Ave)
- ☏ (212)912-2100
- ➡ 搭乘地鐵 ❻ 線至116th St站
- $ $90.00起 / 雙人房

哈林區 Harlem

Harlem YMCA

- http www.ymcanyc.org/harlem
- ✉ 180 W 135th St (Lenox Ave～7th Ave之間)
- ☏ (212)912-2100
- ➡ 搭乘地鐵 ❷ ❸ 線至135th St站
- $ $130.00起 / 雙人房

中城區 Mitdown

Vanderbilt YMCA

- http www.ymcanyc.org/vanderbilt
- ✉ 224 E 47th St (2nd Ave～3rd Ave之間)
- ☏ (212)912-2500

- ➡ 搭乘地鐵 ❻ 線至51st St站
- $ $130.00起 / 雙人房
- MAP P.17 / I6

雀爾喜 Chelsea

Chelsea International Hostel

- http www.chelseahostel.com
- ✉ 251 W 20th St
   (7th Ave～8th Ave之間)
- ☏ (212)647-0010
- ➡ 搭乘地鐵 ❶ 線至18th St.站
- $ $52.00起 / 人
- MAP P.20 / D2

聯合廣場 Union Square

American Dream Hostel

- http www.americandreamhostel.com
- ✉ 168 E 24th St (Lexington Ave～3rd Ave之間)
- ☏ (212)260-9779
- ➡ 搭乘地鐵 ❻ 線至23rd St站
- $ $84.00起 / 人
- MAP P.21 / H1

下東區 Lower East Side

Chelsea Center Hostel East

- http www.chelseacenterhostel.com/locations.htm
- ✉ 83 Essex St (Delancey St～Broome St之間)
- ☏ (646)669-8495
- ➡ 搭乘地鐵 Ⓕ Ⓜ Ⓙ Ⓩ 線至Essex St - Delancey St站
- $ $35.00起 / 人
- MAP P.23 / I3

貼心 小提醒

住宿青年旅館，行李、物品要放置物櫃

　　除非你選擇單人房或雙人房，需與其他旅客共房的4～8人房是只有床位的，行李、隨身物品等，需要另外鎖在置物櫃裡。

華人民宿

Homestay

若不嫌離曼哈頓有些距離，紐約還有許多由台灣人精心經營的小巧民宿。這些有著好口碑的民宿，大都位於皇后區，交通也很便利，部分還提供機場接送、維他命代購等服務，相當貼心方便。除了用家鄉的語言連絡溝通超親切外，最重要的是能讓你省下一大筆的住宿費。

紐約來來客居

- http lailaihostel.yolasite.com
- (718)463-4474
- @ lailaikg@gmail.com
- 搭乘地鐵 7 線至Flushing-Main St站
- $ $60.00～180.00／房(依淡旺季調整)

1992年營業至今，是皇后區法拉盛老牌子的華人經營民宿，住宿過的旅客不計其數，回頭客多，房客給予的評價也相當不錯。原本由一對老夫婦所經營，退休後由年輕一代的主人接手管理，並將民宿內每間房間重新整理，每間客房都有全套且嶄新的獨立衛浴，這對於紐約地區的民宿來說相當罕見。法拉盛位在紐約地鐵7號線的底站，是華人聚集的地區，生活機能相當完善，有第二個紐約華埠之稱。來來客居距地鐵站步行約20分鐘左右，民宿周邊是住宅區，安靜安全。

紐約心民宿

- http blog.xuite.net/iloveny999/welcome
- (718)877-5535
- @ yuehchen71@hotmail.com
- 搭乘地鐵 M R 線至63rd Dr-Rego Park站，出站步行約10分鐘
- $ $50.00～115.00／房(依淡旺季調整)

紐約心由一對在紐約唸書並落地生根的年輕台灣夫婦所經營，小巧溫馨，可以感受到民宿主人的用心，相當受到女性房客的喜愛。民宿位於皇后區的Rego Park，是處安靜且安全的住宅區，這裡有相當多的東歐移民，所以可以嘗到非常獨特的異國料理。地鐵站周邊的生活機能非常完善，超市、小吃店都有，甚至有多家占地廣大的平價百貨公司可以購物，如SEARS、Marshell，及名牌折扣店Century 21，也有玩具反斗城與名牌藥妝店Kiehl's，是非常不錯的住宿地點。

以上圖片由紐約心民宿提供

紐約百老匯民宿

http nycbwbb.wixsite.com/nychostel
📞 (917)621-9231
@ nycbwbb@gmail.com
➡️ 搭乘地鐵 Ⓜ Ⓡ 線至63rd Dr-Rego Park站，出站步行約10分鐘
💲 $50.00～180.00 / 房(依淡旺季調整)

　　紐約百老匯是近年才開始經營的華人專業民宿，民宿內外都相當新穎，是一幢2013年才重新整建的獨幢兩層樓房，有寬廣的後院，民宿有多間乾淨的客房，公共區域每天有專人負責打掃、廚房開放使用、並提供免費無線網路，民宿主人也不時會提供各種點心，免費供房客取用，也會提供房客各種旅遊活動訊息或餐廳推薦，相當窩心。紐約百老匯民宿同樣位在生活機能超級便利的皇后區Rego Park，搭地鐵進曼哈頓也只需要30分鐘左右，環境與交通都相當安全便利。

以上圖片由紐約百老匯民宿提供

林媽媽紐約民宿

http www.lin-ma-ma.com
@ linMaMa.ny@gmail.com
➡️ 位在皇后區，搭乘地鐵 ❼ 線至Flushing-Main St站
💲 $68.00～88.00 / 房(依淡旺季調整)

紐約小豬窩

http nyc9229.pixnet.net/blog
@ nyc9229@gmail.com
➡️ 位在皇后區，搭乘地鐵 Ⓜ Ⓡ 線至Woodhaven Blvd.站
💲 $55.00～135.00 / 房(依淡旺季調整)

HelloNYC

http www.hellocities.net/homepage/hellonyc/hellonyc-housing.php
@ shop@hellocities.net
➡️ 位於曼哈頓下東城，搭乘地鐵 Ⓕ Ⓜ Ⓙ Ⓩ 線至 Delancey St-Esses St站
💲 $60.00～110.00 / 房(依淡旺季調整)

Bon Bon House NYC

http bonbonhouse3010.wixsite.com/bon-bon-house
@ bonbonhouse3010@gmail.com
➡️ 位在皇后區，搭乘地鐵 ❼ 線至61st St-Woodside站
💲 $50.00～80.00 / 房(依淡旺季調整)

4818 紐約民宿

http 4818.blogspot.tw/2012/10/blog-post_10.html
@ 4818guesthouse@gmail.com
➡️ 位在皇后區，搭乘地鐵 ❼ 線至40th St-Lowery St站
💲 $50.00～110.00 / 房(依淡旺季調整)

法拉盛溫馨民宿

http www.nybbhome.com
@ jackie2868@hotmail.com
➡️ 位在皇后區，搭乘地鐵 ❼ 線至Flushing-Main St站
💲 $70.00～200.00 / 房(依淡旺季調整)

紐約台灣民宿

http easternhostelny.com
@ nymandy9233@yahoo.com.tw
➡️ 位在皇后區，搭乘地鐵 ❼ 線至Flushing-Main St站
💲 $45.00～115.00 / 房(依淡旺季調整)

轉租公寓　*Sublet*

　　若旅行時間較長，可以嘗試在大城市裡相當流行的「轉租公寓」，由於紐約高房租，許多人就將多餘的空間拿來做長期或短期轉租，也有的是趁度假期間將公寓出租，目的都是為了貼補生活費用及房租。轉租公寓就像是住進紐約客家中，分享他們的生活空間，體驗與紐約客一起生活。

　　轉租公寓的選擇很多，從客房、閣樓、客廳，甚至是沙發椅，都有人出租；還有選房東也要靠運氣，通常網路廣告只有文字描述與幾張照片，無法當面看過房間、與房東談過，實際入住情況可能與想像多少會有所出入，因而偶有爭議、糾紛、詐騙等情形發生，所以確定下租前應該更加謹慎斟酌。

◀ 我曾租過的低矮小閣樓

轉租公寓看這裡

misterbnb
www.misterbandb.com

Sublet.com
www.sublet.com

airbnb
www.airbnb.com.tw

在紐約的台灣人
FB社團

※ 資料時有異動，請以官方公布的最新資料為主

住朋友家　*Friend's Place*

　　真的想省下旅行中的住宿預算，住當地朋友家是最佳的方式，不過有免費可住的，最好可以幫忙做點家事、請朋友上餐廳、招待朋友看場戲等，都是不錯的回饋方法。

路上觀察 到自助洗衣店洗衣服

　　紐約的居住空間不大，除非是住到有附公共洗衣間的高級公寓，不然一般人家裡幾乎都沒有洗衣機的設備，紐約客可都是積了2、3週的衣物才一起洗，所以洗衣店週末最忙碌。

　　紐約的自助洗衣店大都是投幣式的，也有儲值晶片卡式的，洗衣費用因機器容量大小而不同，而烘乾機則以時間計算，以我的經驗是，洗2週個人的衣物約花費$5左右，約需2小時。自助洗衣機可以選擇水溫，乾衣機也可以設定高低溫，但是洗衣店的設備都很老舊，機器故障維修是常有的事。

　　另外，洗衣店也有代客洗衣服務，以秤重計價，洗衣店會幫你洗好、烘乾，並且折疊整齊給你，省下的時間可以讓你多玩一點。

貼心 小提醒

尊重房東與維護個人隱私

　　轉租公寓就像住進他人家裡，使用房東的東西前最好先詢問，也不要翻動房東的私人物品，同時也要維護自己的隱私權喔。退租離開時，請記得將房間打掃清潔，並將使用空間謹慎恢復原本樣貌。

有無寵物大不同

　　許多要轉租的房東或許有養貓狗等寵物，若對寵物毛髮過敏，要特別注意，另外房東也有可能會要求房客代為照顧家中寵物數日，因為責任重大，若無法完全做到請勿輕易答應。

飲食篇
Gourmet

大口吃紐約，推薦給你最有口碑的

旅行途中，如何找吃的、要吃什麼道地食物？不用擔心，紐約是個餐廳、小吃店到處都有的城市，因為有廣大的外食人口，所以餐廳口味也不至於太差。從高級料理、家庭風味到路邊攤美食，紐約都能滿足你的胃口。吃膩了漢堡、義大利麵？放心，紐約一樣可以找到你想念的家鄉味！

餐廳種類

星級名廚、創意餐廳、披薩小店，都能滿足你的肚皮

高級餐廳
High-End Restaurant

高級餐廳大部分都位在中城區、上城區，或五星、精品飯店內所附屬的餐廳，以法國料理、日本料理、義式料理為主，食物精緻美味、用餐環境高雅，通常需要著正式服裝，須事前預約訂位。用餐費用高，對自助旅行者來說是個頗大的預算開銷。

$ 用餐預算約$70.00～120.00／人

▲ 高級餐廳的餐桌擺設都相當講究

一般餐廳
Restaurant

有時尚風、有連鎖型、有家庭式，可依你想吃的料理選擇餐廳，若是熱門餐廳，最好事先預約訂位。午餐較為簡單，可點麵類或沙拉；晚餐則點用前菜再加個主餐就可以了，飯後視需要再點用甜點、咖啡，或轉到心儀的甜點店品嘗。Pizza House也是一種用餐選擇，更簡單輕鬆。一般餐廳的用餐氣氛比起高級餐廳輕鬆多了。

$ 用餐預算約$30.00～60.00／人

▲ 在紐約要吃到異國餐點相當容易

咖啡輕食
Cafe Restaurant

小餐館用餐氣氛較一般餐廳更為輕鬆，也沒有用餐時段的限制，大部分供應較簡單的餐點，可選擇沙拉、三明治或義大利麵，再點個飲料就可以輕鬆地邊聊天邊愉快用餐。或是專售餅乾、蛋糕、冰品等甜點的咖啡廳，通常甜點就是該店的重點，有法式、義式的，配咖啡、茶飲最對味，是逛街購物後最佳的歇腳方式。

$ 用餐預算約$15.00～30.00／人

▲ 輕鬆的用餐環境，是聊天的最佳去處

小吃店
Place

小吃店通常也是上班族迅速解決午餐的地方，以販售漢堡、三明治、沙拉、披薩、焙果為多數，很容易找。披薩有單純的起士口味，也有加香腸或香菇等較豐富的；焙果則可以選你喜歡的口味及各式填料包夾，再加個咖啡或飲料就很飽了。單片披薩(整片的1/6)約$2.75～5.00、有餡料的焙果約$5.00～12.00，食物簡單又美味，最重要的是用銅板就可以填飽肚子。

$ 用餐預算約$5.00～15.00 / 人

▲ 可當簡易中餐，或當成下午臨時填飽肚子的小點心

自助餐
Deli

菜色有西式、中式，也有沙拉跟水果。它是以重量計價，用餐盒夾取想吃的，再拿飲料一起至櫃檯結帳即可，2樓通常是用餐區，適合帶去野餐，非常方便又好吃。Deli幾乎集中在中城區辦公大樓附近，也兼賣雜貨、香腸、起士等，也有各種現點現做的三明治。每家自助餐的菜色都差不多，非常符合台灣人口味喔！

$ 用餐預算約$10.00～20.00 / 人

▲ 中式、西式、熱的、冷的，想吃什麼就拿什麼

速食店
Fastfood

麥當勞、漢堡王、溫蒂漢堡、肯德基，都是紐約常見的速食店，每個鬧區、街角大致上都找得到，口味幾乎全球一致，是迅速飽餐的好方法。還有三明治類的Subway潛艇堡，也是不錯的選擇，幾乎在各個觀光街區都找得到。

$ 用餐預算約$8.00～15.00 / 人

▲ 不妨挑選在台灣吃不到的速食品牌

路邊餐車
Street Food

路邊餐車多聚集在辦公大樓或觀光客多的地方，大都販賣熱狗、烤肉、扭結餅(Pretzel)和飲料等，或中東烤肉餐、墨西哥捲餅、三明治等簡單食物。要問哪一攤好吃，看看最多上班族排隊的那一攤就是了。

$ 用餐預算約$3.00～10.00 / 人

▲ 要經濟且快速地解決一餐，路邊餐車是最佳選擇

⁉️ 紐約用餐注意事項

■預約訂位，以免向隅

若有計畫至高級餐廳用餐，建議事前預訂，尤其是高檔或熱門的餐廳，通常一位難求，甚至須提前2週或1個月訂位；有些餐廳則只接受預約訂位，臨時到場會被拒絕。訂位時需提供姓名、人數、日期、時間，若有兒童隨行或特殊需求，如座位位置、素食、過敏食物等，最好能事前提出，以便餐廳為你準備。若是到一般餐廳、小吃店用餐，則通常不太需要訂位。

■用餐服裝規定

▲上高級餐廳要穿的較正式些

可於預約時順便詢問餐廳是否有服裝規定(Dress Code)的問題，高級餐廳通常會要求著正式的服裝，女性以洋裝、套裝為主，男性以西裝領帶為佳(西裝外套於用餐時仍須穿著，冬天大衣則可以寄放服務台)，穿著T恤、短褲、牛仔褲、球鞋、短袖襯衫等會被拒絕進入。若到一般餐廳、小吃店用餐則沒有規定服裝穿著，乾淨整齊就可以了。

■搞懂用餐順序

▲若不太餓，只點沙拉也可以

侍者在領位入座後，都會先問是否需要飲料，菜單則隨著飲料一起送上，或請侍者給你酒單(Wine List)。點餐時前菜、主菜每人各點一份，或選擇套餐，或直接點一道主菜，也可詢問侍者是否有推薦菜色或今日特餐(Today's Special)等。若飯後想用甜點，請侍者給你甜點菜單(Dessert Menu)即可。若到一般餐廳、小吃店用餐，點套餐、特餐最方便，若不夠再單獨加點就可以。

■特殊餐點要求

▲提供無麩質餐點的餐廳

美國的餐廳相當重視如海鮮類、堅果、花生、含麩質等，容易引起過敏的食材問題，大都會在菜單上標明，但是最好還是在點餐時特別提出你不能吃的食材，以免誤食造成身體不適。

■結帳付費

高級餐廳或一般餐廳幾乎都接受信用卡付費，但Cafe、Deli、小吃店、速食店、Pizza餐廳等，部分餐廳可能只接受現金付費的方式，若有疑問最好一進餐廳就先問清楚。

結帳時請侍者給你帳單，記得請核對金額是否正確。若以現金付費只要連同小費一起放在帳單上即可，或找錢後將小費留在桌上；若以信用卡付費則在侍者給你的簽帳單上「Tip」欄裡填上小費金額，再將「消費額＋小費」的總金額寫在「Total」欄上，完成簽名即可。

■小費怎麼給

在餐廳用餐除了需加上消費稅外，記得還要給小費。小費為消費金額(含稅)的15～20%，通常午餐15%、晚餐20%，外帶餐點、速食店則不用給小費。侍者工作辛苦、薪水微薄，所以請不吝給小費，這也是一種用餐禮貌，除非服務真的很差勁！

■餐廳分級怎麼看

目前紐約實施餐廳分級，主要以用餐環境的整潔度來分，而非食物美味度喔！分級標章都會貼在門口供參考。

超級市場

看看紐約客在家吃什麼、用什麼

若你投宿的地方有廚房可使用，不妨到超市買食材下廚煮好料，不僅可省下不少用餐費用，也順便看看紐約客平常吃些什麼，大略知道紐約的物價。在紐約你要買哪國的食材都不成問題，好逛好買外，還可以順便採買紀念品。

Whole Foods

http www.wholefoodsmarket.com/stores/columbuscircle ✉ 10 Columbus Circle(59th St口)，地下樓層 ☎ (212)823-9600 ⊙ 每日07:00～23:00 ➡ 搭乘地鐵①Ⓐ©Ⓑ Ⓓ線到59th St-Columbus Circle站 ⏹ P.16／D3

白領紐約客最愛的連鎖超市，無時無刻都是人潮洶湧，購買Whole Foods的自有品牌商品最實惠，它的熟食區相當受歡迎，買來當午餐或帶去野餐都很適合，曼哈頓有數家分店，可以上網查詢，哥倫布圓環是占地最大的一家。

Grand Central Market

http www.grandcentralterminal.com/market ✉ 位於中央車站內 ⊙ 週一～五07:00～21:00，週六10:00～19:00，週日11:00～18:00 ➡ 搭乘地鐵④⑤⑥⑦Ⓢ線到42nd St-Grand Central站 ⏹ P.19／H1

乾淨、明亮，食品擺設漂亮美觀的車站市場，這裡集中多家紐約知名的食品商，咖啡、蔬果、魚肉、烘焙、熟食等，讓你不用東奔西跑，在這裡就能趁著在回家的路上買齊知名店家的食品。

H Mart

http www.hmart.com ✉ 38 W 32nd St(5th Ave～Broadway之間) ☎ (212)695-3283 ⊙ 每日08:00～23:00 ➡ 搭乘地鐵ⒷⒹⒻⓂⓃ©Ⓡ線到34th St-Herald Sq站 ⏹ P.19／F5

位於曼哈頓韓國城中心，販售各式各樣來自韓國、日本的食品，商品多、人更多，超市周邊有相當多的韓國餐廳、卡拉OK店，用餐價錢便宜，晚上更是熱鬧。

Hong Kong Supermarket

✉ 157 Hester St(Elizabeth St口) ☎ (212)966-0337 ⊙ 每日08:00～20:00 ➡ 搭乘地鐵ⒷⒹ線到Grand St站 ⏹ P.23／G4

香港超市是中國城裡商品最多、最齊全的華人超市，來自中港台三地的食品應有盡有，生鮮蔬果種類多，你想要的這裡幾乎都有，比台灣的超市還好買。但若要買魚肉生鮮或熟食類，建議前往位在Elizabeth St上的德昌超市(Deluxe Food Market，⏹ P.23／G4)購買，品質較佳。

Sunrise Mart

http sunrisemart-ny.com ✉ 12 E 41st St(5th Ave～Madison Ave之間) ☎ (646)380-9280 ⊙ 週一～五08:00～21:00，週六～日11:00～20:00 ➡ 搭乘地鐵④⑤⑥⑦Ⓢ線到42nd St-Grand Central站，ⒷⒹⒻⓂ線到42nd St-Bryant Park站 ⏹ P.19／G2

日本超市，可以買到日本進口的食材、零食、用品，但價錢不便宜，商店前半段是餐飲區，有日式便當、麵包，及現點現做的餐點。另外在東村、蘇活區也有小分店。

Trader Joe's

http www.traderjoes.com ✉ 675 6th Ave(W 21st St口) ☎ (212)255-2106 ⊙ 每日08:00～20:00 ➡ 搭乘地鐵①ⓃⓇ線到23rd St站 ⏹ P.20／E1

質佳價優的超市，以自家品牌的商品最划算，也最建議購買，來採買的紐約客很多，結帳的隊伍永遠都排得很長，Trader Joe's的工作人員都很年輕，穿著也很隨性，邊結帳還會邊跟你聊天，是一家讓人能輕鬆購物的超市。其香料、巧克力很適合買來當伴手禮。

特色美食推薦

披薩、熱狗、焙果、杯子蛋糕等，來到紐約非嘗不可

比起餐廳的義大利菜、墨西哥菜、中國菜等，我更愛啃焙果、咬披薩、嘗熱狗、嗜蛋糕這些大眾美味，所以這裡不介紹吃正餐的餐廳，要推薦給你來紐約不能錯過的、隨時可以解飢解饞的、高熱量會發胖的平價美食，體重等回台灣再注意吧，出門旅行就是要放寬心用力地吃。

John's Pizzeria 披薩

最愛推薦
作者紐約住遊必嘗

Porto Rico 咖啡

Whole Foods 藍莓馬芬

Whole Foods 花生醬

Shake Shack 漢堡

任何一家烘焙坊的杏仁可頌

Hallo Berlin 熱狗

Veniero's Italian 起士蛋糕

Olive's Hero 三明治

Sunrise Mart 日式便當

Brunch
早午餐推薦

早午餐是紐約客最喜歡的週末社交活動之一，睡到中午再起床，邀個三五好友或閨蜜，一邊慵懶地吃午餐、一邊八卦嚼舌根，輕鬆享受週末的悠閒。紐約的各大小餐廳，在週末時段(或每天)幾乎都有提供早午餐，餐點類型相當多，受歡迎的不外乎傳統的炸魚薯條、歐姆蛋捲、班尼迪克水波蛋、墨西哥捲等，近來也有主打以點心為主的鬆餅早午餐，還大受歡迎，不排隊絕對吃不到呢！

Clinton St. Baking Company & Restaurant

http clintonstreetbaking.com 🖪 Clinton Street Baking Company ✉4 Clinton St(East Houston St口) 📞(646) 602-6263 🕐週一～五08:00～23:00、週六09:00～23:30(16:00～17:00休息)，週日09:00～17:00 ➡搭乘地鐵 F 線到2nd Ave站 MAP P.23／J1

被譽為到紐約一定非吃不可的鬆餅餐廳，以相當具分量的招牌藍莓鬆餅($15.00，也有香蕉堅果與巧克力口味)揚名世界。其他餐點當然也是值得推薦，充滿巧思的食材搭配，深得我心。

Sarabeth's Kitchen

http sarabethsrestaurants.com/upper-west-side 🖪 Sarabeth's 🐦 sarabeths restaurants 📷 sarabethsnyc ✉423 Amsterdam Ave (W 80th～81st St之間) 📞(212)496-6280 🕐每日08:00～22:30；Brunch：週六～日08:00～16:00 ➡搭乘地鐵 1 線到79th St站 MAP P.15／A5

餐廳以豐富美味的早餐，以及各式歐姆蛋料理(Omelette)聞名，是紐約相當有知名度的餐廳之一，品牌經營多元化，涵蓋甜點、麵包、果醬等不同商品，在台灣與日本都相當有知名度。

The Smith

http thesmithrestaurant.com 🖪 The Smith 🐦 The Smith Restaurant 📷 thesmithrestaurant ✉1900 Broadway (W 63rd St口) 📞(212)496-5700 🕐週一～四07:30～00:00，週五07:30～01:00，週六09:00～01:00，週日09:00～00:00 ➡搭乘地鐵 1 A C B D 線到59th St-Columbus Circle站 MAP P.16／C2

位在林肯中心對面，是一處新潮時髦的餐廳，以早餐與週日的Brunch大受歡迎，用餐時段還得排隊候位，在東村與中城區也開有分店，可上網查詢。

Prune

http prunerestaurant.com ✉54 E 1st St(1st～2nd Ave之間) 📞(212)677-6221 🕐每日17:30～23:00，Brunch：週六～日10:00～15:30 ➡搭乘地鐵 6 線到Bleecker St站，F 線到2nd Ave站 MAP P.23／H1

曾榮獲2011年紐約最佳主廚獎的殊榮，餐點口味相當受到推崇，尤其是鎮店飲品Bloody Marys($15.00)，口味多達11種，幾乎人人必點；Brunch則以Dutch Style Pancake($17.00)、Steak and Eggs($24.00)與Classic Eggs Benedict($16.00)的點餐率最高。

Afternoon Tea
下午茶推薦

精緻蛋糕搭配香醇咖啡或紅茶，是紐約貴婦平日下午的社交活動，義式、美式、日式、法式，馬卡龍、起士蛋糕、水果派、千層可麗餅、杏仁可頌等點心任你選擇，逛累了博物館、購物商圈，這時候來口能讓人血糖急速飆升的甜點，不僅及時補充體力，也順便歇歇腳，為接下來的行程做準備。

Cafe Lalo

cafelalo.com Cafe Lalo cafelalo ✉201 W 83rd St(Amsterdam Ave～Broadway之間) (212)496-6031 週一～四09:00～01:00，週五～六09:00～03:00，週日09:00～01:00 搭乘地鐵 **1** 線到79th St或86th St站 P.15／A5

因電影《電子情書》以這裡當劇情場景而紅遍全球，是上西城的藝術咖啡廳，店內掛滿美麗的復古藝術海報，欣賞的同時也請啜上一口香濃的義式咖啡($3.00起)，每天08:00～16:00也有供應Brunch($10.00起)。

Alice's Tea Cup

alicesteacup.com Alice'sTea Cup alicesteacupnyc ✉102 W 73rd St(Columbus～Amsterdam Ave之間) (212)799-3006 每日08:00～20:00，Brunch：週六～日08:00～15:00 搭乘地鐵 **1 2 3** 線到72nd St站 P.15／B6 另外在上東城開有2家分店，可上網查詢

上西城充滿童話浪漫的知名下午茶館，用各種風味茶品搭配精緻點心，也有供應正餐餐點。Alice還有推出2人外帶下午茶特餐，只要$25，就可以外帶品嘗2份司康、2份三明治與2杯茶品。

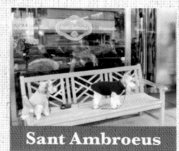

Sant Ambroeus

www.santambroeus.com Sant Ambroeus santambroeus ✉1000 Madison Ave(E 77th～78th St之間) (212)570-2211 週一～五07:00～23:00，週六～日08:00～23:00 搭乘地鐵 **6** 線到77th St站 P.15／D5 另外在西村及蘇活區開有分店，可上網查詢

1936年開業，是上東城老牌的義式甜點咖啡店，裝潢高雅、氣氛佳，是上東城居民最喜歡的下午茶去處。慕絲類的蛋糕搭配卡布奇諾最對味，也有推出早、午、晚餐，以及早午餐。

Lady M Confections

www.ladym.com Lady M Cake Boutique Lady M Cakes ladymcakes ✉41 E 78th St(Madison～Park Ave之間) (212)452-2222 週一～五10:00～19:00，週六11:00～19:00，週日11:00～18:00 搭乘地鐵 **6** 線到77th St站 P.15／D5 在40th St布萊恩公園旁有分店

紐約目前最夯的甜點名店，Lady M以千層蛋糕與起士蛋糕打響招牌，簡潔的店鋪設計，加上美味的蛋糕，想在熱門時段進店裡朝聖品嘗甜滋味，排隊等位子是正常，也是必要的。

Coffee Shop

咖啡館推薦

Joe

紐約近年來冒出了許多獨立咖啡品牌，有外地來的、有本地品牌，各有各的特色與風味，一杯杯的咖啡裡，有著咖啡人滿滿的夢想與讓人心動的故事。這些咖啡廳除了有自家烘焙的咖啡外，也可以嘗到口感細膩的手工甜點，若你喜歡這家小店，還可以將咖啡豆、馬克杯、T恤等獨家商品統統買回家。

http www.joenewyork.com 🇫 🐦 Joe Coffee Company ✉141 Waverly Pl (Gay St口) ☎(212)924-6750 🕐週一～五07:00～20:00，週六～日08:00～20:00 ➡搭乘地鐵Ⓐ Ⓒ Ⓔ Ⓑ Ⓓ Ⓕ Ⓜ 線到W 4th St站 🗺P.20／E5 ℹ另外在曼哈頓還開有多家分店，可上網查詢

以香濃滑順的義式咖啡征服紐約客挑剔的味蕾，小店坐落安靜的街角，舒服地讓人想將整個週末的下午都泡在這裡。Joe從西村本店發展成至今的連鎖咖啡店規模，相當受歡迎，特烘的咖啡豆也是必買的發燒品。

Gregorys Coffee

Jack's Stir Brew

Stumptown Coffee

http www.gregoryscoffee.com 🇫 🐦 📷 Gregorys Coffee ✉58 W 44th St(近6th Ave) ☎(212)221-3811 🕐06:00～20:00 ➡搭乘地鐵Ⓑ Ⓓ Ⓕ Ⓜ 線到42nd St-Bryant Park站，⑦線到5th Ave站 🗺P.19／F1 ℹ另外還有多家分店，可上網查詢

紐約本地的連鎖咖啡店，2006年開業至今已拓展近30間店面，驚人的成長不外乎咖啡好喝，具個性的品牌經營。來Gregorys不要忘了也點個甜甜圈來搭配咖啡，甜甜圈是這個咖啡品牌的原始起點，也是招牌甜點。

http www.jacksstirbrew.com 🇫 🐦 Jack's Stir Brew 📷 jacksstirbrew ✉138 W 10th St(近Greenwich Ave) ☎(212)929-0821 🕐週一～五06:30～19:00，週六～日07:00～19:00 ➡搭乘地鐵①線到Christopher St-Sheridan Sq站 🗺P.20／E5 ℹ另外還有多家分店，可上網查詢

小巧溫馨、富有文藝氣息的咖啡館，即使不住附近也會特地前來品嘗一杯，有機且公平交易的香濃咖啡，這裡也是電影喜歡取景的地點之一，若能巧遇明星坐你旁邊，那就太幸運了。

http stumptowncoffee.com 🇫Stumptown Coffee Roasters 🐦Stumptown Coffee ✉30 W 8th St(Washington Sq W口) ☎(347)414-7802 🕐每日07:00～20:00 ➡搭乘地鐵Ⓐ Ⓒ Ⓔ Ⓑ Ⓓ Ⓕ Ⓜ 線到W 4th St站 🗺P.21／G5 ℹ另外在29th St有一家位在飯店內的分店，可上網查詢

來自波特蘭的咖啡品牌，2009年在曼哈頓的Ace Hotel大廳開設第一家紐約分店，可以端著咖啡坐在飯店大廳中聊天休憩，成為一時的熱門話題與約會場所，馬克杯也是搶手商品。

Cupcake

杯子蛋糕店推薦

　　拜電視影集之賜，杯子蛋糕從紐約紅遍美國各地，幾乎所有烘焙店都會推出，也有許多專門以杯子蛋糕為主的甜點品牌出現在紐約街頭。雖然杯子蛋糕小巧精緻，但售價不算便宜，大部分也都迎合美國人嗜甜的口味，糖霜與蛋糕體幾乎是1:1，口味也是著重在糖霜上面，蛋糕體好不好吃，美國人一點也不在乎。

Sprinkles

http sprinkles.com 📘🐦 Sprinkles Cupcakes 📷 sprinklescupcakes ✉ 780 Lexington Ave(60th～61st St之間) ☎ (212)207-8375 ◐ 週一～六09:00～21:00，週日10:00～20:00 ➡ 搭乘地鐵 ④⑤⑥ⓃⓇⓌ線到59th St站 MAP P.17／H3 ⓘ 另外在世界金融中心的 Brookfield Place 2樓及賓州車站開有分店，可上網查詢

　　紅遍全美的杯子蛋糕品牌，裝潢時髦新潮、口味獨特多樣，一旁的杯子蛋糕自動販售機還曾引起新聞報導，話題十足，店旁還開有餅乾店與冰淇淋店。

Georgetown Cupcake

http www.georgetowncupcake.com 📘🐦 Georgetown Cupcake 📷 georgetowncupcake ✉ 111 Mercer St(Prince～Spring St之間) ☎ (212)431-4504 ◐ 週一～六10:00～21:00，週日10:00～20:00 ➡ 搭乘地鐵 ⑥ 線到Spring St站，ⓇⓌ 線到Prince St站 MAP P.22／E2

　　來自華盛頓D.C.的杯子蛋糕品牌，用粉紅盒子吸引紐約客，口味選擇相當多，隨季節推出有達上百種口味，以各種巧克力風味杯子蛋糕最受歡迎，紐約僅有蘇活區這一家店。

Erin McKenna Bakery

http www.erinmckennasbakery.com 📘 Erin McKenna's Bakery NYC 🐦 Erin McKenna Bakery 📷 erinmckennasbakery ✉ 248 Broome St(Orchard～Ludlow St之間) ☎ (212)462-2292 ◐ 週一、日10:00～20:00，週二～四10:00～22:00，週五～六10:00～23:00 ➡ 搭乘地鐵 ⒻⓂⒿⓏ 線到Delancey St-Essex St站 MAP P.23／I3

　　這裡的杯子蛋糕不僅全素且完全無麩質，包括全店的商品都是，但並不代表不好吃喔，反而賣得嚇嚇叫，甜甜圈也是這裡的主力商品，值得一嘗。

Baked by Melissa

http www.bakedbymelissa.com 📘🐦📷 Baked by Melissa ✉ 975 8th Ave (57～58th St之間) ☎ (212)842-0220 ◐ 週一～五08:00～22:00，週六09:00～23:00，週日10:00～22:00 ➡ 搭乘地鐵 ①ⒶⒸⒷⒹ 線到59th St-Columbus Circle站 MAP P.16／D4 ⓘ 另外還有多家分店，可上網查詢

　　全球最小巧精緻的一口吃杯子蛋糕，幾十種口味樣樣出色，是開派對最適合的小點心。Melissa從Soho的一間小攤，短時間內擴展至十多間分店，可見多熱賣。

Doughnut
甜甜圈店推薦

甜甜圈一向是紐約受歡迎的甜點之一，最基本的口味就是單純的油炸麵體撒上細砂糖、沾上糖漿或填入果醬餡，除了幾家知名的連鎖品牌外，近年來許多糕餅店也跟著推出，也有許多獨立的小店自創新口味加入戰局。如今，甜甜圈的口味有上百種，每家店都有讓人意想不到的新奇口味，趕快來嘗鮮吧！

Dough

http www.doughbrooklyn.com ⓕⓣ Dough ⓘ doughdoughnuts ✉ 14 W 19th St(5th～6th Ave之間) ☎ (212)243-6844 ⏰ 週一～五06:00～20:00，週六～日07:00～20:00 ➡ 搭乘地鐵 Ⓡ Ⓦ線到23rd St站，Ⓛ線到14th St站 MAP P.21／F2

來自布魯克林，紅透半邊天的甜甜圈，終於在2014年底於曼哈頓開了第一家分店，再也不用大老遠跑到布魯克林去朝聖了。Dough的甜甜圈屬於大分量，裹滿口味獨特的糖霜，想要一嘗這美妙甜滋味，請加入排隊的陣容。

Dominique Ansel Bakery

http dominiqueansel.com ⓕ Dominique Ansel Bakery ⓣ Dominique Ansel ✉ 189 Spring St(Sulivan St～Thompson St之間) ☎ (212)219-2773 ⏰ 週一～六08:00～19:00，週日09:00～19:00 ➡ 搭乘地鐵ⒸⒺ線到Spring St站 MAP P.22／D3

紐約最火紅的法式甜點店，以可頌甜甜圈讓紐約客也瘋狂熬夜排隊，就為了一個人只能買2個的「Cronut」。除非你能清晨4、5點起床去排隊，否則買到的機會是零，不然就請提早2週以上至網路預購，Cronut $6.00／個。

Doughnut Plant

http doughnutplant.com ⓕⓣ Doughnut Plant NYC ✉ 220 W 23rd St(7th～8th Ave之間) ☎ (212)505-3700 ⏰ 週日～三07:00～22:00，週四～六07:00～00:00 ➡ 搭乘地鐵❶ⒸⒺ線到23rd St站 MAP P.20／D1 ⓘ 本店位在下東城的379 Grand St，可上網查詢

從下東城發跡，紅到日本再紅回紐約的甜甜圈專賣店，自從過水到日本後，增加了不少創新口味，讓人想全部都嘗看看。除了麵包體甜甜圈，也有蛋糕體甜甜圈；除了傳統圓形外，還多了方形甜甜圈，而店內總是座無虛席。

The Cinnamon Snail

http www.cinnamonsnail.com ⓕⓣ The Cinnamon Snail ⓘ 沒有實體固定店面，餐車每日停靠點不同

我在紐約吃過最不甜、最好吃的甜甜圈，讓我欲罷不能地一個接一個吃下肚。The Cinnamon Snail沒有店面，它是一部到處移動的大餐車，每天停靠點不同，需要上網、上臉書追蹤，除了甜甜圈外，這裡其他的餐點也是同樣無敵地好吃。

Cheese Cake
起士蛋糕店推薦

Cheese Cake是紐約知名的甜點，濃厚、綿密是其最大特點，最適合搭配香醇的咖啡一起品嘗。Cheese Cake口味相當多樣，雖然無敵美味，但很容易膩口，不妨從上頭加了新鮮果醬的開始嘗試，以酸甜的果醬帶走濃密的口感。每年秋季，各家店都一定會推出當季盛產的南瓜口味，是別的季節所吃不到的喔！

Veniero's

http www.venierospastry.com 🅕 🅣 Veniero's 📷 venierospastry ✉ 342 E 11th St(1st Ave口) 📞 (212)674-7070 🕐 週日～四08:00～00:00，週五～六08:00～01:00 ➡ 搭乘地鐵Ⓛ線到1st Ave站 MAP P.21／J4

說到紐約起士蛋糕，腦海中就會浮現這間創業於1894年，經營超過120年歷史的正統義大利糕餅鋪。喜歡綿密濃郁口感的起士蛋糕請選New York Cheesecake，想嘗鬆軟即化的請點購Italian Cheesecake，其他的糕點如Cannoli、Lobster Tail也可試試看。

Junior's

http www.juniorscheesecake.com 🅕 Juniors Cheesecake ✉ W 45th St (Broadway～8th Ave之間) 📞 (212)302-2000 🕐 週一～四06:30～00:00 週五～六06:30～01:00，週日06:30～23:00 ➡ 搭乘地鐵①②③⑦ⓃⓆⓇ ⓦⓈ線到42nd St-Times Sq站 MAP P.18／E1 ℹ 本店在布魯克林，時代廣場49街開有新分店P.16／E6，可上網查詢

來自布魯克林，紐約知名的家庭餐廳，以起士蛋糕最為出名，來這裡用餐當然要以起士蛋糕作為完美的結尾。

Two Little Red Hens

http www.twolittleredhens.com 🅕 Two Little Red Hens Bakery 🅣 Two Little Red Hens ✉ 1652 2nd Ave(86th St口) 📞 (212)452-0476 🕐 週一～四07:30～21:00，週五07:30～22:00，週六08:00～22:00，週日08:00～20:00 ➡ 搭乘地鐵④⑤⑥線到86th St站 MAP P.15／E4

位於上東城的起士蛋糕專門店，美味的好口碑，讓這間小小的店面，從店內排隊到店外。推薦上頭鋪滿酸甜櫻桃醬的櫻桃起士蛋糕，小紅莓司康、胡桃堅果派(Pecan Pie)也是非常好吃。

Eileen's

http www.eileenscheesecake.com 🅕 Eileen's Special Cheesecake 🅣 Eileen's Cheesecake ✉ 17 Cleveland Place(Kenmare St口) 📞 (212)966-5585 🕐 週一～五09:00～21:00，週六～日10:00～19:00 ➡ 搭乘地鐵⑥線到Spring St站 MAP P.23／F3

自1975年經營至今的起士蛋糕專門店，也是紐約受歡迎的起士蛋糕品牌之一，口味多達40種，有許多需要訂購才有的特殊口味，6吋水果起士蛋糕$21.00，也有水果起士塔$4.50，與杯子蛋糕$4.00。

Sandwich
三明治店推薦

紐約另一個受大眾歡迎的食物就是三明治，是上班族解決早餐、午餐的最佳選擇，對於觀光客而言也相當方便，路邊坐下來解飢或帶到中央公園野餐，都很適合。幾乎所有的烘焙坊、超市都會推出新鮮現做的三明治，常見的都是以嚼勁夠、讓人有飽足感的法國麵包製作，反而吐司三明治較少見。

Olive's

🌐 www.olivesnyc.com ✉ 191 Prince St(Sullivane St口) ☎ (212)941-0111 🕐 週一～五08:00～19:00，週六09:00～19:00，週日09:00～18:00 ➡ 搭乘地鐵 Ⓒ Ⓔ 線到Spring St站 🗺 P.22／D2 ℹ 另外在世界金融中心Brookfield Place的2樓開有分店，可上網查詢

這是我每次拜訪紐約必定來報到的三明治店，夾著義大利臘腸、日曬番茄、醃洋蔥等配料的Hero三明治($11.00)，是我最愛的一個口味，中午時段人潮滿滿，排隊也甘願啦！

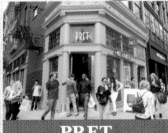

PRET

🌐 www.pret.com/en-us 📱 f 🐦 Pert A Manger USA ✉ 857 Broadway(17th St口) ☎ (646)843-9650 🕐 週一、二、四、五06:00～23:00，週三06:00～21:00，週六、日08:00～20:30 ➡ 搭乘地鐵 ④⑤⑥ⓁⓃⓆⓇⓌ 線到14th St-Union Sq站 🗺 P.21／G3 ℹ 全曼哈頓共約有40家分店，可上網查詢

新潮時髦的三明治專賣店，曾經出現在電影《慾望城市1》當中。不論是吐司三明治或法國麵包三明治，都夾著新鮮的各式綠色沙拉，相當健康美味，也推薦PRET的湯品及墨西哥捲餅。

Num Pang

🌐 www.numpangkitchen.com f 🐦 Num Pang Kitchen 📷 numpangkitchen ✉ 225 Liberty St(世界金融中心Brookfield Place的2樓) ☎ (212)227-1957 🕐 週一～六11:00～21:00，週日11:00～20:00 ➡ 搭乘地鐵 Ⓔ 線到World Trade Center站，Ⓡ Ⓦ 線到Cortlandt St站 🗺 P.24／A2 ℹ 曼哈頓另有多家分店，可上網查詢

吃膩了西式三明治嗎？我推薦你這家亞洲風味的三明治店，雖然會讓你的吃相不佳，但絕對讓你吮指回味。三明治約$10.00。

Katz's Delicatessen

🌐 katzsdelicatessen.com f 🐦 Katz's Delicatessen 📷 katzsdeli ✉ 205 E Houston St(Ludlow St口) ☎ (212)254-2246 🕐 週一～三08:00～22:45，週四08:00～02:45，週五08:00～週日22:45 ➡ 搭乘地鐵 Ⓕ 線到2nd Ave站 🗺 P.23／H1

下東城最負盛名的猶太風味牛肉三明治餐廳，因電影《當哈利遇上莎莉》取景而揚名國際，各大美食節目也爭相報導，出名到遊覽車整車載來用餐，記得進門後先抽號碼牌等候叫號點餐。三明治分量相當大，約$21.00。

Bagel
焙果店推薦

　　焙果是我喜歡的美食之一，吃過的焙果中，大概只有紐約生產，Q勁夠、越嚼越香的焙果能讓我流口水懷念，其他充其量只能稱為麵包。你可以只買什麼都不加的焙果、點購抹上有多種風味可選的起士抹醬（Cream Cheese），也可以點個加了生菜、火腿、鮭魚、培根等，內餡豐富的三明治焙果，充當早餐或午餐。

Murray's Bagels

http www.murraysbagels.com 🅵🅣
Murray's Bagels ✉500 6th Ane(12th
～13th St之間) 📞(212)462-2830 ⏰
週一～五06:00～21:00，週六～日
06:00～20:00 ➡搭乘地鐵❶❷❸
🄵🄼🄻線到14th St站 🅼🅰🅿 P.21／F4

　　位於雀爾喜，我個人認為這是曼哈頓最好吃的焙果店，Q彈的勁道在口中越嚼越香，抹上簡單的起士抹醬就很夠味，若再夾上鮪魚沙拉、雞肉沙拉，就能飽餐一頓。據我所知，有不少旅客在上飛機前都會來買一串焙果帶回家。

Black Seed Bagels

http www.blackseedbagels.com 🅵🅣
Black Seed Bagels ✉170 Elizabeth
St(Spring～Kenmare St之間) 📞(212)
730-1950 ⏰每日07:00～18:00 ➡搭
乘地鐵🄹🅉線到Bowery站，❻線到
Spring St站 🅼🅰🅿 P.23／G3 🅸另外在世
界金融中心的Brookfield Place 2樓也
開有分店，可上網查詢

　　裝潢簡單樸實的美味焙果店，什麼都不夾就鹹香好吃，若加上配料則是無敵yummy。我喜歡簡單的BLT口味($9.50)，配料佐以美乃滋增添些許鮮甜風味；煙燻鮭魚($12.50)。

Russ & Daughters

http www.russanddaughters.com 🅵🅒
Russ & Daughters 🅣russanddaugh
ters ✉179 E Houston St(近Allen St)
📞(212)475-4880 ⏰08:00～18:00(週
四至19:00) ➡搭乘地鐵🄵線到2nd
Ave站 🅼🅰🅿 P.23／H1、Cafe P.23／H3

　　下東城經營有百年歷史的熟食店，以販售鮮魚、燻鮭魚、魚子醬等聞名，所以夾著燻鮭魚的焙果三明治是這裡最熱門的點購項目。店內也有沙拉、果乾等食品，門內入口還有一處巧克力點心專賣區，也有販售店家獨特的各式紀念品。還新開有咖啡餐廳。

Barney Greengrass

http www.barneygreengrass.com 🅵🅣
Barney Greengrass ✉541 Amster-
dam Ave(86th～87th St之間) 📞(212)
724-4707 ⏰商店08:00～18:00，餐
廳08:30～17:00 🄷週一 ➡搭乘地鐵
❶線到86th St站 🅼🅰🅿 P.15／A4

　　紐約另一家經營超過百年的醬菜、燻鮭魚、魚子醬食材雜貨店，位在悠閒的上西城，以當地的老主顧為主，觀光客比較少。這裡同樣設有熟食部門，有各種燻鮭魚、小菜、沙拉，Barney也以夾有燻鮭魚的焙果三明治聞名，適合外帶到附近的中央公園野餐。

Burger
漢堡店推薦

飲食篇

漢堡是造訪紐約不可不嘗的食物之一，這裡指的當然不是麥當勞、漢堡王這類在台灣也吃得到的速食店漢堡(不過我相當推薦台灣沒有的溫蒂漢堡，有機會要吃看看)，而是具有特色、新鮮又好吃的漢堡店。這2年連鎖漢堡店增加相當多，幾乎各區域都看得到，各有風味特色，口味幾乎都不會太差。

Shake Shack

http www.shakeshack.com ⓕⓨ Shake Shack ✉ 691 8th Ave(44th St口) 📞 (646)435-0135 ⓒ 每日10:30～00:00 ➡ 搭乘地鐵 ❶❷❸❼ⒶⒸⒺ ⓃⓆⓇⓌⓈ 線到42nd St站 MAP P.18／D1 ⓘ 曼哈頓還有多家分店，可上網查詢，DUMBO也有分店

被譽為紐約最好吃的速食漢堡店，讓觀光客回味不已，不少人都是一次連吃2個漢堡，就連在甘迺迪機場出境候機處也都設有分店呢！淋上香濃起士醬的波浪薯條也是Shake Shack必嘗的餐點，出名的還有奶昔飲品。

brgr

http www.brgr.com ⓕ BRGR ✉ 287 7th Ave(26th～27th St之間) 📞 (212)488-7500 ⓒ 週一～四11:00～23:00，週五～六11:00～00:00，週日11:00～21:00 ➡ 搭乘地鐵 ❶ 線到28th St站 MAP P.18／E6 ⓘ 另外在上西城、上東城也有分店，可上網查詢

brgr的口味特別，也是我喜歡光顧的漢堡店之一，除了牛肉漢堡，也有火雞漢堡、牛肉熱狗堡，當然也有蔬菜素漢堡，Cheese也有相當多種類可以選，薯條是不可或缺的餐點，不喜歡馬鈴薯薯條可以改點香酥的地瓜條。

5 Napkin Burger

http 5napkinburger.com ⓕⓨ 5 Napkin Burger ⓨ 5napkinburger ✉ 2315 Broadway(W 84th St口) 📞 (212)333-4488 ⓒ 週一～五11:30～00:00，週六～日11:00～00:00 ➡ 搭乘地鐵 ❶ 線到86th St站 MAP P.15／A4 ⓘ 中城西、聯合廣場也有分店，可上網查詢

據說店名是因為吃他們家的漢堡需要用到5張餐巾紙而來，有這麼誇張嗎？是的，他們家的招牌漢堡分量超大，光牛肉就有10盎司這麼多。這裡也有素漢堡，以及用生菜葉替代麵包的「Inside Out」新奇漢堡。

Burger Joint

http www.burgerjointny.com ⓕ The burger joint at the Parker New York ⓨ burgerjoint ✉ 119 W 56th St (6th～7th Ave之間，Le Parker Meri dien飯店1樓大廳內) 📞 (212)708-7414 ⓒ 週日～四11:00～23:30，週五～六11:00～00:00 ➡ 搭乘地鐵 ⓃⓆⓇⓌⒻ 線到57th St站 MAP P.16／E4

開設在精品高檔飯店內而出名的漢堡店，但價格其實是很平民喔！這家店可以選擇漢堡肉的熟度，就像在點牛排一樣，據老饕說三分熟最美味，但是我只敢吃全熟的啦！

Pizza
披薩店推薦

　　來紐約當然要嘗嘗這道紐約名物，紐約披薩以薄脆出名，起士加番茄醬汁的原味披薩（Plain Cheese）是最基本的紐約風味，價錢也最便宜，配料（topping）越豐富越貴，一般的披薩小吃店可以點單片（Slice，約$2.50起），但披薩餐廳大都只能點整個派（Whole Pie）。披薩不僅可當正餐也適合當臨時的解饞小吃。

John's Pizzeria

📧 www.johnsbrickovenpizza.com 🅕 John's of Bleecker Street ✉ 278 Bleecker St(近7th Ave) 📞 (212)243-1680 🕐 週日～四11:30～23:00，週五～六11:30～00:00 ➡ 搭乘地鐵①線到Christopher St-Sheridan Sq站，ⒶⒸⒺⒷⒹⒻⓂ線到W 4th St站 🅜 P.20／E6

　　是我心目中No.1的披薩餐廳，曾有許多名人造訪，用餐時段得排隊，建議避開。雖裝潢老舊些、披薩油膩些，但無敵好吃，店內的木頭座椅、牆壁刻滿顧客留下來的紀念文，相當特別。

Lombardi's Pizza

📧 www.firstpizza.com 🅕 Lombardi's Coal Oven Pizza ✉ 32 Spring St(Mott St口) 📞 (212)941-7994 🕐 週日～四11:30～23:00，週五～六11:30～00:00 ➡ 搭乘地鐵⑥線到Spring St站，ⓇⓌ線到Prince St站 🅜 P.23／F3

　　蘇活區最有名的披薩餐廳，百年經營，也是美國首家披薩餐廳，餐廳外牆的蒙娜莎壁畫已成店家特色招牌。Lombardi's遠近馳名，是所有來紐約的外地、海外觀光客必定要朝聖品嘗的餐廳，店外排隊的人潮相當多，想要輕鬆用餐，最好避開熱門的用餐時段。

Champion Pizza

📧 championpizzanyc.com 🅕 Champion Pizza 🐦 championpizza ✉ 2 W 14th St(5th Ave口) 📞 (212)898-9898 🕐 週日～三10:00～02:00，週四～六10:00～04:00 ➡ 搭乘地鐵④⑤⑥ⓃⓆⓇⓌⓁ線到14th St站 🅜 P.21／F4 ℹ 尚有其他分店，可上網查詢

　　販賣單片披薩的小吃店，好吃又不貴，是便宜用餐的好選擇。Champion除了常見的圓形披薩外，也以獨特口味、配料豐富的方形披薩出名，相當好吃。Champion各店的裝潢一致，都是貼滿了照片的名人牆。

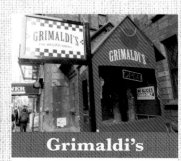

Grimaldi's

📧 www.grimaldis-pizza.com 🅕🐦 Grimaldi's-Pizza Limelight ✉ 656 6th Ave(W 20th St口) 📞 (212)432-1400 🕐 週一～六11:00～01:45，週日11:00～00:00 ➡ 搭乘地鐵ⒻⓂ線到23rd St站，①線到18thSt站 🅜 P.21／F2 ℹ 知名的本店位在布魯克林的DUMBO，可上網查詢

　　布魯克林最知名的一家披薩餐廳。本店排隊的隊伍相當長，不乏慕名遠道而來的食客。若沒空到本店朝聖，現在到Chelsea也可以品嘗到原汁原味的Grimaldi's披薩喔！

Hot Dog
熱狗店推薦

另一樣源自紐約的小吃就是熱狗，路邊的熱狗攤很多，但味道口感都不優（我唯一推薦的就是位在第五大道、54街口的Hallo Berlin熱狗攤，你一定要去嘗嘗），熱狗光加上洋蔥或德國酸菜，再淋上番茄醬、芥末醬就很好吃了，但這幾家店推出的創新口味熱狗，簡直是好吃到爆，怎可以輕易錯過呢！

Crif Dogs

http www.crifdogs.com f Crif Dogs NYC Crif Dogs 113 St Market Pl (1st Ave～Ave A之間) (212)614-2728 週日～四12:00～02:00，週五～六12:00～04:00 搭乘地鐵6線到Astro Pl站，R W線到8th St-NYU站 MAP P.21／J5

口味新穎多變化的熱狗小吃店，培根裹熱狗搭配高麗菜沙拉與墨西哥辣椒的「Spicy red neck」、培根裹熱狗搭配鳳梨青蔥的「Tsunami」、培根裹熱狗搭配酸奶油與酪梨的「Chihuahua」都相當推薦嘗試。

Papaya King

http www.papayaking.com f Papaya King 179 E 86th St(3rd Ave口) (212)369-0648 週一～四、日08:00～00:00，週五～六08:00～01:00 搭乘地鐵4 5 6線到86th St站 MAP P.15／D4

1932年營業至今，這間位在上東城的知名熱狗店，已經是紐約的歷史地標之一。店內約有十多種風味的熱狗堡，若頭一次來嘗鮮，當然建議點「Upper East」($3.75)，還有知名的木瓜風味飲料($3.00／16oz)。熱狗堡分量不大，對男生來說只夠塞牙縫。

Asia Dog

http www.asiadognyc.com 5th Ave與Broadway口 每日11:00～21:00 搭乘地鐵R W線到23rd St站，MAP P.21／F1

原位下城區，超小、門面不怎起眼的熱狗小吃店，轉戰到麥迪遜公園一角的小攤繼續營業，Asia Dog以亞洲風味的熱狗受到歡迎，配料有香菜、泡菜、咖哩、海苔等亞洲特色食材，分量不大，通常要吃2份才有塞牙縫的感覺($5.00／1份，$9.00／2份)，另外也有供應亞洲風味的漢堡及三明治(約$12.00)。

Nathan's Famous

http www.nathansfamous.com f originalnathans 1310 Surf Ave, Brooklyn(Coney Island) (718)333-2202 週一～四10:00～23:00，週五10:00～00:00，週六09:00～00:00，週日09:00～23:00 搭乘地鐵D F N R線到Coney Island-Stillwell Ave站 有眾多分店，可上網查詢

每年7月4日國慶日舉辦吃熱狗大賽揚名世界，是觀光客到紐約必嘗的熱狗店，總店在熱鬧的康尼島，夏天非常熱鬧，冬天到曼哈頓的分店品嘗就好。

美食廣場

紐約近年來也流行美食廣場，不論與商場、市場做結合，或連結車站與景點，都設在人來人往的地點，搶食上班族三餐這塊大餅。而這些在美食廣場設攤位的店家，也都是小有名氣的餐廳、美食品牌，在注重快速服務的同時，也不忘維持品質與招牌。除了以下介紹的7處美食廣場，中央車站地下樓、雀爾喜市場內、59街地鐵站通道裡等，也都有美食廣場。

Gansevoort Market

🌐 www.gansevoortmarketnyc.com
🅵🐦 Gansevoort Market ✉ 353 W 14th St(近9th Ave) 📞 (646)449-8400 ⏰ 每日07:00～21:00 ➡ 搭乘地鐵Ⓐ ⒸⒺ線到14th St站，Ⓛ線到8th Ave站 🗺 P.20／C3

　始於1884年的Gansevoort Market過往是個市場市集，而這個新設立的美食廣場以其歷史為背景，整體營造出紐約的舊時代氣氛。室內共有27個單位，集合紐約當地特色餐廳、小吃，空間規畫頗為舒適，還可以順便逛逛肉品包裝區與雀爾喜市場。

Urbanspace

🌐 www.urbanspacenyc.com 🐦 Urbanspacenyc ✉ E 45th St與Vanderbilt Ave口 📞 (646)747-0810 ⏰ 週一～五06:30～21:00，週六～日09:00～17:00 ➡ 搭乘地鐵④⑤⑥⑦Ⓢ線到42nd St-Grand Central站 🗺 P.19／G1

　位於中央車站的西北角，集合約20家美食攤位，甜甜圈、漢堡、咖啡等樣樣不缺。Urbanspace打造懷舊的美國風情，服務車站裡早晚忙碌的通勤客，以及中午覓食的上班族。在Lexington Ave與51st St口也有一處（🗺 P.17／H5）。

City Kitchen

🌐 citykitchen.rownyc.com 🅵 City Kitchen NYC 🐦 CityKitchenNY ✉ 700 8th Ave(W 44th St口) 📞 (917)338-0927 ⏰ 週日～三06:00～21:00，週四～六06:30～23:30 ➡ 搭乘地鐵ⒶⒸⒺ⑦線到42nd St-Port Authority Bus Terminal站 🗺 P.18／D1

　要嘗鮮費城牛排堡($9.00)、紐約龍蝦堡($16.00)，來這裡就對了！這個美食廣場從一早06:00就開始服務忙碌的時代廣場商圈，也有日式拉麵與壽司，快速提供遊客、上班族飽腹一餐，餐後記得再來份甜甜圈與咖啡。

The Plaza Food Hall

http www.theplazany.com/dining/the-plaza-food-hall ✉廣場飯店B1(58th、59th St都有入口) ☎(212)579-3000 🕐各店鋪營業時間不一 ➡搭乘地鐵 Ⓝ Ⓡ Ⓦ線到5th Ave/59th St站,Ⓕ線到57th St站 MAP P.17/F3

位在世界知名的廣場飯店B1樓層,這個精緻的美食廣場,以蛋糕、巧克力等甜點為多數,其他餐點大都是三明治、沙拉、披薩等輕食。賣場裝潢高雅貴氣,是貴婦們下午茶的去處,甜點價格雖稍高一些,但是來這裡就是吃氣氛勝過吃點心啊!

Hudson Eats

http brookfieldplaceny.com/directory/food/all f 🐦 Brookfield Place New York ✉230 Vesey St(Brookfield Pl 2樓) ☎(212)978-1698 🕐週一～五 07:00～21:00,週六10:00～21:00,週日11:00～19:00 ➡搭乘地鐵Ⓔ線到 World Trade Center站 MAP P.24/A2

位在世界金融中心冬宮2樓,新穎寬敞、明亮高雅、風景美麗的用餐環境,是金融區上班族最喜歡的午餐場所,知名的焙果店、漢堡店、沙拉店、壽司店、牛排店等,都在這裡設攤。此外1樓有名品商店,B1也有高級超市。

Gotham West Market

http gothamwestmarket.com f 🐦 Gotham West Market 📷gwmarket ✉600 11th Ave(44th～45th St之間) ☎(212)582-7940 🕐07:30～22:00 (週五～六至23:00) ➡搭乘地鐵Ⓐ Ⓒ Ⓔ ⑦線到42nd St-Port Authority Bus Terminal站 MAP P.18/A1

離鬧區稍遠些,整體氣氛悠閒,採工業風設計的小型美食廣場,以美式餐點為主,也有亞洲美食攤位。Zagat's推薦的冰淇淋Ample Hills Creamery、布魯克林出名上海街頭小吃Jianbing Compant等,都在這裡等你來嘗鮮。

Eataly

http www.eataly.com/us_en/stores/nyc-flatiron ✉200 5th Ave(23rd St口) ☎(212)229-2560 🕐每日09:00～23:00 ➡搭乘地鐵Ⓕ Ⓜ Ⓡ Ⓦ ⑥線到23rd St站 MAP P.21/F1

義大利風味的超市美食廣場,上百種義大利麵、起士、臘腸等食材,甚至咖啡、鍋具等都買得到。店內數家餐廳提供現烤披薩、義大利麵、起士臘腸拼盤等道地料理,也嘗得到義式冰淇淋,LAVAZZA咖啡吧07:00就開始營業。街角也有樂高旗艦店,是一間好吃、好逛、好買的超市美食廣場。

購物篇
Shopping

紐約買透透，百貨公司、跳蚤市場必逛

到紐約旅遊，購物絕對是觀光之餘少不了的樂趣所在，這麼多潮流品牌可以購買，款式比台灣齊全，售價也比台灣便宜，110美金以下還免稅，不買實在太對不起自己了。至於要買什麼紀念品、伴手禮，找上頭有自由女神、I♥NY、紐約地鐵圖樣的商品就對啦！

紐約主要購物區

上城買名牌、下城買潮流，紐約是個購物天堂

紐約的購物區有好幾處，從上城、中城至下城，都有讓你可以逛一整天也不嫌累的購物商區，有名牌街、有旗艦店、有禮品區、有個性小店，要買鑽石、買藝術、買流行、買禮物，只要口袋夠深，歡迎你統統買回家。

林肯中心
Lincoln Center

肉品包裝區
Meatpacking
District

布里克街
Bleecker St

世貿中心
World Trade
Center

麥迪遜大道
Madison Ave

萊辛頓大道
Lexington Ave

第五大道
5th Ave

時代廣場
Times Square

34街
34th St

熨斗大樓區
Flatiron District

蘇活、諾利塔
SoHo、Nolita

第五大道

Fifth Avenue

第五大道是紐約最出名的購物商區，幾乎成了名品街的代名詞了，從42～59街，這裡集合時下最in的名牌精品、珠寶名錶與潮流服飾，從高檔的Louis Vuitton、Tiffany & Co.、PRADA、POLO Ralph Lauren等，到時下最受

▲第五大道兩側盡是國際名品店，及潮流品牌旗艦店

歡迎的平價時尚，如ZARA、GAP、H&M、UNIQLO、TOP SHOP、Abercrombie & Fitch等，都在第五大道上占有一席之地。

57街往麥迪遜大道逛過去，也是被名牌精品所占據，Burberry、Dior、Chanel等，都在這裡設起門面。而位於49～50街的洛克斐勒中心，也有許多精品店，其中最值得推薦的就是樂高旗艦店，以及大都會博物館禮品店，沒時間去大都會賞藝術沒關係，博物館禮品這裡就買得到。

第五大道交通攻略

Apple Store周邊(59th St)：搭乘地鐵 Ⓝ Ⓡ Ⓦ 線到5th Ave-59th St站，Ⓕ 線到57th St站／**MOMA現代美術館周邊(53rd St)**：搭乘地鐵Ⓔ Ⓜ 線到5th Ave-53rd St站／**洛克斐勒中心周邊(48th St)**：搭乘地鐵Ⓑ Ⓓ Ⓕ Ⓜ 線到47-50th St-Rockefeller Center站／**紐約市立圖書館周邊(42nd St)**：搭乘地鐵Ⓐ 線到5th Ave站，Ⓑ Ⓓ Ⓕ Ⓜ 線到42nd St-Bryant Park站

▲ 洛克斐勒中心商店精彩，聖誕節裝飾更是全球注目

麥迪遜大道
Madison Avenue

麥迪遜大道是紐約有名的精品街區，全球知名的服裝、珠寶品牌，這裡幾乎都看得到，連以馬卡龍出名的法國甜點店Ladurée也來卡位。麥迪遜大道的精華逛街區段從57街的Coach，一直到74街的Apple Store，各知名品牌的店面一路延伸，如Bally、TOD'S、Calvin Klein、Giorgio Armani、Chanel、Dolce & Gabbana等，即使買不下手，光欣賞櫥窗也是一種享受，這裡逛街人潮少，不似第五大道那樣吵雜擁擠。

如果還逛不過癮，74街以上還有相當多商店，你可以逛到82街往左轉，接著參觀大都會博物館或到中央公園散步。

麥迪遜大道交通攻略

57th St周邊：搭乘地鐵 Ⓝ Ⓡ Ⓦ 線到5th Ave-59th St站，Ⓐ Ⓖ Ⓖ 線到59th St站／**72nd St周邊**：搭乘地鐵Ⓖ 線到68th St-Hunter College站／**大都會博物館周邊(82nd St)**：搭乘地鐵Ⓐ Ⓖ Ⓖ 線到86th St站，Ⓖ 線到77th St站

▲ 高檔名牌店一間接一間，逛得優雅但買得可不輕鬆啊

萊辛頓大道
Lexington Avenue

這裡的逛街區比較小，從58～60街以Blooming-dale's百貨公司為主，品牌為較年輕的客層，如Levi's、Diesel、H&M、ZARA等，逛起街來不至於感到太疲累。這裡還有幾家家飾用品店，臥室、廚房、客廳、辦公室等一應俱全，知名的糖果店Dylan's Candy Bar（見P.168）、甜點餐廳Serendipity 3、杯子蛋糕店Sprinkles（見P.140）也都在周邊，很值得一逛。還可順道前往搭乘羅斯福島空中纜車（見P.119），從空中欣賞紐約風景。

萊辛頓大道交通攻略

搭乘地鐵 Ⓝ Ⓡ Ⓦ 線到Lexuington Ave-59th St站
④ ⑤ ⑥ 線到59th St站，Ⓕ Ⓠ 線到63rdSt站

▲ **Bloomingdale's百貨公司是這個區域的明星商店**

林肯中心
Lincoln Center

林肯中心購物區可以從59街上的時代華納商場開始，沿著Broadway一路往上逛，沿途有許多大型商店如Best Buy、IT'SUGAR、West Elm、Bed Beth & Beyond等，到66街逛完林肯中心及Century 21後，不妨先沿著Columbus Ave往上走，沿途都有相當多的商店及餐廳，若週日來還可到77街的Green Flea跳蚤市場（見P.161）尋寶，若腳力還夠，建議前往知名的Cafe Lalo（見P.138）喝個下午茶歇歇腿。

然後順著Broadway往下逛，72街附近有好幾家大型超市，Apple Store、ZARA、GAP等則在67街附近，走不動了，66th St地鐵站就在你面前。

林肯中心交通攻略

哥倫布圓環周邊(59th St)：搭乘地鐵 ❶ Ⓐ Ⓒ Ⓑ Ⓓ 線到59th St-Columbus Circle站／**林肯中心周邊(66th St)**：搭乘地鐵 ❶ 線到66th St-Lincoln Center站／**72nd St周邊**：搭乘地鐵 ❶ ❷ ❸ 線到72nd St站

▲ **上西城購物區以林肯中心為中心，時代華納是最大商場**

34街
34th Street

　　位於34街、第六大道與百老匯大道的這個路口，是另一個激戰的商圈。讓人一整天逛不完的梅西百貨坐擁老大哥的地位，其他知名的服飾店也不遑多讓，門面、樓層面積夠大、納客量夠多，沿著34街往第五、第七大道並列開來，Victoria's Secret、American Eagle Outfitter、Old Navy、GAP、UNIQLO、H&M、ZARA等都在這裡。

　　另外還有平價商場Manhattan Mall，及第七大道上的Kmart、賓州車站與舉辦體育賽事的麥迪遜廣場花園。

34街交通攻略

搭乘地鐵 Ⓑ Ⓓ Ⓕ Ⓜ Ⓝ Ⓠ Ⓡ Ⓦ 線到34th St-Herald Sq站，❶❷❸ⒶⒸⒺ線到34th St-Penn Station站

▲ 34街的每間店面都是有著挑高空間的旗艦型分店

時代廣場
Times Square

　　時代廣場是觀光客勝地，看戲人潮加上觀光購物人潮，這裡不管日、夜都是人！除了老牌子的GAP、Swatch、Levi's等，可以在這裡找到外，其他各大品牌都來這裡開旗艦店，如American Eagle Outfitter、H&M、FOREVER 21、Disney Store等，是個適合全家購物的區段，也有許多紀念品店，可以買到具有紐約特色的伴手禮，但不建議在此購買3C商品，比較沒有保障。

　　時代廣場除了有讓你眼花撩亂的廣告彩燈外，這裡的商店打烊時間較晚，餐廳、夜店也較多，可以安排在晚餐過後再來購物順便賞夜景，但是人潮真的爆多，得忍受擁擠吵雜的購物環境。

時代廣場交通攻略

48th St周邊：搭乘地鐵 Ⓝ Ⓡ Ⓦ 線到49th St站，❶線到50th St站／**42nd St周邊**：搭乘地鐵 ❶❷❸❼ Ⓝ Ⓠ Ⓡ Ⓦ Ⓢ 線到42nd St-Times Sq站，ⒶⒸⒺ線到42nd St-Authority Bus Terminal站

▲ 時代廣場最有名的就是巨大又閃亮的廣告看板

肉品包裝區
Meatpacking District

原本只是肉品加工的工廠區，近年來卻翻身一變成爲時髦的代表，最in的商店、夜店、餐廳等，一一遷入進駐。這一區有Apple Store、UGG、Diane von Furstenberg、Tory Burch等知名品牌；而位在15th St上的雀爾喜市場內，則有創意市集、食材市場與新潮餐廳，相當熱鬧有趣。

紐約熱門的景點空中鐵道公園（The High Line）在這裡，惠特尼美術館新館也在2015年於此開幕，週末的人潮相當多，若要悠閒地逛街購物、玩景點，建議週間的白天來。

肉品包裝區交通攻略

搭乘地鐵 N Q R 線到14th St站，L 線到8th Ave站

▲肉品包裝區可以買時尚、買科技，也可以買食材、買創意

世貿中心區
World Trade Center

隨著世貿紀念園區落成開放，園區的周圍也開始跟著熱鬧起來，不僅可以買票登上紐約最高塔One World Trade Center（P.7）居高觀景、到Brookfield Place（P.195）購物用餐慵懶一下午，還可以到外觀造型獨特、內部明亮寬廣的新商場Westfield（P.196）買個暢快。

由於地鐵車站翻新與整合，這個區域的地下通道可以互相連接各地鐵線與商場，交通非常便利，是遊客絕不可錯失的新觀光、購物站點。

世貿中心區交通攻略

搭乘地鐵 E 線到World Trade Center站，R W 線到Cortlandt St站，2 3 4 5 A C J Z 線到Fulton St站

▲除了到紀念園區緬懷過去，也能在新穎商場裡買到未來

布里克街
Bleecker Street

布里克街在第七大道以西，是近來十分走紅的逛街購物勝地，不但有名的杯子蛋糕店Magnolia Bakery就在這裡，許多名牌店也紛紛進駐開設，如Marc Jacobs、Mulberry、Michael Kors等。第七大道以東有不少食材商店、餐廳、咖啡廳等，還有一些富有特色的小商店。過了第六大道，街道具有南歐的悠閒風情，是紐約市立大學校區，有很多餐廳、酒吧。再右轉往下城方向走，就是更好買的蘇活區囉！

▲克理斯多福街也有很多商店，石牆廣場就在地鐵出口

布里克街交通攻略

西村周邊：搭乘地鐵 1 線到Christopher St-Sheridan Sq站／**華盛頓廣場周邊**：搭乘地鐵 A C E B D F M 線到W 4th St-Washington Sq站

熨斗大樓區
Flatiron District

從23街的熨斗大樓(Flatiron Building)沿著第五大道及百老匯大道往下，一直到14街的聯合廣場，有許多的商店跟餐廳。知名品牌如Kate Spade、Michael Kors、Banana Republic、Coach、ZARA等，也有數家風格家具、家飾用品店值得一逛，ABC、Fishs Eddy是不能錯過的商店。

聯合廣場周邊有幾家超市，如Whole Foods、Trader Joe's等，也有折扣商場Burlington、二手服飾店Beacon's Closet，以及愛鞋男士女士的天堂DSW。此外，聯合廣場每週一、三、五、六還有農夫市集，可買到最新鮮的農產食品。

熨斗大樓區交通攻略

熨斗大樓周邊(23rd St)：搭乘地鐵 Ⓡ Ⓦ 線到23rd St站／
聯合廣場周邊(14th St)：搭乘地鐵 ④⑤⑥ Ⓝ Ⓠ Ⓡ Ⓦ Ⓛ 線到14th St-Union Sq站

▲ 熨斗大樓、聯合廣場購物區，可以買流行、買花卉蔬果

蘇活區、諾利塔
SoHo, Nolita

蘇活區、諾利塔交通攻略

蘇活區周邊：搭乘地鐵 Ⓡ Ⓦ 線到Prince St站，Ⓒ Ⓔ 線到Spring St站／**諾利塔周邊**：搭乘地鐵 ⑥ 線到Spring St站，Ⓑ Ⓓ Ⓕ Ⓜ 線到Broadway-Lafayette St站

SoHo以大品牌旗艦店為主，來自全球的知名品牌，大都可以在這裡找到，PRADA、Hollister、Top Shop、UNIQLO在Broadway大道上，Coach、DKNY、Reiss London則在West Broadway大道上。此外，還有時尚寵物用品店、書店、家具店、藝廊、咖啡廳等，週末假日的逛街人潮非常多，不妨選擇週間下午來，較為休閒，而逛街購物之餘還能欣賞偶爾出現在牆上的塗鴉藝術。

諾利塔緊鄰蘇活區，是蘇活區延伸的商圈，唯一不同的是，這裡的商店是以個人風格的小店為主，無論是商品或櫥窗都是創意滿分，比較像是早期的蘇活特色。諾利塔的逛街氛圍比擁擠的蘇活區輕鬆許多，街道安靜、商店有趣、店員隨和，也有不少個性餐廳。

▲ 百老匯大道是蘇活區最主要的購物街道，週末人潮多

紐約購物好去處

逛百貨、買彩妝品、挑二手舊貨,紐約購物無比精彩

百貨公司、商場
Department Store、The Mall

紐約有全球最大間的百貨公司、有最高級的精品百貨,也有最親民的平價商場,想買高貴、想找便宜、想一次買足自用或送禮的物品,百貨公司是你最方便的購物場所。

Macy's

🌐 www.macys.com 📘📘 Macy's ✉ 51 W 34th St(6th～7th Ave之間) 📞 (212)695-4400 🕐 週一～六10:00～22:00,週日11:00～21:00 ➡ 搭乘地鐵❶❷❸線到34th St-Penn Station站,🅱🅳🅵🅼🅽🆀🆁🆆線到34th St-Herald Sq站 🗺 P.18／E4 ❶ 在皇后區與布魯克林有多家分店,可上網查詢

營運超過百年,34街總店是全球最大間的百貨公司,不僅占地廣大、樓層面積多,也集合全世界各大小知名品牌,商品百百款,要買高檔、要找平價、要撿便宜,Macy's一應俱全,老少咸宜,而且大到讓你一整天都逛不完。逛Macy's需要有絕佳的體力與守住錢包的意志力,到Macy's除了購物,也可以欣賞及搭乘Macy's開店至今,仍然敬業運作的木造手扶電梯。Macy's出名的有春天的花卉秀、秋天的感恩節遊行,以及聖誕節的精彩櫥窗秀。

Bloomingdale's

🌐 www.bloomingdales.com 📘📘 Bloomingdale's 📷 bloomingdales ✉ 1000 3rd Ave(Lexington Ave與59th St口) 📞 (212)705-2000 🕐 週一～六10:00～20:30,週日11:00～19:00 ➡ 搭乘地鐵❹❺❻🅽🆁🆆線到Lexington Ave/59thSt站 🗺 P.17／H3,P.22／E3(蘇活區分店,可上網查詢)

1872年創業,是紐約首家販售高級名牌的高檔百貨公司,樓層面積占了一整個街區。百貨公司的裝潢簡單大方,具有1920年代的風華氛圍,彩妝、香水是這裡的銷售強項。

Bergdorf Goodman

🌐 www.bergdorfgoodman.com 📘📘📘 Bergdorf Goodman 📷 bergdorfs ✉ 754 5th Ave(59th St口) 📞 (800)558-1855 🕐 週一～六10:00～20:00,週日11:00～19:00 ➡ 搭乘地鐵🅽🆁🆆線到5th Ave/59th St站,🅵線到57th St站,🅴🅼線到5th Ave-57th St站 🗺 P.17／F4

創業百年,坐擁紐約最高級百貨公司的地位,男女百貨兩幢隔著第五大道面對面,內部裝潢展現過往貴族的風華,百貨公司內集合了世界的名牌精品,高檔商品齊全。這裡最為有名的,就是聖誕節需要排隊欣賞的櫥窗展示。

Saks Fifth Avenue

🌐www.saksfifthavenue.com 📘🐦Saks Fifth Avenue 🖼saks ✉611 5th Ave(E 49th～50th St之間) 📞(212) 753-4000 🕐週一～六10:00～20:30，週日11:00～ 19:00 ➡搭乘地鐵🅱🅼線到5th Ave-57th St站，🅱🅳🅵 🅼線到47-50th St-Rockefeller Center站 🗺P.17／G6

百貨公司樓層面積非常大，要全部逛完可不容易，1樓化妝品、香水品牌非常齊全，而這家百貨公司最大的賣點，就是有一整層女性朋友最愛的鞋子專區，還設有專屬的直達電梯呢！不論是Gucci、Fendi、Dior等各大名牌，從平底鞋、高跟鞋、宴會鞋到靴子，款式、顏色千百種，隨便你要怎樣試穿都行。

Barneys New York

🌐www.barneys.com 📘🐦Barneys New York 🖼barneysny ✉660MadisonAve(61stSt口) 📞(212)826-8900 🕐週一～三、六10:00～20:00，週四～五10:00～21:00，週日11:00～19:00 ➡搭乘地鐵🅽🆁🆆線到5th Ave-59th St站 🗺P.17／G3 ℹ在上西城與布魯克林，及Woodbury Outlet有分店，可上網查詢

以銷售高級精品為主，是紐約時尚的風向球，每每可以從它的櫥窗展示裡嗅到流行、文化與藝術的最新訊息。1樓為飾品配件，2～8樓設計師服飾，9樓為生活家具、咖啡廳。

Henri Bendel

🌐www.henribendel.com 📘🐦Henri Bendel 🖼henribendel ✉712 5th Ave(W 56th St口) 📞(212)247-1100 🕐週一～六10:00～20:00，週日12:00～18:00 ➡搭乘地鐵🅵線到57th St站，🅽🆁🆆線到5th Ave-59th St站，🅴🅼線到5th Ave-53rd St站 🗺P.17／F4

以女性商品為主的小型百貨公司，名媛淑女一旦推門而入就難以踏出店門。這裡一向有最新款的彩妝品、香水。1樓化妝品，2樓服飾配件，3樓內睡衣，4樓有專屬沙龍。

The Shops at Columbus Circle

🌐www.theshopsatcolumbuscircle.com 📘🐦Time Warner Center ✉10 Columbus Circle(59th St口) 📞(212) 823-6300 🕐週一～六10:00～21:00，週日11:00～19:00 ➡搭乘地鐵①🅰🅲🅱🅳線到59th St-Columbus Circle站 🗺P.16／D3

1～3樓集合許多流行服飾品牌、彩妝美容、廚具用品店等。B1的超市一向都是大排長龍，下班時段更是熱鬧，超挑高的中庭廣場，有許多的藝術品展示。

Manhattan Mall

🌐www.manhattanmallny.com ✉100 W 33rd St(6th Ave 口) 📞(212)465-0500 🕐週一～六09:00～21:30，週日10:00～20:30 ➡搭乘地鐵①②③線到34th St-Penn Station站，🅱🅳🅵🅼🅽🅾🆁🆆線到34th St-Herald Sq站 🗺P.18／E5

平價的百貨商場，有禮品、服飾、玩具、化妝品等，地下樓層直通PATH通勤電車站，上下班時段人潮比較多，客層以本地人為主，觀光客比其他地方少。

Lord & Taylor

🌐www.lordandtaylor.com 📘🐦Lord & Taylor 🖼🖼lordandtaylor ✉424 5th Ave(W 39th St口) 📞(212)391-3344 🕐週一～六10:00～21:00，週日11:00～19:00 ➡搭乘地鐵🅱🅳🅵線到42nd St-Bryant Park站，⑦線到5th Ave站 🗺P.19／F3

成立於1826年，是紐約經營最久的百貨零售業者，以銷售高檔服飾、家用品為主，來感受一下歷久彌新的味道。

Kmart

🌐www.kmart.com 📘🖼Kmart 🐦Kmart Deals ✉250 W 34th St(7th～8th Ave之間) 📞(212)760-1188 🕐週一～五06:30～23:00，週六07:00～23:00，週日08:00～22:00 ➡搭乘地鐵①②③線到34th St-Penn Station站 🗺P.18／D4

Kmart商品種類多、價格更是平易近人，讓你從小孩到大人的禮物，以絕佳的預算一次購齊。

折扣商場

Outlet

Outlet是許多遊客最喜歡的購物去處，不僅可以用5折左右的價格購入名牌衣物，也有物美價廉的家用品可添購，除了眾所皆知的Century 21可以在紐約市區內找到外，其他大型折扣商場大都位在哈德遜河對岸的新澤西州，需搭乘電車、巴士或開車才能抵達。

Century 21

http www.c21stores.com 🄵 Century 21 Department Store 🐦 Century 21 Stores 📷 century21stores ✉ 22 Cortlandt St(Church St～Broadway之間) 📞 (212)227-9092 🕐 週一～三07:45～21:00、週四～五07:45～21:30、週六10:00～21:00、週日11:00～20:00 🚇 搭乘地鐵 Ⓡ Ⓦ 線到Cortlandt St站、❹❺ⒶⒸ❶❷線到Fulton St站、Ⓔ線到World Trade Center站 🗺 P.24／B3(下城總店)、P.16／C1(上西城分店) 🛈 在皇后區與布魯克林也各有一家大型分店，可上網查詢

紐約市內最大型的折扣百貨公司，下城總店占地相當廣，商品種類齊全，從頭到腳到生活用品選擇相當多，價格約在市價的3～5折。這裡採自由挑選試穿的全自助方式，加上人潮相當多，所以永遠都像戰場一樣，但還是亂中有序，若想到這裡購物，記得多預留一點時間。

Tanger Outlets, Deer Park

http www.tangeroutlet.com/deerpark 🄵🐦 Tanger Outlets 📷 tangeroutlets ✉ 152 The Arches Circle, Deer Park, NY11729 📞 (631)667-0600 🕐 週一～六09:00～21:00、週日10:00～20:00 🚇 可以在33rd St與7th Ave的賓州車站(Penn Station)搭乘LIRR火車，搭到Deer Park站下車，再轉搭接駁巴士(在Deer Park站內購買車票)前往 🛈 位在紐約州長島市，是華人喜歡前往的大型購物商場

Woodbury Common Premium Outlets

http www.premiumoutlets.com/outlet/woodbury-common 🄵 Woodbury Common Premium Outlets 🐦 Woodbury Common PO 📷 wcpremoutlets ✉ 498 Red Apple Court Central Valley, NY10917 📞 (845)928-4000 🕐 週一～日09:00～21:00 🚇 要前往Woodbury最方便的方式是搭乘巴士專車，不論從42街的巴士轉運站，或是從曼哈頓中國城及皇后區的法拉盛等地出發，都有許多巴士公司經營當日往返的專車，詳情請上網查詢 🛈 最受亞洲遊客青睞的大型室外折扣商場，擁有各大知名服飾品牌進駐，所以不乏特地搭巴士前來盡情採購的觀光客

Burlington/DSW

http www.burlingtoncoatfactory.com、www.dsw.com ✉ 40 E 14th St，3樓DSW、4～6樓Burlington(University Pl口) 📞 Burlington：(212)533-1725，DSW：(212)674-2146 🕐 Burlington：09:00～22:00，DSW：09:00～21:30 🚇 搭乘地鐵❹❺❻ⓃⓆⓇⓌⓁ線到14th St-Union Sq站 🗺 P.21／G3；P.20／E1(Burlington)；P.18／E4、P.15／A5(DSW) 🛈 Burlington是價格非常平民的大型折扣商場品牌，男女童裝、飾品、家用品等應有盡有；DSW則是購鞋者的天堂，男女鞋設計新穎，樣式千百款，沒有店員跟著你，隨便你愛怎麼試穿都可以，還有零碼的超低折扣區可撿便宜；兩者都還有其他分店，請上官方網站查詢

購
物
篇

Newport Centre Shopping Mall

🌐 www.simon.com/mall/newport-centre 📘🐦 Newport Centre 📷 newportctr ✉ 30 Mall Dr W, Jersey City, NJ 07310 📞 (201)626-2078 🕐 週一～六10:00～21:30、週日11:00～18:00 ➡ 搭乘PATH通勤電車至Newport站，步行約10分鐘 ℹ 距離紐約最近、交通便利的大型商場

Jersey Gardens The Outlet Collection

🌐 www.simon.com/mall/the-mills-at-jersey-gardens 📘 The Mills at Jersey Gardens 🐦 The Mills at Jersey 📷 millsatjersey ✉ 651 Kapkowski Rd, Elizabeth, NJ 07201 📞 (908)436-3005 🕐 週一～六10:00～21:00、週日11:00～19:00 ➡ 可以在42nd St的巴士轉運總站(Port Authority Bus Terminal)或紐華克機場搭乘接駁巴士前往 ℹ 商場就位在紐華克機場旁邊

跳蚤市場、創意市集
Flea Market

逛跳蚤市場是紐約購物的另類樂趣之一，有室內的、有露天的，別人不要的垃圾或許就是你的寶貝，跳蚤市場可以跟老闆講價，當然買越多越好討價。另外一項好玩的是藝術手創市集，可以買到紐約年輕藝術家的創意，充滿新潮設計感，來把紐約潮流買回家吧！

Hell's Kitchen Flea Market

🌐 www.annexmarkets.com 📘🐦 Annex Markets 📷 annexmarkets ✉ W 39th St(9th～10th Ave之間) 🕐 週六、日09:00～17:00 ➡ 搭乘地鐵🅐🅒🅔線到42nd St-Port Authority Bus Terminal站 🗺 P.18／C3

Chelsea Flea Market

🌐 www.annexmarkets.com 📘🐦 Annex Markets 📷 annexmarkets ✉ W 25th St(6th Ave～Broadway之間) 🕐 週六、日06:30～19:00 ➡ 搭乘地鐵①🅕🅜🅡🅦線到23rd St站 🗺 P.19／F6

Chelsea大型的露天跳蚤市場，二手家具、服飾、雜貨應有盡有，入場費$5.00(09:00前)、$1.00(09:00後)。跳蚤市場斜對面有處大型古董商場Showplace Antique & Design Center(nyshowplace.com)，也可以去逛一逛。

Green Flea

🌐 www.greenfleamarkets.com 📘 Greenflea Market ✉ 100 W 77th St(Columbus Ave口) 🕐 週日10:00～17:30 ➡ 搭乘地鐵①線到79th St站，🅑🅒線到81st St-Museum of Natural History站 🗺 P.15／B5 ℹ 位在小學學校內的市集，除了學校操場的戶外跳蚤市場，還有室內市集，外加部分農夫市集，可買到農家自製的麵包、果醬等

Artists & Fleas Chelsea Market

🌐 www.artistsandfleas.com 📘 Artists & Fleas 📷 artistsandfleas ✉ 88 10th Ave(雀爾喜市場內) 🕐 週一～六10:00～21:00、週日10:00～20:00 ➡ 搭乘地鐵🅐🅒🅔🅛線到14th St站 🗺 P.20／B3 ℹ 藝術家手作文創市集，海報、服裝、飾品、家用品等，幾乎都是紐約本地的藝術家手作商品，相當豐富

Artists & Fleas SoHo

📧 www.artistsandfleas.com 📘🐦 Artists & Fleas 📷 artistsandfleas 📧 568 Broadway(Prince St.口) 🕐 每日11:00～20:00 ➡️搭乘地鐵 ⓡⓦ 線到Prince St站 🗺️ P.22／E2 ℹ️ 藝術家手作文創市集，海報、服裝、飾品、家用品等，幾乎都是紐約本地的藝術家手作商品，相當豐富

The Market NYC

📧 www.themarketnyc.com 📧 290 Mulberry St(E Houston St口) 🕐 週日～一12:00～19:00，週三～六，12:00～20:00 ❌週二 ➡️搭乘地鐵 ⓑⓓⓕⓜ 線到Broadway-Lafayette St站，⑥線到Bleecker St站 🗺️ P.23／F2；P.18／E4(34街店，11:00～21:00無休) ℹ️ 以手工創作商品為主，皮件、帽子、飾品、設計商品等，都充滿年輕藝術家的創意

Broadway Market Co.

📧 www.broadwaymarketco.com 📧 427 Broadway (Howard St.口) 📞 (646)370-3474 🕐 每日11:00～20:00 ➡️搭乘地鐵 ⑥ⓝⓠⓡⓦ 線到Canal St站 🗺️ P.22／E4 ℹ️ 紐約最大型的室內創意市集，集合許多當地的藝術家、商家，多樣的創作商品，好逛也好買，要顧好荷包啊

Brooklyn Flea, Industry City

📧 brooklynflea.com 📧 241 37th St, Brooklyn 🕐 週六10:00～17:00 ➡️搭乘地鐵 ⓓⓝⓡ 線到36th St站(Brooklyn) ℹ️ 布魯克林週六的舊貨、創意市集

Brooklyn Flea, DUMBO

📧 brooklynflea.com 📧 曼哈頓橋下 🕐 週日10:00～17:00 ➡️搭乘地鐵 ⓕ 線到York St站(Brooklyn) ℹ️ 布魯克林週日的戶外舊貨、創意市集，吸引不少人潮前來尋寶，需要花時間仔細挑選、喊價，帶不回家，湊個熱鬧也不錯。可以順道逛一逛DUMBO地區(P.199)

二手服飾
Vintage Thrift Store

　　紐約有為數不少的二手服飾店，都是我喜愛挖寶的地方，老物件有時代的美感，過季品是低價買時尚，兩者都有令人著迷之處。二手品不是就代表便宜，有些古董品因稀少難找，所以價值頗高，但買二手物品要好好挑選，仔細檢查是否有嚴重的瑕疵，免得買了卻不能穿、無法使用。

Stella Dallas

📧 218 Thompson St(W 3rd～Bleeker St之間) 📞 (212)674-0447 🕐 每日12:30～19:30 ➡️搭乘地鐵 ⓐⓒⓔ ⓑⓓⓕⓜ 線到W 4th St站 🗺️ P.22／D1 ℹ️ 格林威治村經營多年的古董二手衣專賣店，相當有口碑

Buffalo Exchange

🌐 www.buffaloexchange.com 📘🐦 Buffalo Exchange 📷 buffaloexchange ✉ 114 W 26th St(6th～7th Ave之間) 📞 (212)675-3535 🕐 週一～六11:00～20:00，週日12:00～19:00 🚇 搭乘地鐵❶ⓇⓌ 線到28th St站 🗺 P.18／E6，P.21／J4(東村店) ℹ 不僅可以買，你也可以拿全新或二手衣服、配件來估價換現金或換購物金，曼哈頓、皇后區、布魯克林還有其他分店，可以上網查詢

Beacon's Closet

🌐 www.beaconscloset.com 📘 Beacon's Closet 📷 beaconscloset ✉ 10 W 13th St(5th～6th Ave之間) 📞 (917)261-4863 🕐 每日11:00～20:00 🚇 搭乘地鐵 ❹❺❻ⓃⓆⓇⓌⓁ 線到14th St-Union Sq站 🗺 P.21／F4 ℹ 不僅可以買，也可以拿來估價換現金，可以用不錯的價格買到新品。若想挖寶，可以前往店面大、物品多的布魯克林Greenpoint分店，詳細地點可上官網查詢

Star Struck Vintage NYC

🌐 www.starstruckvintage.com ✉ 47 Greenwich Ave (Charles～Perry St之間) 📞 (212)691-5357 🕐 週一～六11:00～20:00，週日12:00～19:00 🚇 搭乘地鐵❶❷❸ 線到14th St站，ⒶⒸⒺⒷⒹⒻⓂ 線到W 4th St站 🗺 P.20／E5 ℹ 專營1930～1980年代的男女二手衣服、配件，也有二手名牌服飾，如Dior、YSL、Gucci等

Screaming Mimis

🌐 www.screamingmimis.com 📘 Screaming Mimis 📷 screamingmimisvintage ✉ 240 W 14th St(近8th Ave) 📞 (212)677-6464 🕐 週一～六12:00～20:00，週日13:00～19:00 🚇 搭乘地鐵ⒶⒸⒺ 線到14th St站，Ⓛ 線到8th Ave站 🗺 P.20／D4 ℹ 以1950～1980年代的二手服飾為主，大部分品相都極不錯，價錢稍微高一些

Vintage Thrift Shop

🌐 vintagethriftshop.org ✉ 286 3rd Ave(22nd～23rd St之間) 📞 (212)871-0777 🕐 週一～四10:30～20:00，週五10:30～18:00，週日11:00～19:00 休 週六 🚇 搭乘地鐵❻ 線到23rd St站 🗺 P.21／I1，P.20／D6(西村店) ℹ 二手舊衣、舊家具，標價便宜，使用痕跡明顯需要仔細挑選

Housing Works

🌐 www.housingworks.org ✉ 306 Columbus Ave(74th～75th St之間) 📞 (212)579-7566 🕐 週一～六10:00～19:00，週日11:00～17:00 🚇 搭乘地鐵❶❷❸ⒷⒸ 線到72nd St站 🗺 P.15／B6 ℹ 屬於公益組織，物品都是由各界捐助的，有家具、衣物、家庭用品等，價錢雖相當平價，但物品的品相較老舊，使用過的痕跡相當明顯，需要仔細挑選；在紐約有相當多分店，可上網查詢

10 Ft Single

✉ 285 N 6th St, Brooklyn(Williamsburg) 📞 (718)486-9482 🕐 每日12:00～19:30 🚇 搭乘地鐵Ⓛ線到Bedford Ave站 ℹ 格威廉斯堡最大型的二手服飾店，各種年代、風格都有，萬件商品難以選擇，讓人一逛就是好幾個鐘頭

家飾用品

Housewares

在紐約除了買時尚、買創意，我也喜歡逛逛家具、家飾用品，欣賞新穎的設計，想像自己哪一天也有機會住在這樣美美的展示客廳、臥室裡，可惜大件家具帶不回台灣，只能買些杯盤、家飾小物過過癮。

Pottery Barn

http www.potterybarn.com 🗺️🇫🐦 Pottery Barn 🐦 pottery barn ✉️ 1965 Broadway(W 67th St口) 📞 (212)579-8477 🕐 週一～六10:00～21:00，週日11:00～19:00 ➡️ 搭乘地鐵 ❶ 線到67th St站 🗺️ P.16／B1 ℹ️ 以古典優雅著稱，是結婚新人最愛的一家結婚禮品店，以擺飾品最適合帶回家，曼哈頓另外還有一家雀爾喜分店(🗺️ P.21／F2)

Jonathan Adler

http www.jonathanadler.com 🗺️🇫🐦 Jonathan Adler 🐦 jonathanadler ✉️ 1097MadisonAve(83thSt口) 📞 (212)772-2410 🕐 週一～六10:00～19:00，週日12:00～18:00 ➡️ 搭乘地鐵 ❹❺❻ 線到86th St站 🗺️ P.15／D5 ℹ️ 設計現代新潮、線條簡單優雅的家飾品，相當值得收藏，另外在西村(🗺️ P.20／E5)、上西城也有分店(🗺️ P.15／B6)

West Elm

http www.westelm.com 🗺️🇫🐦 West Elm 🐦 westelm ✉️ 112 W 18th St(6th～7th Ave之間) 📞 (212)929-4464 🕐 週一～六10:00～21:00，週日11:00～19:00 ➡️ 搭乘地鐵 ❶ 線到18th St站，🇫 Ⓜ 線到14th St站 🗺️ P.20／E2 ℹ️ 設計摩登精緻的家具、家飾品牌。可以買些容易攜帶的小東西，上西城(🗺️ P.16／C3)、布魯克林DUMBO有旗艦大店

Crate & Barrel

http www.crateandbarrel.com 🗺️🇫🐦 Crate and Barrel 🐦 crateandbarrel ✉️ 611 Broadway(Houston St口) 📞 (212)780-0004 🕐 週一～六10:00～21:00，週日11:00～19:00 ➡️ 搭乘地鐵 ❻ 線到Bleecker St站，🅱️ⒹⒻⓂ線到Broadway-Lafayette St站，ⓇⓌ 線到Prince St站 🗺️ P.22／E2 ℹ️ 設計清新洗練的家具、家飾、餐具用品店，最適合日常使用，台北雖有引進，但還是在美國買划算、選擇多

Fishs Eddy

http www.fishseddy.com 🗺️🇫🐦 Fishs Eddy 🐦 fishseddynyc ✉️ 889 Broadway(19th St口) 📞 (212)420-9020 🕐 週一～六10:00～21:00，週日10:00～18:00 ➡️ 搭乘地鐵 ❻Ⓡ Ⓦ線到23rd St站 🗺️ P.21／G2 ℹ️ 店內擺滿各式各樣的餐具、碗盤、杯瓶，以Fishs Eddy自家品牌的紐約主題商品最值得購買，也最熱賣

William-Sonoma

http www.williams-sonoma.com Williams Sonoma williamssonoma 10 Columbus Circle(時代華納購物中心1樓) (212)581-1146 週一～六10:00～21:00，週日11:00～19:00 搭乘地鐵❶ⒶⒸⒷⒹ線到59th St-Columbus Circle站 P.16／D3 設計樸實好用的廚房、餐桌用品，以感恩節、聖誕節的商品最受青睞

ABC

http www.abchome.com ABC Carpet & Home abccarpetandhome 888 Broadway(18th～19th St之間) (212)473-3000 週一～六10:00～19:00，週日11:00～18:30 搭乘地鐵❹❺❻ⓁⓃⓆⓇⓌ線到14th St-Union Sq站 P.21／G2 以1樓精緻的家飾品部門最吸引人，來自印度、非洲等藝術家手作品，售價雖高，但相當值得

Anthropologie

http www.anthropologie.com Anthropologie 85 5th Ave(16th St口) (212)627-5885 週一～六10:00～21:00，週日11:00～20:00 搭乘地鐵❹❺❻ⓁⓃⓆⓇⓌ線到14th St-Union Sq站 P.21／F3 女裝、配件好看實穿，但精緻的家用品更吸引人

Bed Beth & Beyond

http www.bedbathandbeyond.com Bed Bath & Beyond bedbathandbeyond 620 6th Ave(18th～19th St之間) (212)255-3550 每日08:00～21:00 搭乘地鐵ⒻⓂ線到23rd St站 P.21／F2 包羅萬象的家用品賣場，寢具、廚具、家電、身體清潔用品等都有，想買牙膏、洗髮精這裡最方便，有不少分店，可以上網查詢

彩妝、保養品
Cosmetic

全球知名的彩妝、保養品牌都會在紐約展店、設櫃，由於美國沒有退稅制度，所以不見得會比較便宜，倒是可以購買美國品牌的彩妝、保養品，通常比在國內買便宜。至於台灣也相當紅的Burt's Bees，算是相當平價的商品，在紐約的超市都買得到基本的護唇膏、清潔保養系列等。

Sephora

http www.sephora.com Sephora sephora 597 5th Ave(E 48th～49th St之間) (212)980-6534 週一～六09:00～21:00，週日10:00～19:00 搭乘地鐵ⒷⒹⒻⓂ線到50th St-Rockefeller Ctr站，ⒺⓂ線到5th Ave-53rd St站 P.17／F6 集合全球各大彩妝、保養、香水品牌的開架式商店讓你輕鬆選購，所有商品均可現場試用，也設有彩妝師提供諮詢及教學，姐妹們，盡情大膽地買吧！曼哈頓有相當多分店，請上網查詢

Kiehl's

http www.kiehls.com Kiehl's kiehls 109 3rd Ave(E 13th St口) (212)677-3171 週一～六10:00～21:00，週日11:00～19:00 搭乘地鐵❹❺❻ⓃⓆⓌ線到14th St-Union Sq站，Ⓛ線到3th Ave站 P.21／I4 Kiehl's是1851年誕生於紐約的藥妝品牌，要買Kiehl's當然要到創始店逛一逛，除了買到質良價優的保養品，還可以欣賞早期Kiehl's還是藥房時的模樣展示

John Masters Organic

🌐 johnmasters.com 📘 John Masters Organics 🐦 John Masters 📷 johnmastersorganics ✉ 77 Sullivan St(Spring～Broome之間) 📞 (212)343-9590 🕐 每日11:00～18:00 ➡ 搭乘地鐵 C E 線到Spring St站 MAP P.22／D3 ℹ 有機無化學成分的洗髮、護髮產品，也開發臉部、身體清潔、保養系列，在日本相當紅；Whole Foods超市裡也可買到

M.A.C

🌐 www.maccosmetics.com 📘 MAC Cosmetics 🐦 MAC cosmetics 📷 maccosmetics ✉ 1540 Broadway(W 45th～46th St之間) 📞 (646)355-0296 🕐 每日09:00～00:00 ➡ 搭乘地鐵 N R W 線到49th St站 MAP P.18／E1 ℹ 美國知名彩妝品牌，結合彩妝藝術與專業技術，深受專業彩妝師與消費大眾青睞，新商品推陳出新，以其季節限定商品值得購買

Fresh

🌐 www.fresh.com/US/home 📘🐦 Fresh ✉ 872 Broadway(18th St口) 📞 (212)477-1100 🕐 週一～六10:00～20:00，週日11:00～19:00 ➡ 搭乘地鐵 4 5 6 N Q R W L 線到14th St-Union - Sq站 MAP P.21／G2 ℹ 純天然植物萃取的臉部、身體保養品，在美國買這個品牌划算很多，除聯合廣場外，上西城、蘇活區、西村都有分店

Soapology

🌐 www.soapologynyc.com 📘 Soapology ✉ 67 8th Ave (W 13th St口) 📞 (212)255-7627 🕐 每日10:00～22:00 ➡ 搭乘地鐵 L 線到8th Ave站 MAP P.20／D4 ℹ 專營身體清潔與香氛商品，咖啡去角質霜、薰衣草按摩精油蠟燭等，都是受歡迎的商品

Space NK Apothecary

🌐 www.spacenk.com/us ✉ 31 Prince St(Mott St口) 📞 (212)941-4200 🕐 週一～六10:00～20:00，週日11:00～19:00 ➡ 搭乘地鐵 R W 線到Prince St站 MAP P.23／F2 ℹ 英國彩妝、保養品牌，也有知名的身體及居家香氛系列，不時推出特價促銷，這個時候下手購買最為划算

C.O. Bigelow

🌐 www.bigelowchemists.com 📘🐦 C.O. Bigelow ✉ 414 6th Ave(W 8th～9th St之間) 📞 (800)793-5433 🕐 週一～五07:30～21:00，週六08:30～19:00，週日08:30～17:30 ➡ 搭乘地鐵 A C E B D F M 線到W 4th St站 MAP P.21／F5 ℹ 受當地紐約客喜愛的藥妝店，所研發的自家品牌商品相當受歡迎，是日本觀光客指定光顧、購買的品牌之一

Cosmetic Market

🌐 www.cosmeticmarketnyc.com 📘 Cosmetic Market ✉ 15 E 37th St(5th～Madison Ave之間) 📞 (212)725-3625 🕐 週一～五08:00～19:00，週六11:00～18:00，週日12:00～17:00 ➡ 搭乘地鐵 7 線到5th Ave站，6 線到33rd St站 MAP P.19／G3 ℹ 開架式的彩妝保養商店，集合有許多知名的品牌，最主要是選擇多、價格優惠，有時甚至只賣市價5折呢！

Kimara Ahnert

🌐 kimara.com 📘 Kimara Ahnert ✉ 1113 Madison Ave (E 83rd～84th St之間) 📞 (212)452-4252 🕐 週一～六10:00～19:00，週日12:00～17:00 ➡ 搭乘地鐵 4 5 6 線到86th St站 MAP P.15／D4 ℹ 紐約知名的彩妝品牌，是上東城貴婦們經常光顧的店，也有不少影視名人上門，自家品牌的彩妝品非常受歡迎，也可以預約做臉部保養

書店

Book Store

紐約原本有相當多獨立書店、主題書店，可惜因經濟環境及消費習慣改變，這些書店大都已經熄燈，僅剩下寥寥數家仍努力支撐經營，就連大型連鎖書店也一一收掉分店，可謂書市寒冬。

Rizzoli

🌐 rizzolibookstore.com 📘📱 Rizzoli Bookstore 📷 rizzolibookstore ✉ 1133 Broadway(W 26th St口) ☎ (800)522-6657 🕙 週一～五10:30～20:00，週六～日12:00～19:00 ➡ 搭乘地鐵 R W 線到28th St站 🗺 P.19／F6 ℹ 專營藝術書籍，時尚、表演藝術方面的書籍也很豐富專業

Kinokuniya

🌐 www.kinokuniya.com/us 📘📱 Kinokuniya USA 📷 kinokuniyausa ✉ 1073 6th Ave(W 40th～41st St之間) ☎ (212)869-1700 🕙 週一～六10:00～20:00，週日11:00～19:30 ➡ 搭乘地鐵 B D F M 線到42nd St-Bryant Park站 🗺 P.18／E2 ℹ 日本紀伊國屋書店紐約分店，可買到最新日文書籍、雜誌、漫畫，及各種趣味文具、和風小物

Kitchen Arts & Letters

🌐 kitchenartsandletters.com/bookstore 📘📱 Kitchen Arts & Letters ✉ 1435 Lexington Ave(E 93rd～94th St之間) ☎ (212)876-5550 🕙 週一～13:00～18:00，週二～五10:00～18:30，週六11:00～18:00 🔴 週日 ➡ 搭乘地鐵 6 線到96th St 🗺 P.15／E3 ℹ 1983年經營至今，以食譜、飲食為主的書店，喜歡購買食譜書籍的朋友別錯過喔

Barnes & Noble

🌐 www.barnesandnoble.com 📘📱 Barnes & Noble 📧 33 E 17th St(Broadway～Park Ave之間) ☎ (212)253-0810 🕙 每日09:00～22:00 ➡ 搭乘地鐵 4 5 6 N Q R W L 線到14th St-Union Sq站 🗺 P.21／G3 ℹ 紐約僅存的大型連鎖書店，聯合廣場分店規模大、樓層多、書類齊全，若找不到你想買的書，服務櫃檯可以代為訂購，除了書籍還有文具、玩具、禮品、CD、DVD，還附設咖啡廳呢，紐約尚有其他分店，請上網查詢

Strand

🌐 www.strandbooks.com 📘📱 Strand Book Store 📷 strandbookstore ✉ 828 Broadway(E 12th St口) ☎ (212)473-1452 🕙 週一～六09:30～22:30，週日11:00～22:30 ➡ 搭乘地鐵 4 5 6 N Q R W L 線到14th St-Union Sq站 🗺 P.21／H4 ℹ 1927年開業至今，是紐約最具規模的二手書、新書專賣店，Strand已成為紐約歷史記憶的一部分

Amazon Books

🌐 www.amazon.com ✉ 7 W 34th St(5th～6th Ave之間) ☎ (212)695-8704 🕙 每日09:00～21:00 ➡ 搭乘地鐵 B D F M N Q R W 線到34th St-Herald Sq站 🗺 P.19／F4 ℹ 亞馬遜實體書店紐約旗艦店，附設有知名咖啡館，另在時代華納購物中心內也有分店(🗺 P.16／D3)

Bookmarc

🌐www.marcjacobs.com/bookmarc ✉400 Bleecker St
(W 11th St口) 📞(212)620-4021 🕐週一～六11:00～
19:00，週日12:00～18:00 ➡搭乘地鐵❶線到Christopher
St-Sheridan Sq站 🗺P.20／D5 ℹ時尚品牌Marc Jacobs
開設的書店，販售與藝術、時尚相關的書籍，也可以買到
Marc Jacobs的時尚小禮品，相當適合當禮物送給朋友

Three Lives & Co.

🌐www.threelives.com ✉154 W 10th St(Waverly Pl口)
📞(212)741-2069 🕐週一～六10:00～20:30，週日12:00
～19:00 ➡搭乘地鐵❶線到Christopher St-Sheridan
Sq站 🗺P.20／E5 ℹ1968
年開店至今，已是這一區裡
的地標書店，以傳記、回憶
錄、詩歌、同性戀文學，以
及紐約相關書籍為主，書
店不時會舉辦讀書會、作
者見面會等活動

Taschen

🌐www.taschen.com ✉107 Greene St(Prince～Spring
St之間) 📞(212)226-2212 🕐週一～六11:00～19:00，
週日12:00～19:00 ➡搭乘地鐵Ⓡ Ⓦ 線到Prince St站
🗺P.22／E2 ℹ世界知名
的藝術書籍出版公司，題材
之廣泛與精深無其他出版
社能及，Taschen SoHo店
同時也附設有藝廊，藝文
展覽活動相當頻繁，是文
青們必逛的書店

The Mysterious Bookshop

🌐www.mysteriousbookshop.comThe 📘📱Mysterious
Bookshop ✉58 Warren St(Waverly Pl口) 📞(212)587-
1011 🕐週一～六11:00～19:00 休週日 ➡搭乘地鐵❶
❷❸線到Chambers St站 🗺P.24／B1 ℹ1979年營業至
今，是一家以偵探、推理、懸疑類為主的主題書店

糖果
Candy Shop

紐約流行的是各種QQ軟糖，如
Gummi Bear、Gummi Worm等；口
味特殊的Twizzlers、Jelly Belly；
以包裝千變萬化、具收藏價值聞
名的美國經典水果糖PEZ；當然還
有絕對必買的各種巧克力。

M&M's World

🌐www.mmsworld.com 📘📱M&M'S World ✉1600
Broadway(W 48th St口) 📞(212)295-3850 🕐每日09:00
～00:00 ➡搭乘地鐵Ⓝ Ⓡ Ⓦ線到49th St站 🗺P.16／E6
ℹ紐約最熱鬧的主題糖果店非M&M時代廣場店莫屬，每
個挑高的樓層都有不同主題的M&M巨大雕像，上百種糖
果以及五花八門的趣味商品，更是挑起遊客的購買欲望，
送禮自用兩相宜的最佳選擇

Dylan's Candy Bar

🌐www.dylanscandybar.com 📘📱Dylan's Candy Bar
📱dylanscandybar ✉1011 3rd Ave(60th St口) 📞(646)
735-0078 🕐週一～四、日10:00～21:00，週五～六
10:00～23:00 ➡搭乘地鐵❹❺❻Ⓝ Ⓡ Ⓦ線到59th St
站 🗺P.17／I3 ℹ各色各類的糖果裝滿整整3個樓層，五顏
六色人手一袋的QQ糖、雷根糖、棉花糖，大棒棒糖也是
搶購焦點，店內還可舉辦小朋友慶生會

Sockerbit

http sockerbit.com ☐ Sockerbit sweet & swedish ☐ Sockerbit NYC ☐ sockerbitnyc ☐ 89 Christopher St (Bleecker St口) ☐ (212)206-18170 ☐ 週日～四11:00～20:00，週五～六11:00～21:00 ➡ 搭乘地鐵 ❶ 線到Christopher St-Sheridan Sq站 MAP P.20／D6 ☐ 來自北歐瑞典的糖果店，有QQ軟糖、巧克力，還有北歐風格的家飾品

Hershey's

http www.hersheys.com ☐ ☐ hershey's ☐ hersheycompany ☐ 701 7th Ave(W 47th St口) ☐ (212)581-9100 ☐ 每日09:00～00:00 ➡ 搭乘地鐵 ❼ ❽ ❾ 線到49th St站，❶線到50th St站 MAP P.16／E6 ☐ 美國的巧克力品牌代表，Hershey's所生產的火山型巧克力Kisses世界知名，人氣No.1，來Hershey's非買不可

IT'SUGAR

http www.itsugar.com ☐ ☐ IT'SUGAR ☐ itsugar ☐ 1870 Brodway(W 61st～62nd St之間) ☐ (212)956-3423 ☐ 週一～四10:00～22:30，週五～六10:00～23:00，週日10:00～21:30 ➡ 搭乘地鐵 ❶ ❹ ❸ ❷ ❹ 線到59th St-Columbus Circle站 MAP P.16／C3 ☐ 各種新奇造型、口味的糖果，以創意包裝吸引人購買

See's Candies

http www.sees.com ☐ ☐ See's Candies ☐ seescandies ☐ 60 W 8th St(近6th Ave) ☐ (212)602-1886 ☐ 週一～六11:00～20:00，週日12:00～19:00 ➡ 搭乘地鐵 ❹ ❸ ❸ ❶ ❹ ❺ 線到W 4th St-Washington Sq站 MAP P21／F5 ☐ 美國著名糖果品牌，是分送同事、朋友的最佳選擇。在Macy's及Lord & Taylor內均設有販售專櫃

Economy Candy

http www.economycandy.com ☐ ☐ Economy Candy ☐ 108 Rivington St(Ludlow～Essex St之間) ☐ (212)254-1531 ☐ 每日10:00～18:00 ➡ 搭乘地鐵 ❺ 線到Delancy St站，❼ ❿ ❾ 線到Essex St站 MAP P.23／I2 ☐ 1937年開業至今，是下東城經營最久的糖果店，可以買到各種懷舊的古早糖果，是家大型的柑仔店，觀光客必逛的歷史店家

The Sweet Life

http thesweetlifenyc.com ☐ ☐ The Sweet Life ☐ thesweetlifenyc ☐ 63 Hester St(Ludlow St口) ☐ (212)598-0092 ☐ 每日11:00～19:00 ➡ 搭乘地鐵 ❸ ❹ 線到Grand St站，❺線到East Broadway站，❼ ❿ ❾ 線到Essex St站 MAP P.23／I4 ☐ 1982年開業至今，可以買到巨型的QQ熊軟糖，焦糖海鹽巧克力也非常暢銷

玩具店

Toy Store

　　逛玩具店是我這個大朋友住遊紐約的樂趣之一，不用買也能玩得開心。可惜的是，幾間大型的玩具店都已經結束營業了，少了選擇與便利，但紐約還是不時有新的趣味商店進駐，頗為熱鬧。

LEGO Store

http www.lego.com/en-us ✉620 5th Ave(位於洛克斐勒中心廣場內) ☎(212)245-5973 ◎週一～六10:00～20:00，週日10:00～18:00 ➡搭乘地鐵 B D F M 線到47-50th Sts／Rockefeller Center站 MAP P.17／F6 ℹ紐約樂高積木旗艦大店，不怕你玩、不怕你買，店內還有數座用樂高積木堆疊而成的巨大雕像，與洛克斐勒廣場的縮小活動場景，另外在23rd St也有一家旗艦店(MAP P.21／F1)。

Evolution

http theevolutionstore.com 🅵🆈 The Evolution Store 📷 theevolutionstore ✉687 Broadway(W 3th～4th St之間) ☎(212)343-1114 ◎每日11:00～20:00 ➡搭乘地鐵 R W 線到8th St-NYU站，6 線到Astor Pl站 MAP P.21／G6 ℹ時代廣場的兒童樂園，4個樓層充滿各種最新最熱門的玩具，環繞著中央閃亮的大型摩天輪，不論早晚都是遊客滿檔，隨時都有特價玩具可以撿便宜

Disney Store

http www.disneystore.com 🅵🆈📷 shopDisney ✉1540 Broadway(W 45th～46th St之間) ☎(212)626-2910 ◎每日09:00～01:00 ➡搭乘地鐵 ❶❷❸❼ N Q R W S 線到42nd St-Times Sq站 MAP P.18／E1 ℹ不用到迪士尼樂園就可以就近買到迪士尼最新的獨家限定商品，店內到處都是熱門卡通的相關商品，有小公主的全套裝扮，也有小英雄的全身行頭，還有大小玩偶，不買不過癮

Toy Tokyo

http www.toytokyo.com 🅵🆈 Toy Tokyo 📷 toy_tokyo ✉91 2ndAve(E 5th～6thSt之間) ☎(212)673-5424 ◎週日～四13:00～21:00，週五～六12:30～21:00 ➡搭乘地鐵 6 線到Astor Pl站，R W 線到8th St-NYU站 MAP P.21／I6 ℹ日系、美系玩具公仔的寶庫，有新品也有古董品，食玩、轉蛋樣樣不缺，最適合大朋友來尋寶

Nintendo 任天堂

http www.nintendonyc.com 🆈📷 NintendoNYC ✉W 48th St(5～6th Ave之間) ☎(646)459-0800 ◎週一～四09:00～20:00，週五～六09:00～21:00，週日11:00～18:00 ➡搭乘地鐵 B D F M 線到47-50th Sts／Rockefeller Center站 MAP P.17／F6 ℹ瑪利兄弟當招牌的任天堂紐約旗艦店，有免費大型機台可以玩，還有各種買不完的周邊商品

Build a Bear

🌐 www.buildabear.com 📘🐦 Build-A-Bear Workshop 📷 buildabear ✉ 22 W 34th St(5th～6th Ave之間) 📞 (212) 863-4070 🕐 週一～六10:00～21:00，週日11:00～19:00 ➡ 搭乘地鐵 B D F M N Q R W 線到34th St-Herald Sq站 MAP P.19／F4 ℹ 可動手填充你自己設計的玩具熊，並選擇獨特的服裝、道具，打造一隻獨一無二的玩具熊

American Girl Place

🌐 www.americangirl.com 📘🐦 American Girl ✉ 51st St (5th～6th Ave之間) 📞 (877)247-5223 🕐 週一～四10:00～19:00，週五10:00～20:00，週六09:00～21:00，週日09:00～19:00 ➡ 搭乘地鐵 B D F M 線到40-57th St-Rockfeller Ctr站 MAP P.17／F5 ℹ 買一隻打扮得跟自己一模一樣的娃娃，有服裝部、美髮沙龍，還有慶生餐廳

藥妝店
Pharmacy

若要購買成藥（頭痛藥、感冒藥、咳嗽藥水等）或維他命，建議直接找藥妝店，不但選擇多，價錢也比較優惠，尤其以自有品牌的商品最爲便宜。藥妝店也幾乎包辦所有的生活用品、美妝品、糖果餅乾零食、牛奶、啤酒、文具、玩具等，甚至寵物用品，要找什麼有什麼，是當地紐約客的便利商店。

國內較爲熱門的善存、萊萃美、維骨力等品牌，或專售保健藥品的健安喜（GNC），除了售價比國內便宜外，藥妝店經常還會推出第二瓶半價，或買一送一的優惠活動（部分優惠活動需要會員卡），相當划算。藥妝店不難找，幾乎到處都看得到，也可以上官網查詢離你最近的地點。

Rite Aid

🌐 www.riteaid.com 📘 Rite Aid ℹ 食品、生活用品、藥品的選項相當多，每週都有不同的特價商品，相當划算

Duane Reade

🌐 www.walgreens.com/topic/duane-reade/duane-reade.jsp 📘 Duane Reade ℹ 藥品、化妝品是它的強項，店鋪內整體較爲整齊

Walgreens

🌐 www.walgreens.com 📘 Walgreens ℹ 藥品專業度高，店鋪面積也都比較大，販售的商品五花八門，紀念品也有

GNC

🌐 www.gnc.com 📘 GNC Live Well ℹ GNC在華人聚集的地方都開有分店，店員也都會講普通話，方便購買

CVS

🌐 www.cvs.com 📘 CVS Pharmacy ℹ 同樣是藥品、生活用品很多，在鬧區都看得到，24小時營業相當便利

3C、電器
Cell Phone、Computer、Camera

到大型專業商店購買3C商品有保障，鬧區禮品店較不建議購買這類高價商品，購買DVD需注意播放的區域，或你的播放器可接受的區域標示。

Apple Store

🌐 www.apple.com/retail/fifthavenue ✉ 767 5th Ave(E 59th St口) 📞 (212)336-1440 🕐 24小時營業，全年無休 ➡ 搭乘地鐵 Ⓝ Ⓡ Ⓦ 線到5th Ave-59th St站 🗺 P.17／F3 ℹ 紐約最熱門，也是唯一24小時營業的分店，全透明的入口，是觀光客一定會來朝聖的景點，由於人潮實在太多了，購物環境好比菜市場般吵鬧，結帳也需要排隊等很久，不如前往蘇活區，可以隨時坐下來聆聽教育課程，或到空間高挑寬敞的世貿分店。Apple Store的免費Wi-Fi速度最快、最容易連線

Best Buy

🌐 stores.bestbuy.com/482 📘📘 Best Buy ✉ 60 W 23rd St(6th Ave口) 📞 (212)366-1373 🕐 週一～六10:00～21:00，週日11:00～20:00 ➡ 搭乘地鐵 Ⓕ Ⓜ 線到23rd St站 🗺 P.21／F1 ℹ 美國最大的電器連鎖商店，3C、家電、手機、DVD、CD樣樣有，若有最新機型，Best Buy一定最先展示推出的店家，也經常推出不錯的促銷活動，紐約有多家分店，可上網查詢

B&H

🌐 www.bhphotovideo.com 📘 B&H Photo Video Pro Audio 📷 bhphoto ✉ 420 9th Ave(W 33rd～34th St之間) 📞 (212)239-7765 🕐 週一～四09:00～19:00，週五09:00～14:00，週日10:00～18:00(週六店休) ➡ 搭乘地鐵 Ⓐ Ⓒ Ⓔ 線到34th St-Penn Station站 🗺 P.18／C4 ℹ 3C商品專門店，尤其以相機及周邊商品最齊全專業，是攝影迷必定朝聖的地方，因為是猶太人經營，所以從週五下午～週六全天是休息不營業的喔，別白跑一趟

聖誕市集
Christmas Market

紐約的聖誕市集相當熱鬧，讓你從11月就開始感受聖誕節風景，其中以布萊恩公園聖誕市集開市最早最長、攤位也最多，加上溜冰場人潮，聖誕節氣氛最濃郁，逛這裡準沒錯。

Bryant Park 布萊恩公園

✉ W 42nd St與6th Ave口 🕐 10月下旬～01/03，週一～五11:00～20:00，週六10:00～21:00，週日10:00～18:00(12/24當日只營業到16:00) ➡ 搭乘地鐵 Ⓑ Ⓓ Ⓕ Ⓜ 線到42nd St-Bryant Park站 🗺 P.19／F2

Grand Central 中央車站

✉ 中央車站內 🕐 11月中旬～12/24，週一～六10:00～20:00，週日11:00～19:00(12/24當日只營業到18:00) ➡ 搭乘地鐵 ④ ⑤ ⑥ ⑦ Ⓢ 線到42nd St-Grand Central站 🗺 P.19／G2

Columbus Circle 哥倫布圓環

✉ W 59th St與Central Park West口 🕐 12/01～12/24，週一～六10:00～20:00，週日10:00～19:00(12/24當日只營業到16:00) ➡ 搭乘地鐵❶ⒶⒸⒷⒹ線到5th Ave-59th St站 Ⓜⓐⓟ P.16／D3

Union Square 聯合廣場

✉ E 14th St與Union Square West口 🕐 11月中旬～12/24，週一～五11:00～20:00，週六11:00～20:00，週日11:00～19:00(12/24當日只營業到16:00) ➡ 搭乘地鐵❹❺❻ⓃⓆⓇⓌⓁ線到14th St-Union Sq站 Ⓜⓐⓟ P.21／G3

⁉️ 紐約購物注意事項

■挑對折扣期，買得最開懷

6月及1月是主要的折扣期，折扣數為5～7折左右，越接近折扣季末折扣下得越多，讓你以3折的價錢買到行李裝不下。另外假日、節慶期間也會有折扣活動，如2月情人節、3月復活節、5月母親節、6月父親節、7月國慶日、9月勞工節、11月感恩節、12月聖誕節等。美國商店的折扣給得非常阿莎力，通常直接就下到7折(30% off)，即使已經是特價的商品，也照樣特價再7折。

■美國沒有退稅制度

紐約市的消費稅率為8.875%，商品的標價均為未稅價，而且沒有退稅的制度。藥品、維他命、部分食品類及部分售價低於US$110.00的衣物類是免消費稅的。若不清楚要購買的物品是否免稅，最好先詢問店裡的服務人員。

■不二價，小心殺價被白眼

商店都是不二價，不能殺價，若非折扣期，不妨親切地詢問店家是否有促銷活動或折扣，說不定可以要到些許優惠價格。地攤則視情況而定，通常買越多越便宜，也較容易談價。

■付費方式

一般商店、超市、百貨公司均接受信用卡付費，小雜貨店等則以現金付費為佳，不過部分地攤也開始有信用卡的服務喔！使用信用卡時，店員都會問要刷「Debit(類似金融卡直接從帳戶扣款)or Credit(信用卡)」，遊客回答「Credit」就可以了。另外，現金以10或20美元面額最為流通，許多商店不收面額100的現金，結匯、結帳時請多注意。

■退換貨制度

只要購買的物品保持完整(物品已拆封或使用過也可退換，每家店的退換貨期限不同，要特別注意問清楚規定)，並持有購買時的收據，商店大都可接受退換貨，退換貨的方式大略有：

「**Refund**」——即全額退費，現金付費退現金、信用卡付費則退至信用卡帳戶裡。

「**Store Credit**」——即退給你相同金額的消費額，商店會給你一張Store Credit的證明收據，只能在同一家商店使用。

「**Exchange Only**」——即只能換貨，不能退費。

玩樂篇
Sightseeing

到紐約玩什麼？怎麼玩？

紐約主要景點所在的曼哈頓，地雖不大，但物博可是全球數一數二的精彩，公園占地廣、摩天大樓多、博物館更是到處都是，三五天是玩不完、看不盡的，若能安排個10天左右的假期，是最恰當不過，雖無法玩遍紐約，但至少幾個重要的景點、街區或活動體驗，都能逛遍、買盡！

上西城

文人雅士與舞台藝術的殿堂

上西城是許多文人雅士喜愛的居住區域。這裡有百年歷史的高級公寓、餐廳咖啡座、有大學名校、有紐約客採購的超市，想體驗紐約文人雅士的生活步調，一定要走一趟上西城。

08：00 Gray's Papaya

09：00 聖約翰大教堂

Gray's Papaya

電影《電子情書》主角們相約的地方，小小的角落店面人潮不斷，熱狗、咖啡都很便宜，來這裡嘗嘗有名的熱狗，德國酸菜或洋蔥配料隨你選。

🔗 grayspapayanyc.com ✉ 2090 Broadway(W 72nd St口) 📞 (212)799-0243 🕐 24小時營業 ➡ 搭乘地鐵❶❷❸線到72nd St站 💲 2份熱狗加1杯飲料$4.95 🗺 P.15/A6

聖約翰大教堂
The Cathedral Church of St. John the Divine

這座動工興建於1892年的大教堂，在過了一百多年後的今天，仍然聲稱她尚未完工。教堂面積之大足以涵蓋兩座足球場，天花板也高達37.7公尺，是世界上最大的哥德式建築，能容納上萬人，是美國的歷史建築地標之一。

🔗 www.stjohndivine.org 📘 Cathedral of St. John the Divine, NYC 🐦 St. John the Divine 📷 stjohndivinenyc ✉ 1047 Amsterdam Ave(W 113th St口) 📞 (212)316-7540 🕐 週一～六09:00～17:00，週日13:00～15:00 💲 $10.00 ➡ 搭乘地鐵❶Ⓑ Ⓒ 線到110th St站 ℹ 有付費的導覽行程可參加，詳情請上網查詢 🗺 P.15/A1

自然歷史博物館
American Museum of Natural History

想看完整的史前恐龍化石，那絕不能錯過自然歷史博物館，3萬2千件的展示品是全球最大、最詳盡、最豐富的自然歷史收藏。博物館分為自然歷史館、蘿絲地球與太空中心兩大館，以探索人類文化、自然世界及宇宙科學為主要任務。

http www.amnh.org American Museum of Natural History amnh 725 Central Park West(79th St口) (212)769-5100 10:00～17:45 感恩節、聖誕節 一般票券：成人$23.00，學生$18.00，2～12歲$13.00；套票：成人$33.00，學生$27.00，2～12歲$20.00(博物館與天文館皆有各自的入口，但只需購買一次票券，這兩館的內部互通) 搭乘地鐵 B C 線到81st St站， 1 線到79th St站 有導覽行程，可上網查詢 MAP P.15／B5

Cafe Lalo

介紹、資訊請見P.138。

10：30 自然歷史博物館　　15：30 Cafe Lalo　　17：30 林肯中心　　19：00 時代華納中心

林肯中心
Lincoln Center

自1960年代成立以來，即成為紐約的藝文中心，也是世界表演舞台重鎮。噴泉廣場是林肯中心的焦點，一向是市民、遊客最愛的休憩場所，圍繞著廣場的3幢建築，即是最有名的表演場所：大都會歌劇院、大衛高爾劇院及大衛格芬廳。周邊還有表演藝術圖書館、愛麗絲杜立廳、林肯中心劇院，及以表演藝術教學聞名的茱莉亞學院等。中庭的水池、森林與草地，形成一處絕佳的休憩場所，而戶外廣場夏天有馬戲團搭棚演出。

http www.lincolncenter.org Lincoln Center lincolncenter 132 W 65th St at Columbus Ave(W 62nd～66th St) (212)546-2656 搭乘地鐵 1 線到66th St站 有導覽行程($25.00)，可上網查詢 MAP P.16／C2

時代華納中心
Time Warner Center

介紹、資訊請見P.159(The Shops at Columbus Circle)。

上東城

博物館重鎮，時尚流行的代表

豪宅大樓遍布，紐約知名博物館、美術館也集中於此，還有設計師名牌大店也紛紛進駐。是上流代表、寶藏居地、時尚焦點，上東城集萬寵於一身，尊寵嬌貴的身分無人能比擬。

08:00 Sant Ambroeus　10:00 大都會博物館

Sant Ambroeus

介紹、資訊請見P.138。

大都會博物館
The Metropolitan Museum of Art

　名列世界四大博物館之一，自1870年成立以來，從剛開始的1件收藏開始，到目前擁有200萬件以上的館藏，廣泛的年代以及不同文化層面的收藏品，從史前時代到20世紀的現代藝術品，無一不在它的館藏之列，其收藏之精美豐富無人能比擬。

http www.metmuseum.org ￼ The Metropolitan Museum of Art, New York ￼ metmuseum ￼ 1000 5th Ave(82nd St口) ￼ (212)535-7710 ￼ 週日～四10:00～17:30，週五、六10:00～21:00 ￼ 感恩節、聖誕節、新年、5月的第一個週一 ￼ 成人$25.00，學生$12.00 ￼ 搭乘地鐵⑥線到86th St站，出站後向西走，至5th Ave左轉往下城方向走至82nd St，步行約15分鐘 ￼ P.15／D5

Lady M

介紹、資訊請見P.138。

麥迪遜大道
Madison Avenue

介紹、資訊請見P.153。

羅斯福島空中纜車
Roosevelt Island Tramway

介紹、資訊請見P.119。

弗里克收藏博物館
The Frick Collection

原為匹茲堡鋼鐵大王Henry Clay Frick在紐約的豪宅，在1931年Frick家族將它及所有的收藏一併捐出成立為博物館，館內不僅藝術收藏豐富，連建築本身、家具裝飾等等都很值得細細欣賞，來這裡體驗一下巨富豪氣萬千的生活空間吧！

🌐 www.frick.org 📘🐦 The Frick Collection 📷 frickcollection ✉ 1 E 70th St(5th Ave口) 📞 (212)288-0700 🕐 週二～六10:00～18:00，週日11:00～17:00 🚫 週一、國定假日 💲 成人$22.00，學生$12.00，10歲以下謝絕參觀(週三14:00～18:00入館自由付費，每月第一個週五18:00～21:00入館免費) ➡ 搭乘地鐵 6 線到68th St站，往西步行至5th Ave，約15分鐘 🗺 P.15／D6

14:00 Lady M　　15:00 弗里克收藏博物館　17:00 麥迪遜大道　　20:00 羅斯福島空中纜車

有空也可逛逛

聖三一教堂
Church of the Holy Trinity

建於1899年的哥德式風格天主教堂，欣賞的重點在於管風琴後方，以耶穌受難為主題的華麗玫瑰花窗。這間教堂是《慾望城市》影集裡，夏綠蒂第一次舉行婚禮的地方，影迷們別錯過了。

🌐 www.holytrinity-nyc.org 📘 Church of The Holy Trinity ✉ 316 E 88th St(2nd Ave口) 📞 (212)289-4100 🕐 09:00～17:00 🚫 週日彌撒時間 💲 免費參觀 ➡ 搭乘地鐵 4 5 6 線到86th St站，出站往東步行至2nd Ave，約10分鐘 🗺 P.15／E4

有空也可逛逛

紐約市立博物館
The Museum of the City of New York

紐約市立博物館是了解紐約過去、現在、還有未來展望最佳的場所，有紐約相關的歷史、建築、人物、事件、文物等，展覽相當多樣化。

🌐 www.mcny.org 📘 Museum of the City of New York 🐦 MuseumoftheCityofNY ✉ 1220 5th Ave(E 103rd St口) 📞 (212)534-1672 🕐 10:00～18:00 🚫 感恩節、聖誕節、新年 💲 成人$18.00，學生$12.00，19歲以下免費 ➡ 搭乘地鐵 6 線到103rd St站，往西步行至5th Ave，約10分鐘 🗺 P.15／D2

第五大道

全球知名，精品、購物的代名詞

說起時尚、談到購物，第五大道絕對是經典首選，這兒的時尚最新穎、櫥窗最具創意、商品最多樣、購物人潮也最多。還有，第五大道的聖誕櫥窗也是世界知名，有機會來湊個熱鬧。

吃早餐

08:00 Sarabeth's Kitchen　09:30 中央公園

Sarabeth's Kitchen

介紹、資訊請見P.137。

中央公園
Central Park

　　落成於1873年，這裡有山丘、水塘、森林、野生動物，更有變化多端的獨特景觀，讓你完全想像不出這是一個完全由人工規畫、建造出來的「自然」公園。被摩天高樓層層包圍的中央公園，提供了忙碌的紐約客一個休憩、呼吸的好場所，也是個絕佳的運動場，公園裡除了各個經典的雕像、建築可看外，一年四季的不同風景，更是隨時都充滿了新鮮感。

http www.centralpark.com 🇫 CentralPark.com 🐦 Central Park 📷 centralpark_ny 🕐 每日06:00～翌日01:00 💲 免費參觀 ➡ 搭乘地鐵 Ⓝ Ⓡ Ⓦ 線到5th Ave-59th St(東南角入口)；❶ⒶⒸⒷⒹ線到59th St-Columbus Circle(西南角入口) 🛈 有導覽行程，可上網查詢 MAP P.16／E2

玩樂篇

蘋果電腦
Apple Store
介紹、資訊請見P.172。

第五大道
Fifth Avenue
介紹、資訊請見P.152。

The Plaza Food Hall
介紹、資訊請見P.149。

紐約現代美術館
The Museum of Modern Art (MoMA)

　　成立於1929年，MoMA是世界上收藏現代藝術最為傑出的美術館，也是紐約第一座致力於現代藝術作品收藏的美術館，許多美國現代藝術家的經典作品，以及享譽國際藝術大師的名畫，都可以在這裡看到。MoMA不只有畫作，它的現代藝術收藏還包括了雕塑、建築模型、家具，甚至汽車零件、直升機及飛機引擎等工業品、商業品，相當特別。

http www.moma.org 🅵 MoMA The Museum of Modern Art 🅣 Museum of Modern Art 🅘 themuseumofmodernart ✉ 11 W 53rd St(5th～6th Ave之間) 🕐 10:30～17:30 (週五10:30～20:00) 休 感恩節、聖誕節 $ 成人$25.00，學生$14.00，16歲以下免費；每週五16:00～20:00入館免費 ➡ 搭乘地鐵🅔🅜線到5th Ave-53rd St站 ℹ 有中文語音導覽 MAP P.17／F5

11:30 Apple Store

12:30 The Plaza Food Hall

13:30 紐約現代美術館

16:00-19:30 第五大道

中央公園觀光馬車及人力車

　　若想體驗一下電影中浪漫的遊園情節，可以搭乘馬車繞公園一小圈，保證別有一番趣味。中央公園的觀光馬車以華麗古典為賣點攬客，連馬匹也打扮得花枝招展，形形色色供遊客選擇，不過在體驗浪漫之餘，也得忍受一下馬的氣味喔！一輛馬車可乘坐2～5人。

http www.nycarriages.com
✉ 中央公園東南角入口處及沿著59th St.，都找得到馬車搭乘
$ 基本收費：20分鐘$54.08，每增加10分鐘$21.63；或30分鐘的行程$75.00，50分鐘的行程$118.00，1小時的行程$140.00；費用以一車計；小費另計，是搭乘費用的20%

　　搭人力車(Pedicab)是另一個遊園選擇，車伕多年輕力壯、體格佳，不僅賞景也賞人，非常受觀光客歡迎。一輛人力車可乘坐2～3人，因計價方式紊亂且經常變動，切記一定要先詢問好價錢再搭乘。以下資訊為公定的價格，可網路預約付費，較為安全有保障。

http www.newyorkpedicabservices.com
✉ 中央公園西南角入口處、西邊72街的入口處、畢士大露台
$ 45分鐘行程$45.00；90分鐘行程$90.00；小費另計，是搭乘費用的20%

聖派屈克教堂
St. Patrick's Cathedral

　　前後歷經21年的建設，以德國科隆大教堂為建築範本的聖派屈克教堂，是全美國最大的一間天主教堂，經典哥德式建築以繁複的雕刻裝飾、精美的玫瑰玻璃花窗、聳立向天的高塔、宏偉的管風琴及莊嚴祥和的氛圍，為第五大道帶來不一樣的天際線，在繁忙的商業氣息裡散發一絲寧靜。

🌐 www.saintpatrickscathedral.org 📘 St. Patrick's Cathedral 🐦 StPatsNYC ✉ 5th Ave與E 51st St口 📞(212)753-2261 🕐06:30～20:45 💲免費參觀 ➡搭乘地鐵 B D F M 線到47-50th St-Rockefeller Center站，E M 線到5th Ave-53rd St站 ℹ 教堂導覽請上網查詢 🗺 P.17/F5

洛克斐勒中心
Rockefeller Center

　　洛克斐勒中心是由21棟，以裝飾藝術風格建築所組成的建築群，以奇異大樓(GE Building)為中心，是通用電氣公司的紐約總部，也是NBC電視網的總部所在。頂樓有高級餐廳，及360度觀景天台「Top of the Rock」，地面廣場的焦點就是金光閃閃的雕像「普羅米修斯」，以冬天聖誕節最為璀璨熱鬧。

🌐 www.rockefellercenter.com 📘🐦 Rockefeller Center 🐦 rockcenternyc ✉ 47 W 51st St(5th～6th Ave之間) 📞(212)332-6868 💲免費參觀 ➡搭乘地鐵 B D F M 線到47-50th St-Rockefeller Center站，E M 線到5th Ave-53rd St站 ℹ 有付費導覽團，可上網查詢 🗺 P.17/F6

17:00 聖派屈克教堂

18:30 洛克斐勒中心

20:30 韓國城

22:00 帝國大廈

帝國大廈
Empire State Building

介紹、資訊請見P.142。

韓國城 Koreantown

　　就在帝國大廈底下，這裡是韓國人聚集的區域，可以找到正統的韓國料理，包括水餃、烤肉、拌飯等，好吃又便宜，也有韓國超市供韓國人一解鄉愁。不過，這裡最熱門的應該是卡拉OK吧，老是看到滿滿來玩的人。

✉ 32nd St，集中於Broadway～5th Ave之間 ➡搭乘地鐵 B D F M N Q R W 線到34th St-Herald Sq站，6 線到33rd St站 🗺 P.19/F4

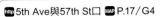

有空也可逛逛

川普大樓、蒂芬尼珠寶店
Trump Tower、Tiffany & Co.

　　美國房地產大亨、也是美國總統唐納‧川普(Donald J. Trump)位於第五大道上的辦公大樓。大樓內部豪華氣派，整個大廳從牆壁到地板，均以玫瑰色大理石鋪設而成，綴以擦到發亮的銅片加以襯飾，散發豪氣萬千的氣勢。

　　知名的蒂芬尼珠寶店，從一般人選購的飾品到百萬以上的鑽戒，每層樓都有它特別的地方，若沒有購買的預算，就來欣賞內部裝潢及購物的人潮吧。聖誕節櫥窗不能錯過，展示出來的可都是鎮店精品，難得一見的珠寶設計。

🌐 5th Ave與57th St口 🗺 P.17/G4

中城區

曼哈頓的心臟，挑戰高度的紐約神話

最代表紐約印象的中城區，有眾所皆知的帝國大廈、中央車站、聯合國、還有觀光客的天堂時代廣場。一幢幢古典兼具藝術的大樓，是摩天大樓的代名詞，也是紐約最美的天際線。

08：00 Ess-a-Bagel   09：00 聯合國

Ess-a-Bagel

　　紐約相當知名，也是許多外地人來紐約指定必嘗的焙果店。現點現做的新鮮美味焙果三明治，夾著雞蛋、培根、起士、番茄，最適合當早餐享用，想要品嘗到它，跟著人龍排隊點餐是免不了的。

http www.ess-a-bagel.com 🛱 Ess-a-Bagel 🐦 Ess-A-Bagel,Inc. ✉ 831 3rd Ave (E 50th～51st St之間) 📞 (212)980-1010 🄯 週一～五06:00～21:00，週六～日06:00～17:00 ➡ 搭乘地鐵❻線到51st St站 MAP P.17／I5

聯合國
The United Nations

　　以世界和平、人類福祉為構想而組成的聯合國組織，成立於二次大戰之後。整個聯合國區域由4個主要建築，包括總會大樓、事務局大樓、議會大樓及圖書館及數個開放空間所組成，廣場上數個雕像大都以和平、止戰等為主題，值得細細觀賞。

注意：由於台灣非聯合國會員國成員，加上中國多年來不斷的施壓抗議，約從2015年底開始，持中華民國護照已經被拒絕進入內部參觀，購買導覽票券前請特別注意最新消息，或進一步向外交部確認相關信息後再買票。

http visit.un.org 🛱 United Nations Visitors Centre 🐦 United Nations ✉ 遊客中心入口於47th St 📞 (866)512-6326 🄯 09:00～16:45(導覽團只有週一～五) 休 週六～日，國定假日及特別會議期間 💲 導覽行程：成人\$22.00，學生\$15.00，5～12歲兒童\$13.00 ➡ 搭乘地鐵❹❺❻❼Ⓢ線到42nd St-Grand Central站 MAP P.19／J1

中央車站
Grand Central Terminal

已有百年歷史的火車站，每天仍然無休地負責載送乘客往返紐約上州各城鎮，連結紐約地鐵系統，上下班的人潮是最忙碌的時刻。車站內部氣勢恢宏，舒適的空間、明亮的自然採光，讓整個車站有如宮殿大廳一般。中央車站不只是車站，這裡還有商店街、美食街、超級市場、咖啡廳、醫療診所等，生活機能一應俱全，聖誕節期間還設有聖誕市集，相當熱鬧！

http www.grandcentralterminal.com 🇫🇩 Grand Central Terminal 💬 grandcentralnyc ✉ 87 E 42nd St(Park Ave South口) ☎ (212)340-2583 ◷ 05:30～02:00 💲 免費參觀，租用語音導覽機$9.00(沒有中文) ➡ 搭乘地鐵 ④ ⑤ ⑥ ⑦ Ⓢ 線到42nd St-Grand Central站 MAP P.19／G2

Sunrise Mart

介紹、資訊請見P.135。

10:30 中央車站

11:30 紐約市立圖書館

12:30 Sunrise Mart

吃午餐

13:30 布萊恩公園

紐約市立圖書館
The New York Public Library

莊嚴肅靜的圖書館建於1902年，是一座石造古典建築，館內藏書之豐富為全國公立圖書館之冠，除了龐大的藏書外，圖書館也收藏了大批珍貴的手稿、書信、照片等，經常舉辦特別的展覽，還附設有禮品店，藝術書籍或文具用品都非常受歡迎。

http www.nypl.org/locations/schwarzman 🇫 NY PL The New York Public Library 🐦 NY Public Library ✉ 5th Ave與42nd St口 ☎ (917)275-6975 ◷ 週一、四～六10:00～18:00，週二、三10:00～20:00，週日13:00～17:00 休 感恩節、7～8月週日 💲 免費參觀 ℹ 有免費導覽，可上網查詢 ➡ 搭乘地鐵 Ⓑ Ⓓ Ⓕ Ⓜ 線到42nd St站 MAP P.19／F2

布萊恩公園
Bryant Park

被高樓圍繞著的布萊恩公園，是附近上班族的一方綠洲，有露天餐廳、咖啡座，還提供有無線網路供大眾免費使用，所以經常可以看到在此用餐兼辦公的上班族。夏天這裡經常舉辦戶外電影、音樂會等露天活動，冬天11月起則成了戶外溜冰場，還有熱鬧的聖誕市集，非常受歡迎。

✉ 42nd St，5th～6th Ave之間 ➡ 搭乘地鐵 Ⓑ Ⓓ Ⓕ Ⓜ 線到42nd St站 MAP P.19／F2

玩樂篇

時代廣場
Times Square

時代廣場是全球最繁忙的十字路口，除了來往的車潮外，來自全世界的觀光客人潮，更是把這裡當成遊樂園，成群結隊地到處拍照留念、瘋狂採購，而且越晚越精彩、越熱鬧。沿著7th Ave跟Broadway，由42nd～50th St，兩旁都是大型商店、餐廳，是觀光客最集中的區段；而7th～8th Ave之間，則有無數的戲院，上演著名的百老匯音樂劇。時代廣場得名於《紐約時報》(New York Times)曾在這裡設立總部大樓(所以也譯作時報廣場)。

🌐 www.timessquare.com、www.timessquarenyc.org ✉ Broadway與7th Ave交會處(42nd～50th St) ➡ 搭乘地鐵❶❷❸❼ⓃⓆⓇⓌⓈ線到42nd St-Times Sq站 🗺 P.18／E1

14:30 杜莎夫人蠟像館

16:00 時代廣場

18:30 Junior's

20:00 百老匯音樂劇

杜莎夫人蠟像館
Madame Tussaud's

全球知名蠟像館，有4D電影院及蠟像製作過程體驗。

🌐 www.madametussauds.com/new-york 🅵🅣 Madame Tussauds New York ✉ 234 W 42nd St(7th～8th Ave之間) ☎ (212)512-9600 🕐 10:00～20:00(週五、六至22:00) 💲 \$34.00起(有不同參觀內容的票券種類，網路購票有優惠) ➡ 搭乘地鐵❶❷❸❼ⓃⓆⓇⓌⓈ線到42nd St-Times Sq站 🗺 P.18／D2

Junior's

介紹、資訊請見P.142。

百老匯音樂劇

介紹、資訊請見P.186。

有空也可逛逛

信不信由你博物館
Ripley's Believe It or Not!

館內展示探險家羅柏‧雷普利(Robert Ripley)一生的絕妙收藏，及全球不可思議的奇人異事，包括6條腿的牛、貓王的頭髮、24顆風乾的人頭、最長的指甲、實體大的白色長頸鹿等，都是無人能比的趣味館藏。紀念品店販售有許多新奇的玩具、糖果，最適合全家大小同遊。

🌐 ripleysnewyork.com ✉ 234 W 42nd St (7th～8th Ave之間) ☎ (212)398-3133 🕐 每日09:00～01:00(最後售票時間00:00) 💲 成人\$32.00，4～12歲\$24.00，3歲以下免費(網路購票有優惠) ➡ 搭乘地鐵❶❷❸❼ⓃⓆⓇⓌ Ⓢ線到42nd St-Times Sq站 🗺 P.18／D2

百老匯音樂劇
Broadway Musical

內行看門道，外行看熱鬧

百老匯是劇院區表演的總稱，它包含有音樂
劇(Musical)和戲劇(Play)的演出類型，我
們當然是為了鼎鼎有名的音樂劇而來的囉！對於
初次接觸百老匯的朋友，這裡推薦幾齣容易入門
的音樂劇，只要在家先看電影預習，保證上手！

商業賣座是百老匯音樂劇持續上演的唯一理
由，即使劇本再好、卡司再強，一旦票房不佳，
一樣慘遭下檔的命運。百老匯音樂劇也經常都會
邀請影視明星客串演出，相當精彩。

目前最受親子歡迎的是迪士尼所製作的音樂劇
《獅子王》(The Lion King)、《阿拉丁》(Aladdin)
，及《冰雪奇緣》(Frozen)；而最受觀光客喜愛
的就是歷久不衰、持續上演的《歌劇魅影》(The
Phantom of the Opera)、《芝加哥》(Chicago)，還
有口碑好、賣座佳的《女巫》(Wicked)、《搖滾教
室》(School of Rock)；及獲東尼獎的《摩門經》
(The Book of Mormon)、《漢米爾頓》(Hamilton)
、《長靴妖姬》(Kinky Boots)；還有再次搬上舞台
的《窈窕淑女》(My Fair Lady)等。

音樂劇入門推薦

阿拉丁
Aladdin

歌劇魅影
The Phantom of the Opera

搖滾教室
School of Rock

芝加哥
Chicago

買票上手指南

TKTS時代廣場折扣票亭

分有午場跟晚場的售票時間，午場售票時間為
10:00～14:00，晚場售票時間則為15:00～20:00，
由於購票排隊的人潮非常多，一定要提早到票口
排隊，以免想看的售完或窗口關閉時你還在排
隊。窗口只賣當天的戲票，無法預購，但可以買
到原票價5～7折的票(P.16 / E6)。另外在南街
海港也有一處TKTS票亭，只售當日晚場即明日
午場的票券(P.24 / E3)。

使用折價券(Coupon)

飯店櫃檯或觀光資訊中心都有折價券可索取，
折價券可以直接至劇院窗口折價買票，雖沒有比

TKTS的票價便宜，卻可以省去排隊的時間。或
直接前往劇院票務窗口詢問票價、優惠票等。

網路購票

一些票務機構的網站(見P.61)也會提供百老匯
戲票的購買，每家的折扣數不同，最好多比較、
挑最划算的購買。最主要是省去排隊的時間，也
可使用信用卡付費。

買站票、樂透票

若沒有買原票價的預算，又想要看最熱門的音
樂劇，如《獅子王》《女巫》《摩門經》等，有兩個
方法。**1.買站票**：開演的好幾個鐘頭前就去劇院售
票窗口排隊，票價約$25.00；**2.買樂透票**：開演前1

玩樂篇

TKTS看板資訊怎麼看？

電子看板會顯示出目前有票販售的劇碼，建議依最想看的順位最少依序寫下3齣，以免等你排到窗口時，想看的戲票已售完，而又沒有其他資訊可參考。也可詢問窗口票券座位情形來選擇看哪齣。

開演時間　　P表示是戲劇表演，沒有標示表示是音樂劇

折扣數　　　戲劇名稱

戲票怎麼看？

票價

劇名

劇院名、地址

開演日期、時間

座位位置

獅子王
The Lion King

～1.5小時會在劇院門口推出，填好樂透卡投入票筒，若幸運被抽中，就可用約$35的票價買到票。這兩種票每個場次通常都各只有20張票左右，一人限買兩張，只是一種要花時間，一種要靠運氣。

購票注意事項

A. TKTS折扣票亭所賣的票券多為原票價的5折或7.5折，可以使用現金、旅行支票或信用卡購票，每張票券還會加收服務費$4.00。

B. 若想看《獅子王》《女巫》《摩門經》等熱門音樂劇，要到劇院的窗口購票，由於太受歡迎，這些熱門戲幾乎不會出現在TKTS折扣票亭。

C. 若你已經計畫好行程，也不在乎多花一些錢看戲，建議出發前提早上網購票。

欣賞百老匯前看一下這裡！

欣賞百老匯音樂劇其實相當輕鬆，不需正襟危坐、輕聲細語或盛裝打扮，當成情侶約會看電影，穿著整齊輕鬆就可以了。不過有幾個重點提醒：

• 望遠鏡不是必需品，百老匯劇院都不大，即使最後一排也看得很清楚。節目表為免費，領位員會給你。

• 英文聽不聽得懂不重要，歌曲感人好聽、舞台酷炫豪華、歌舞熱鬧有勁，讓你覺得看得過癮、值回票價就是種享受了。若真的想聽懂、看懂，出發前買張音樂劇CD聽個仔細，或租電影版的DVD熟悉劇情，都是不錯的預習方式。

• 演出時大都有15分鐘的中場休息，除了上廁所，老外喜歡這時候排隊買飲料、聊天，你可以趁機到禮品部購買音樂劇的紀念品。

• 出發旅行上網察看一下目前正在演出的有哪些。
http en.wikipedia.org/wiki/Broadway_theatre

雀爾喜、聯合廣場

藝術新地標，紐約客的新鮮廚房

藝術特區有最新的裝置藝術，雀爾喜碼頭有最酷的健身活動、最活躍的同志區域；聯合廣場則有最新鮮的蔬果花卉及購物商圈。安排一趟特別的藝術之旅，購物也是不錯的旅行方式。

吃早餐　08：30 The City Bakery　10：00 聯合廣場

The City Bakery

在紐約經營已有20年，是聯合廣場周邊相當知名的自助式的咖啡餐廳，以供應簡餐的沙拉、三明治為主，但最出名的是各式美味甜點及巧克力，每年2月還會舉辦熱巧克力節。

http www.thecitybakery.com f City Bakery The City Bakery citybakerydaily 3 W 18th St(5th～6th Ave之間) (212)366-1414 週一～六07：30～18：00，週日09：00～18：00 搭乘地鐵 4 5 6 L N Q R W 線到14th St站， R W 線到23rd St站 P.21／F2

聯合廣場
Union Square

聯合廣場每週一、三、五、六都會有農民市場，紐約近郊的農家都會來此擺設攤位，賣蔬果、起士、麵包、花卉、蜂蜜等，是在地客採買食物的露天市場。週末常會有各種的活動在這裡舉辦，無論日夜總是充滿來來往往的人潮。從14th～23rd St，沿著5th Ave及Broadway，有許多的商店跟餐廳，5th Ave有知名服飾店，如H&M、GAP、InterMix等；Broadway則是有電影院、特色餐廳、及具風格的家用品店。

 14th～17th St、Broadway～Park Ave之間 搭乘地鐵 4 5 6 L N Q R W 線到14th St站 R W 線至23rd St站 P.21／G3

玩樂篇

Shake Shack

麥迪遜廣場公園內，露天的座位相當悠閒舒適。

✉ www.shakeshack.com/location/madison-square-park
🕐 週一～五07:30～23:00，週六～日08:30～23:00 ➡ 搭乘地鐵⑥Ⓡ線至23rd St站 🗺 P.21／G1

惠特尼美術館
Whitney Museum of American Art

2015年開幕，以收藏美國藝術家的作品為主。

http whitney.org 📘 Whitney Museum of American Art
🐦 Whitney Museum ⓘ whitneymuseum ✉ 99 Gansevoort St(Washington St～10th St之間) 📞 (212)570-3600
🕐 週日、一、三、四10:30～18:00，週五～六10:30～22:00
休 週二 💲 成人$25.00，學生$18.00，18歲以下免費
➡ 搭乘地鐵①②③ⒶⒸⒺ線到14th St站，Ⓛ線到8th Ave站 🗺 P.20／B4

雀爾喜市場
Chelsea Market

由餅乾烘焙工廠改裝，內部的空間仍然保持著當年工廠的風貌，古老的磚牆、大型的風扇等，讓人懷舊往日的風情。有超市、雜貨、廚具、餐廳、糕餅等多樣性的商店街，是在地客採購食物、用品的地方，尤其是週末假日，採購的人潮非常熱鬧。

http www.chelseamarket.com 📘🐦 ChelseaMarket ⓘ chelseamarketny ✉ 75 9th Ave(15th St口) 🕐 週一～六07:00～21:00，週日08:00～20:00 ➡ 搭乘地鐵①②③ⒶⒸⒺ線到14th St站，Ⓛ線到8th Ave站 🗺 P.20／C3

13:30 Shake Shack

14:30 惠特尼美術館

16:30 空中鐵道公園

18:30 雀爾喜市場

空中鐵道公園
The High Line

舊時它是負責載運紐約物資，由下城至中城的運輸鐵道，但使用沒多久即停止運轉，長期遭到忽視荒廢。在經過多年的計畫、設計，整理後，於2009年春天完工開放，原本荒廢杳無人煙的廢鐵道，如今變身為悠閒的公園。花園設計非常現代舒適，花草隨著季節展現生命力，是紐約客另一個後花園。

http www.thehighline.org 📘 The High Line 🐦 High Line ⓘ highlinenyc ✉ Gansevoort St與Washington St口
🕐 12～3月07:00～19:00，4～5、10～11月07:00～20:00，6～9月07:00～23:00 💲 免費參觀 ➡ 搭乘地鐵①②③ⒶⒸⒺ線到14th St站，Ⓛ線到8th Ave站 ℹ 出入口設於Gansevoort St，以及10th Ave上的14th、16th、18th、20th、23rd、26th、28th、30th St口，與11th Ave上的34th St口 🗺 P.20／B4

格林威治村

人文的自由風氣，多變的街頭創意

村子(Village)是這裡的總稱，自由創意是這裡的靈魂，能讓人放鬆心靈。區域略分以6th Ave.為主，以西為西村，以東為格林威治村，而3rd Ave.以東則是東村的範圍。

吃早餐

09:00 Jack's Stir Brew 10:00 Perry St

Jack's Stir Brew

介紹、資訊請見P.139。

Perry St

　　Perry St有典雅的公寓建築，安靜悠閒的街道兩旁有花圃、樹木，但這裡最有名的景點就是HBO影集《慾望城市》裡女主角凱莉的公寓，是影迷們到紐約必定造訪的景點之一，總是有遊客在公寓前觀望並拍照留影，不過公寓主人早已不堪觀光客的打擾，並在樓梯口圈起鐵鍊，禁止任何人踏上樓梯了。

✉ Perry St(W 4th～Bleecker St之間) ➡搭乘地鐵❶線到Christopher St-Sheridan Sq站 ᴹᴬᴾP.20／D5

熱門杯子蛋糕

Magnolia Bakery

　　拜影集《慾望城市》一炮而紅的蛋糕甜點店，以杯子蛋糕最搶手，要嘗甜頭得先排隊，人潮將小小的店擠得水洩不通，還有觀光巴士團帶著一整車的人來購買，每個人都是手捧一大盒，心滿意足地走出店外。

http www.magnoliabakery.com ｆ Magnolia Bakery
🖥 magnoliabakery ✉ 401 Bleecker St(W 11th St口)
📞 (212)462-2572 🕐 10:00～23:00 ➡搭乘地鐵❶線到Christopher St-Sheridan Sq站 ᴹᴬᴾP.20／D5

布里克街 Bleecker St

介紹、資訊請見P.156。

John's Pizzeria

介紹、資訊請見P.146。

Christopher St

　　這是最代表西村的街道，兩個街區內都可見到彩虹旗，同志禮品店、酒吧、咖啡館、餐廳等，讓街道兩旁人行道顯得非常熱鬧。尤其是入夜後，酒吧、商店的霓虹燈亮起，人群都聚集在這條街上了。入夜後這裡的閒雜人等比較多，近年來一些時裝店也開始進駐開店，多了一點潮流味。

➡ 搭乘地鐵❶線到Christopher St-Sheridan Sq站
MAP P.20／D6

10:30 Bleecker St　　12:00 Christopher St　　13:00 John's Pizzeria　　14:30 華盛頓廣場

華盛頓廣場
Washington Square

　　華盛頓廣場是格林威治村的地標，也是紐約最富盛名的公園之一。19世紀早期這裡是公共墓園，環繞公園四周的高級宅邸仍完好保存至今。拱門原建於1888年，為慶祝美國總統喬治‧華盛頓就職百週年，以巴黎凱旋門為藍圖而搭建的木製灰泥紀念拱門，在1892年重建為一座永久性的大理石拱門。

　　公園內有座噴泉，所有人都喜歡坐在噴泉邊享受悠閒時光，公園內還有兒童遊樂場、遛狗公園及西洋棋下棋區，桌子就是棋盤，經常有玩家在這裡交流比棋藝，附近有幾家西洋棋商店，可以去逛逛。

🌐 www.washingtonsquareparkblog.com ◷ 24小時開放
💲 免費參觀 ➡ 搭乘地鐵Ⓐ Ⓒ Ⓔ Ⓑ Ⓓ Ⓕ Ⓜ 線到W 4th St站，沿著W 4th St往東步行約5分鐘 MAP P.21／F6

東村
East Village

聖馬克廣場是東村的中心，留有過往的龐克風格，以E 8th St為主，從3rd Ave～Ave A一路上都是創意獨特的商店、餐廳，逛起街來精彩有趣。這區有Little Japan之稱，看得到許多日本餐廳、超市、居酒屋等。位於2nd Ave、10th St與Stuyvesant St路口的聖馬克教堂(St. Mark's Church， P.21/I4)，原是17世紀中期的荷蘭小教堂，經多次的改建而成今日的面貌，建築及花園都非常有特色。

➡ 搭乘地鐵 Ⓡ Ⓦ 線到8 th St站，Ⓖ 線到Astor Place站，沿著E 8th St往東步行約3分鐘 ⓂⒶⓅP.21/I5

下午茶　15:30 Veniero's　16:30 東村　吃晚餐 18:30 印度料理　看表演 20:00 外百老匯表演

Veniero's

介紹、資訊請見P.142。

印度料理

E 6th St有小印度之稱，有不少印度餐廳，口味道地、價格便宜，喜歡吃印度菜可別錯過這裡。

➡ 搭乘地鐵 Ⓡ Ⓦ 線到8 th St站，Ⓖ 線到Astor Place站，沿著E 6th St往東步行約5分鐘 ⓂⒶⓅ P.21/I6

外百老匯表演
Off Broadway Show

1991年開演至今，3位整頭藍色的男性如同默劇般演出，沒有對話只用肢體語言演出，《藍人》(Blue Man Group)是一齣只有笑聲而且相當受歡迎的戲碼，在好幾個城市都有演出，還跨足到電視、電影、廣告的範圍呢！

《破銅爛鐵》(STOMP)是一齣不懂英語也看得懂、看得有趣的表演。沒有對話，完全靠敲敲打打的聲響來製造動感，垃圾桶、拖把、鍋碗瓢盆、報紙、火柴盒、打火機等，都是音樂的來源。

🌐 www.stomponline.com、www.blueman.com ➡ 搭乘地鐵 Ⓡ Ⓦ 線到8 th St站，Ⓖ 線到Astor Place站 Ⓜ P.21/H6(Blue Man Group)、P.21/I5(STOMP)

蘇活區、諾利塔

購物狂的朝聖地，享受刷卡的快感

到SoHo不必排隊買票看景點，商店即是免費景點，只有結帳才需要排隊，逛街購物就是來SoHo的樂趣。從名牌旗艦店到個性小店，甚至路邊攤，都會讓你逛得用心，買得開心。

吃午餐

逛街去

11:30 Lombardi's Pizza　13:00 諾利塔

Lombardi's Pizza

介紹、資訊請見P.146。

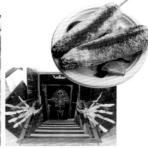

諾利塔
Nolita

　　諾利塔(Nolita，North of Little Italy 的簡稱)主要是當地居民的住家，有公園、有教堂，寧靜悠閒的生活味相當濃厚。諾利塔發展於1990年代末期，精品店、咖啡廳都是極具個人創意，吸引時髦的年輕族群來此消費。諾利塔的商店仍是以個人風格的小店面為主，無論是商品或櫥窗都是創意滿分，比較像是早期的蘇活特色。

➡搭乘地鐵 ⑥ 線到Spring St站，Ⓙ Ⓩ 線到Bowery站
MAP P.23／F2

當代美術館
New Museum

New Museum是一間沒有永久收藏品的新概念美術館，專注於藝術創作還沒有被評論、大量傳播、出版的當代藝術家，美術館的功能性不是它強調的重點，展覽本身的概念與策劃才是它想要傳達給大眾的，大小不一的白色積木層層相疊的外觀，讓它更具有獨特性。美術館內部咖啡廳、禮品部、服務台等都設置在1樓，將2～4樓的空間完全讓給藝術創作品，就連樓梯間都是展示空間，讓人連轉個彎都有驚喜。

🌐 www.newmuseum.org ✉ 235 Bowery St(Prince St口)
📞 (212)219-1222 🕐 11:00～18:00(週四11:00～21:00)
[休] 週一 💲 成人$18.00，學生$12.00，18歲以下免費；
週四19:00～21:00自由付費 ➡ 搭乘地鐵 ⑥ 線到Spring
St站，Ⓙ Ⓩ 線到Bowery站 🗺 P.23／G2

15:00 蘇活區

輕晚餐
17:30 Olive's

19:00 當代美術館

吃宵夜
21:00 良椰餐館

蘇活區
SoHo

蘇活區受到關注始於1960～1970年代，因廉價的租金吸引藝術家群居此處，將原本的工廠、倉庫變成畫室、攝影棚，蘇活區因此成為有名的藝術特區。1990年代蘇活區發展迅速，原本低廉的房價已經隨著商業需要水漲船高，真正從事創作的藝術家紛紛搬遷，留下來的僅剩賣畫的藝廊。

如今的蘇活區已是購物商店的地盤，來自全球的知名品牌，幾乎都可以在這裡找到，週末假日更是觀光客的天下。若想來這裡體驗藝術創作的氣息，很抱歉，得請你移駕至雀爾喜的藝廊特區，今日的蘇活區只能讓你體驗刷信用卡的快感。

➡ 搭乘地鐵 ⑥ Ⓒ Ⓔ 線到Spring St站，Ⓡ Ⓦ 線到Prince St站 🗺 P.22／E3

Olive's

介紹、資訊請見P.143。

良椰餐館 Nyonya

馬來西亞餐館，不論菜色、口味都能滿足你那想念家鄉味的腸胃，最重要的是好吃又不貴。

🌐 www.ilovenyonya.com ✉ 199 Grand St (近Mott St口)
📞 (212)334-3669 🕐 每日11:00～23:20 ➡ 搭乘地鐵
Ⓑ Ⓓ 線到Grand St站 🗺 P.23／G4

下城金融區

世界金融的中心，美國的精神象徵

華爾街代表世界金融經濟，下城區處處都可看見紐約的歷史；自由女神是美國的精神象徵，曾是移民們光明的希望，是遊客來紐約必訪的重要景點，你絕對不能錯過。

07:00 Brookfield Place　08:00 砲台公園

Brookfield Place

　　位在世界金融中心內的冬宮(Winter Garden)，溫室花園般的建築，是大樓之間休憩的場所，大廳裡還種植有熱帶風情的棕櫚樹，也有寬廣的舞台，不時有藝文活動在這裡舉辦，而冬宮外頭更有著悠閒風景的碼頭與廣場，可坐在這裡用餐，順便欣賞河面上往來的各種船隻。這裡集合了美食與商店，提供金融區更佳的用餐環境。

http brookfieldplaceny.com 🅕🅣 Brookfield Place New York 🅞 brookfieldplny ✉ 200 Vesey St(West St口) 🕐 週一～五07:00～21:00，週六10:00～21:00，週日11:00～19:00 ➡ 搭乘地鐵 Ⓡ Ⓦ 線到Cortlandt St站，Ⓔ 線到World Trade Center站 MAP P.24／A2

砲台公園
Battery Park

　　砲台公園位在曼哈頓的最南端，是眺望紐約港最佳的位置，公園設置有無數的雕塑藝術品，是市民休閒的地方，公園內有一個圓形的紀念碉堡，目前作為購買渡輪船票的窗口，而公園的背景就是高樓群聚的金融區。

　　公園左右兩端各是渡輪搭乘口，一邊是前往史泰登島的免費渡輪，另一邊則是前往自由女神的渡輪口。當你在公園內看到兩列長長的人龍，那就是排隊購票跟等待安檢登船前往自由女神的遊客。

➡ 搭乘地鐵 ④ ⑤ 線到Bowling Green站，Ⓡ Ⓦ 線到Whitehall St-South Ferry站，① 線到South Ferry站 MAP P.24／B6

自由女神島
Statue of Liberty

自由女神為美國獨立100週年時，法國贈送給美國的一件大禮，作為紀念兩國的友誼及傳達「自由」精神的象徵。前後歷經21年的製作、建造，於1886年10月28日落成揭幕，從此高高聳立在紐約港裡，是當時移民潮時期，搭船前來尋夢的移民們看到美國的第一印象，目前只有頭冠與基座觀景台開放。

➡ 由砲台公園搭乘渡輪前往 ℹ 渡輪與參觀等相關資訊請見P.110 MAP P.24／B6

艾利斯島 Ellis Island

艾利斯島主要的參觀處為移民博物館(Ellis Island Immigration Museum)，博物館內你可以清楚地看到詳細的歷史資料，包括照片、文件以及當時各國移民們從家鄉帶來的生活物品。館內部分區域仍保留原本的樣貌，讓你體會當時這裡的生活情景，讓人感受到移民們生活的艱辛以及等待的無奈。

西田購物中心
Westfield

造型最獨特，是商場也是地鐵轉運站，有許多名牌店，也有Apple Store，逛街兼賞景。

http www.westfield.com/westfieldworldtradecenter ⓒ 週一～六10:00～21:00，週日11:00～19:00 ➡ 搭乘地鐵 Ⓡ Ⓦ 線到Cortlandt St站，Ⓔ線到World Trade Center站 MAP P.24／B2

`08:30` 自由女神島

`10:00` 艾利斯島

`12:00` 印第安博物館

`13:00` 華爾街

印第安博物館
National Museum of the American Indian

美國印第安博物館以收藏美洲印第安文化為主，包含器具、繪畫、雕刻及人文歷史、生活紀錄等，館藏豐富。博物館建築原為海關大樓，建於1907年，已列為國家級的歷史建物與紐約的地標建物。門口有4座雕像，館內也有精彩的壁畫，不論是館藏或建築本身，都非常精彩。

http nmai.si.edu/visit/newyork ✉ 1 Bowing St(State St口) ☎ (212)514-3700 ⓒ 10:00～17:00，週四10:00～20:00 休 聖誕節 $ 免費參觀 ➡ 搭乘地鐵 ④ ⑤ 線到1Bowling Green St站 ℹ 有導覽行程，可上網查詢 MAP P.24／C5

華爾街
Wall St

集合了紐約證交所(NYSE)、美國證交所(AMEX)、那斯達克(NASDAQ)、紐約商業交易所(NYMEX)及紐約期貨交易所(NYBOT)，是曼哈頓的金融中心，也是對全球經濟最具影響力的金融市場。華爾街附近的建築以「鍍金年代」(Gilded Age)的風格為主，及受「裝飾藝術」(Art Deco)風格的影響頗大，都是鼎鼎有名的大樓。聯邦國家紀念堂(Federal Hall)及紐約證券交易所(New York Stock Exchange)是華爾街上最著名的建築。

➡ 搭乘地鐵 ② ③ ④ ⑤ 線到Wall St站，① Ⓡ Ⓦ 線到Rector St站，Ⓙ Ⓩ 線到Broad St站 MAP P.24／C4

三一教堂
Trinity Church

興建於1698年，期間歷經1776年的大火災，教堂付之一炬，再幾經重建後於1846年以目前哥德式的教堂樣貌，第三次獻堂啟用。教堂內有幾處值得參觀的地方：洗禮堂15世紀義大利的祭壇畫、教堂側面的花窗、中央祭壇、小禮拜堂、兩個紀念物展示室、教堂美術館及教堂入口大門。

http www.trinitywallstreet.org 🔲🔲🔲 Trinity Wall Street ✉ Broadway與Wall St口 📞 (212)602-0800 🕐 07:00～18:00；導覽：週一～五14:00，週日11:15 💲 免費參觀 ➡ 搭乘地鐵④⑤線到Wall St站，❶ⓇⓌ線到Rector St站 MAP P.24／C4

布魯克林橋
Brooklyn Bridge

1883年完工啟用至今的布魯克林橋，是美國最老的懸吊橋之一，也是世界上第一座使用鋼鐵纜線的懸吊橋。石造的橋墩有著哥德式的雙拱門，鋼鐵纜線優雅地撐起橋面，不論從哪個角度看，你都會覺得它真是不可思議的美麗。早期布魯克林橋有供火車行走，但目前只有汽車跟地鐵通行橋上，而木造的橋面可供行人步行或騎腳踏車橫跨東河。欣賞布魯克林橋最佳的方式就是搭乘觀光船，你可以從水面上穿橋而過；而南街海港則可看得最清楚。

➡ 搭乘地鐵④⑤⑥線到Brooklyn Bridge-City Hall站，ⒿⓏ線到Chambers St-Brooklyn Bridge站 MAP P.24／D2

13:30 三一教堂　　**14:00 布魯克林橋**　　**16:00 世貿紀念園區**　　**20:00 Century 21**

世貿紀念博物館
911 Memorial Museum

建於世貿遺址上的紀念博物館，於2014年5月對大眾開放參觀，館內展示的主題就是於2001年9月11日早上發生激進恐怖分子挾持而4架民航客機撞擊世貿雙塔、五角大廈的整個恐怖攻擊事件的始末。博物館以世貿地下地基遺址為空間，從地面樓一路往下，帶領參觀者了解整個事件發生的詳細過程。

http www.911memorial.org/museum 🔲 National September 11 Memorial & Museum 🔲 9/11 Memorial ✉ 世貿紀念園區內（園區入口於Liberty St與Greenwich St、West St口）📞 (212)266-5211 🕐 每日09:00～20:00，冬天09:00～19:00，閉館前2小時最後入館 💲 成人$24.00，7～17歲$15.00，6歲以下免費；週二17:00～20:00參觀免費 ➡ 搭乘地鐵Ⓔ線到World Trade Center站，ⓇⓌ線到Cortlandt St站，❶線到Rector St站，❷❸❹❺ⒶⒸⒿⓏ線到Fulton St站 MAP P.24／B3

Century 21　介紹、資訊請見P.160。

布魯克林

藝術新鮮地，眺望曼哈頓百萬夜景

紐約近年來觀光業已由曼哈頓擴散至布魯克林，很難相信這個過往安全堪慮的區域，也開始敞開雙臂，擁抱觀光客的造訪，一些老舊過時的社區經過重整後，變身時髦的新文化圈。

譽熱狗

09:30 Nathan's Famous 10:30 康尼島

Nathan's Famous

介紹、資訊請見P.147。

康尼島
Coney Island

　　康尼島位在布魯克林的最南邊，以美麗的沙灘、熱鬧的遊樂園吸引夏日的人潮，長長沙灘與木造步道寬闊舒適，是紐約客盛夏戲水、日光浴的去處。海灘旁遊樂場內有咖啡杯、自由落體、旋轉木馬等，最有名的遊樂設施是1927年開放的木造雲霄飛車The Cyclone，長達800公尺，時速高達97公里，刺激度全美知名，不少人是慕其名而來呢！還有開放更早的摩天輪Wonder Wheel，高達46公尺，是居高臨下欣賞康尼島全景的最佳機會。

http www.coneyisland.com ☒ Coney Island USA ✉1208 Surf Ave, Brooklyn ☎(718)372-5159 ◷只在復活節(4月上旬)～勞工節(9月第一個週一)開放 ➡搭乘地鐵 Ⓓ Ⓕ Ⓝ Ⓠ線到Coney Island-Stillwell Ave站，出站後沿著前方Stillwell Ave往前直走

玩樂篇

布魯克林植物園
Brooklyn Botanical Garden

　　布魯克林植物園占地廣大，興建於1910年，植物園裡有各種的主題造景花園，如兒童發現花園、香草園、櫻花步道、莎士比亞花園等等，其中最有名的是有著透明建築的溫室花園，跟著有著小橋、涼亭、水池、鳥居，禪味十足的日本庭園。春夏兩季百花盛開、光線充足，最適合前來造訪。

🌐 www.bbg.org 📘🐦 Brooklyn Botanic Garden 📷 brooklynbotanic ✉ 1000 Washington Ave, Brooklyn 📞 (718) 623-7200 🕐 12～2月10:00～16:30，3～10月08:00～18:00，11月08:00～16:30 🚫 週一、勞工節、感恩節、聖誕節、新年 💲 成人$15.00，兒童、學生$8.00，12歲以下免費 ➡ 搭乘地鐵 ②③ 線到Eastern Parkway-Brooklyn Museum站，④⑤ 線到Franklin Ave站，BⓆⓈ線到 Prosepect Park站

布魯克林博物館
Brooklyn Museum

　　布魯克林博物館很值得推薦參觀，除了票價親切外，館內的館藏展覽豐富精彩，埃及館收藏豐富，非洲文物也是重要館藏之一，我則偏愛它的現代家具以及裝飾藝術風格時期的收藏，一整間客廳、臥室等的實景展示，生活的氣味濃厚，甚至將一整個木造鄉村房屋，移到室內收藏展示。

🌐 www.brooklynmuseum.org 📘🐦 Brooklyn Museum 📷 brooklynmuseum ✉ 200 Eastern Parkway, Brooklyn 📞 (718)638-5000 🕐 週三、五～日11:00～18:00，週四11:00～22:00；每個月的第一個週六11:00～23:00(9月除外) 🚫 週一～二 💲 成人$16.00，兒童、學生$10.00，19歲以下免費 ➡ 搭乘地鐵 ②③ 線到Eastern Parkway-Brooklyn Museum站，④⑤ 線到Franklin Ave站，Ⓢ線到 Botanic Garden站

13:00 布魯克林植物園　　15:00 布魯克林博物館　　18:00 Grimaldi's 吃晚餐　　19:30 DUMBO 看夜景

Grimaldi's

　　布魯克林最知名的一家披薩餐廳。本店排隊的隊伍相當長，不乏慕名遠道而來的食客。

🌐 www.grimaldis-pizza.com 📘 Grimaldi's 🐦 Grimaldi's Pizza ✉ 1 Front St, Brooklyn 📞 (718)858-43005 🕐 週一～四11:30～22:45，週五11:30～23:45，週六12:00～23:45，週日12:00～22:45 ➡ 搭乘地鐵 F 線到York St站，AC 線到High St站，②③ 到Clark St站

DUMBO

　　DUMBO是近來藝術創作的集中地，街角、公園裡到處都可見到新鮮又有趣的藝術品，這裡原是倉庫區，大型的紅磚倉庫群逐漸開發成商業區、餐廳，是另一個時髦的新興區域。有需要排隊購買的巧克力店Jacques Torres、讓你培養藝術氣質的藝廊，還有創意商店與美食餐廳。

　　在布魯克林橋旁的木製甲板觀景碼頭，一到傍晚總是聚集不少前來欣賞曼哈頓金融區的天際線美景、拍照的人潮。一旁是家頗具盛名、生意超好、整個浮在水面上的The River Café，若有預算就來個下午茶吧！而身後有著燈塔般的屋子，是一間冰淇淋店，好吃的沒話說，但照樣得排隊。

➡ 搭乘地鐵 F 線到York St站，AC 線到High St站，②③ 線到Clark St站

通訊篇
Communication

出國旅遊，打電話、上網免不了

出國旅遊免不了要打電話回家報平安，睡前也要跟腦公、腦婆賴一下；而筆電、手機能上網則比什麼都重要，這年頭一定要能隨時Po文、按讚，讓臉友也欣賞一下紐約即時風景。還有，旅遊期間也別忘了隨手寄幾張美美的風景明信片給家人朋友，還有自己喔！

打電話

用手機通訊軟體打電話，既省錢又方便

撥打美國國內電話

Local Call

紐約行政區內的通話金額為$0.25或$0.50起，投幣式公共電話可以使用5分、10分或25分的硬幣撥打，若通話時間快結束時，電話機會以語音提醒你繼續投幣保持通話。部分公共電話可以使用信用卡付費打電話。3G、4G手機都可以在紐約漫遊使用，只是國際漫遊通話費昂貴，不論是接聽、撥打都屬國際話費計算，建議有緊急情況再使用。

▲ 可憐的公共電話不敵時代的潮流，使用率超低的

用市內電話或公共電話打當地號碼
美國內碼+區域號碼+電話號碼

撥打方法	美國內碼+	區域號碼+	電話號碼
曼哈頓區域內對撥	免撥	212等	XXX-XXXX(7碼)
紐約五行政區對撥	1	718等	XXX-XXXX(7碼)
撥打國內長途電話	1	XXX(3碼)	XXX-XXXX(7碼)

用手機打當地號碼
美國內碼+區域號碼+電話號碼

撥打方法	美國內碼+	區域號碼+	電話號碼
撥打室內或長途電話	1	XXX(3碼)	XXX-XXXX(7碼)
撥打手機	免撥	XXX(3碼)	XXX-XXXX(7碼)

撥打國際電話
International Call

使用通訊軟體打電話

時代在進步，這年頭誰還在打公共電話呢？新型的3G、4G手機、平板電腦等幾乎人手一支，加上各種免費的通訊APP，只要有Wi-Fi或電信網路連線，除了傳送簡訊、圖片、打電話外，部分APP還有即時影像通訊功能，連電話卡的錢你都可以省下來了呢！來紐約旅遊前，記得下載實用的通訊APP，馬上能現場連線、毫無時差。

使用手機、電話機打電話

雖然Wi-Fi網路、通訊軟體功能無遠弗屆，但也要考慮沒有使用通訊APP軟體的朋友，傳統打電話的方式還是要幫大家好好介紹一下。

購買國際電話卡

若要使用節費的電話卡撥打電話回台灣，出發前可以預先在台灣購買電話預付卡（見P.204），或抵達紐約後再到

▲ 中國城到處都買得到平價的國際電話卡，費用超便宜

中國城或當地雜貨店購買節費電話卡，購買$5.00或$10.00的卡片就相當夠用了，只要循著卡片背面的說明方式撥打，便宜又好用。

撥打方式：撥打電話卡專線→鍵入卡號→鍵入密碼（有些卡片不需密碼）→撥011（美國國際碼）→撥886（台灣國碼）→撥台灣城市的區域號碼（去0，手機免撥區域號碼）→撥台灣市話號碼或手機號碼（去開頭的0）。

從台灣打電話到紐約

台灣國際冠碼＋美國國碼＋區域號碼＋電話號碼

撥打方法	台灣國際冠碼+	美國國碼+	區域號碼+	電話號碼
市話打紐約市話	002等	1	212等	XXX-XXXX(7碼)
市話打紐約手機	002等	1	-	手機號碼
市話打台灣手機	-	-	-	直撥手機號碼
手機打紐約市話	+ (按加號)	1	212等	XXX-XXXX(7碼)
手機打紐約手機	+ (按加號)	1	917等	XXX-XXXX(7碼)
手機打台灣手機	-	-	-	直撥手機號碼

從紐約打電話回台灣

美國國際冠碼＋台灣國碼＋區域號碼＋電話號碼

撥打方法	美國國際冠碼+	台灣國碼+	區域號碼+	電話號碼
市話打台灣市話	011	886	2(台北，去0)	XXX-XXXX(7或8碼)
市話打台灣手機	011	886	-	手機號碼(去0)
手機打台灣市話	+ (按加號)	886	2(台北，去0)	XXX-XXXX(7或8碼)
手機打台灣手機	+ (按加號)	886	-	手機號碼(去0)

實用通訊APP推薦
(軟體功能：聊天｜通話｜視訊)

Line
line.me/zh-hant/download
適用手機：Android｜iPhone

WeChat
www.wechat.com/zh_TW
適用手機：Android｜iPhone

Tango
www.tango.me/download
適用手機：Android｜iPhone

Messenger
www.messenger.com
適用手機：Android｜iPhone

Skype
www.skype.com/zh-Hant/get-skype
適用手機：Android｜iPhone

Snapchat
www.snapchat.com/download
適用手機：Android｜iPhone

WhatsApp
www.whatsapp.com/download
適用手機：Android｜iPhone

Telegram
telegram.org
適用手機：Android｜iPhone

imo
imo.im/register
適用手機：Android｜iPhone

maaii
www.maaii.com
適用手機：Android｜iPhone

Viber
www.viber.com
適用手機：Android｜iPhone

Kakao Talk
www.kakao.com/services/8
適用手機：Android｜iPhone

※ 資料時有異動，請以官方公布的最新資料為主

路上觀察　紐約常見的電信系統

　　若在紐約使用手機漫遊，大多會直接連至這幾家較為常見的手機電信系統：ＡＴ＆Ｔ、T-Mobile、Verizon、Sprint，漫遊的電信費用相當昂貴；紐約的電話、電視、網路系統則以Time Warner Cable的占有率最高。

免費的網路、電話、手機充電站

　　你可以在紐約街頭看見這樣的大型裝置，這是LinkNYC的無線網路信號站，可以隨時接上你急需充電的手機、筆電、平板等3C產品，也可以透過它撥打免費電話，它也發送現代人最需要的Wi-Fi訊號。

iPhone市占率高

　　紐約或美國其他城市，均以iPhone的持有度最高，Android系統手機不似在台灣那樣受歡迎。

國際電話卡、網路卡這裡買

中華電信：www.cht.com.tw/personal/related/intl-prepaid-card-0.html

遠傳電信：www.fetnet.net/estore/International-call

台灣大哥大：www.taiwanmobile.com/mobile/006/card/index_1.html

艾德國際電話卡：www.addwe.com.tw

擎天國際電話卡：www.aerobile.com/eshop/tw

通
訊
篇

網際網路

全球零時差，有網路隨時都可「賴」

這是一個已經離不開網路的時代，每個人幾乎都是重度依賴網路，FB要隨拍、隨寫、隨貼，Line是有讀鐵定要回，沒連線簡直度日如年，真的是「五賴五波比，某賴ㄟ出代幾」！那沒網路怎麼辦，這時候你還在找網咖嗎？那你還真停留在恐龍時代呢！這時候當然要趕快找可以免費連上Wi-Fi的地方囉！

免費Wi-Fi
Free Wi-Fi

除非你有付費使用當地網路或電信公司的熱點服務，不然只能靠好心店家提供的免費Wi-Fi了。紐約有許多咖啡廳或飯店大廳都有提供免費Wi-Fi可以使用，有些地方需要密碼（Passwords），密碼取得可以詢問服務員，或到蘋果電腦（Apple Store）使用又快速又免密碼的免費Wi-Fi，部分公共區域也有免費Wi-Fi可以使用。

國際漫遊行動上網
Roaming Service

帶筆電、平板、手機等出國旅行，已經是家常便飯了，目前各家電信公司都有針對國際漫遊行動上網的業務，推出日租、月租或包套等不同的方案，出發前往紐約之前可以詳細詢問一下電信公司所推出的內容，選擇最適合你需求的。而一般坊間電信服務公司也有針對手機、筆電等的上網方案，視打電話或上網的需求度提供不同的搭配選擇。

AeroBile：aerobile.com/eshop
Calling Taiwan：new.callingtaiwan.com.tw

路上
觀察　**地鐵站裡上網也OK**

紐約地鐵終於開始跟上時代潮流了，不僅電信訊號開始架設，讓手機在地鐵站內能通話無阻外，現在也有免費Wi-Fi可以使用喔！不過Wi-Fi訊號強度僅限於地鐵站範圍，列車一出站外就沒訊號了啦！

從紐約寄回台灣的包裹或信件約需14天，國際快捷郵件則約需5天

若 要寄普通信件或明信片回台灣，郵局內大都設有郵票自動販售機，購買後貼妥郵票，直接投遞郵筒即可，可免去排隊的時間。要寄包裹或國際快捷郵件，則需要排隊至服務櫃檯寄送，郵資依郵件重量及寄送方式計算，可以選擇普通郵件(First-Class)、優先處理郵件(Priority)，及國際快捷郵件(Express)。

寄送包裹
Mailing Package

若要寄送包裹，郵局備有Priority郵件專用的免費信封、紙箱及膠帶，也可向櫃檯購買各種大小紙箱或信封使用，寄送包裹要填「海關申報單」（填寫範例請見右頁）。在郵局內所有的費用都可以使用信用卡付費，相當方便，不過美國的郵資費用相當貴，比起台灣高出非常多，要寄送航空包裹回台灣需有心理準備。

你也可以選擇民間配送公司寄送包裹，如UPS及FedEx，在市區內都有寄收件服務處，也有販售各種包裝材料。

郵資計算方式看這裡

美國的運送服務費用比台灣昂貴相當多，以下列出幾項基本的郵局郵資計算方式供讀者參考，你也可以上官方網站試算運費www.usps.com。

■航空明信片$1.15(First-Class寄送)

■First-Class標準信封航空郵件不超過1盎司(約28公克)$1.15，每增加1盎司+郵資$0.83

■First-Class小包裹(長寬高加起來不得超過36英寸)不超過2磅(約907公克)$23.25

■Priority航空郵件標準信封(10 X 6英寸或15 X 9-1/2或12-1/2 X 9-1/2英寸)，$32.95(可裝到4磅重)

■Priority航空包裹標準小型紙箱(8-5/8 X 5-3/8 X 1-5/8英寸)，$35.25(可裝到4磅重)

■Priority航空包裹標準中型紙箱(11 X 8-1/2 X 5-1/2英寸或13-5/8 X 11-7/8 X 3-3/8英寸)，$74.75(可裝到20磅重)

■Priority航空包裹標準大型紙箱(23-11/16 X 11-3/42 X 3英寸或12 X 12 X 5-1/2英寸)，$97.75(可裝到20磅重)

※ 資料時有異動，請以官方公布的最新資料為主

PRIORITY
★ MAIL ★

UNITED STATES POSTAL SERVICE ®

VISIT US AT USPS.COM®
ORDER FREE SUPPLIES ONLINE

FROM: Chang Tai Ya
23 W 42nd St, New York, NY10000
United States

TO: 張太雅
11167台北市劍潭路13號2樓
TAIWAN

Label 228, July 2013　　　　FOR DOMESTIC AND INTERNATIONAL USE

▲路邊常見藍色的郵政郵筒，偶爾也會看到可愛的特殊造型郵筒

▲郵局內也有地址貼紙，可以填寫後直接貼在包裹上，收件人資料可以用中文填寫，唯獨國家名記得用英文填寫，只要填寫「TAIWAN」即可，寫「ROC」有被寄到別國的可能

國際包裹五聯單填寫範例

寄送一般包裹不用填寫灰色部分

United States Postal Service®
Customs Declaration and Dispatch Note — CP 72

IMPORTANT: This item may be opened officially. Please print in English, using blue or black ink, and press firmly; you are making multiple copies. See Privacy Notice and Indemnity Coverage on Customer Copy.

CP120253908US

FROM: Sender's Last Name 寄件人姓氏 | First 寄件人名字 | MI

CHANG　TAI YA

Business

Insured Amount (US) 保險　SDR Value
$ 1 0 0 . 0 0

Insurance Fees (US $)　Total Postage Fees (US $)
$. 　$.

Address (Number, street, suite, apt., P.O. Box, etc. Residents of Puerto Rico include Urbanization Code prec...) 寄件人地址

23 W 42ND STREET

14. Sender's Customs Reference (If any)

City 城市　State NY　ZIP+4® 10000 - 郵遞號碼

NEW YORK

15. Importer's Reference - Optional (If any)

TO: Addressee's Last Name 收件人姓氏 | First 收件人名字 | MI

CHANG　TAI YA

Business 公司名稱(非必要)

16. Importer's Telephone ☐ Fax ☐ Email ☐ (select one)

Address (Number, street, suite, apt., P.O. Box, etc.) 收件人地址

2F NO13 JIANTAN ROAD

17. License No.

Postcode 郵遞區號　City 城市
11167　TAIPEI

18. Certificate No.

State/Province　Country 國家
TAIWAN

19. Invoice No.

1. Detailed Description of Contents (enter one item per line)	2. Qty.	3. Lbs.	Oz.	4. Value (U.S. $)	20. HS Tariff Number *For Commercial Senders Only*	21. Country of Origin of Goods
T SHIRT	2			20.00		
SHOE	1			40.00		
BOOK	6			40.00		
品項	數量			價值		

5. Check One:		6. Check One 空運	7. Other Restrictions (pertains to No.12)	8. Total Gross Wt: (all items) Lbs. & Ozs.)	9. Total Value US $ (all items) 總值	10. If non-deliverable:	Mailing Office Date Stamp
☑ Gift 禮物 ☐ Returned Goods 退貨		☑ Airmail				☐ Treat as Abandoned 丟棄	
☐ Documents 文件 ☐ Commercial San 樣品		☐ Surface			100.00	☐ Return to Sender (se 退回寄件人	
☐ Merchandise 商品 ☐ Other: 其他				—		☑ Redirect to Address 轉送其他地址	

11. EEL/PFC

12. Restrictions
☐ Quarantine ☐ Sanitary or Phytosanitary Inspection

可以填寫另一個收件地址備用，以免原收件地址無法配送(可以中文填寫)。

13. I certify the particulars given in this customs declaration are correct. This item does not contain any dangerous article, or articles prohibited by legislation or by postal or customs regulations. I have met all applicable export filing requirements under the Foreign Trade Regulations. *Sender's Signature and Date*

簽名　CHANG TAI YA

寄送日期　Month 12　Day 28　Year 2015

PS Form **2976-A**, January 2009　PSN: 7530-01-000-9834

Do not duplicate this form without USPS® approval.　1 - Manifesting/Scan Copy

※ 資料時有異動，請以官方公布的最新資料為主

應變篇
Emergencies

在紐約發生意外狀況怎麼辦？

旅行途中，總是不知何時會發生什麼意外，隨時保持警覺，人身安全最重要，
過馬路要注意來車或急閃而過的自行車；天冷要保暖，隨身藥品要備齊；逛街
包包要顧好，購物記得取回信用卡；護照遺失別慌張，記得聯繫駐紐約代表處
協助處理。

物品遺失

不慎遺失錢財，聯絡家人匯款應急

行李遺失

Losing Baggage

　　若行李未隨機抵達，請於出海關前向機場行李櫃檯服務處（Baggage Service）提出申告，航空公司會盡快為你協尋。若行李中有高價物品，可於飛航前向航空公司預先提出申報繳費，若不幸行李遺失，可獲得理賠，否則航空公司將依照現行國際航空法規提供有限責任賠償。

　　行李箱若於託運途中損壞，可以向航空公司提出修理申請或理賠。關於行李遺失、延遲或損壞，各家航空公司的規定不一，若有疑問可以電話洽詢或上網站查詢。

財務遺失

Losing Money

現金遺失

　　若遺失現金，可以緊急聯絡家人、朋友，在台灣使用「西聯匯款」（Western Union）即時將美金現鈔匯到紐約，你再拿著提款號碼及身分證明文件，至紐約當地西聯匯款任一服務處提領。關於匯款及提領的步驟說明，可以參考西聯匯款官方網站中「如何匯款」、「如何提取匯款」裡的詳細說明。

▲ 雖然手續費貴了些，但是是最方便快速的國際匯款系統

或聯絡駐紐約辦事處尋求急難救助，駐外館處可以提供帳號供台灣親友匯款，或台灣親友將款項交付外交部，再由駐外館處轉交當事人。

旅行支票遺失

　　在台灣購買美國運通旅行支票時，記得先在上方簽名處簽名，為的是當遺失或被竊時可獲得補償，若不慎遺失該怎麼辦：

1 Step　準備好購買證明收據以及旅行支票的序號紀錄。

2 Step　請立即與「美國運通旅行支票服務中心」聯絡，服務人員會協助提供申報遺失所需的程序。

3 Step　至服務人員提供的就近地點，辦理補發的手續。

信用卡遺失

發現信用卡遺失，請立即致電通知發卡銀行申報遺失、停用，等回台灣再行補發新卡；若是急需使用，可直接致電信用卡公司全球緊急服務中心申報遺失及補發，當地補發通常24小時之內可以完成，或洽發卡銀行相關問題。

記得在出發旅行前，將發卡銀行的服務電話等資料，另外抄寫或拍照存檔，以備不時之需。

財務遺失處理看這裡

西聯匯款服務處

■ **台灣**：西聯匯款與台灣數家銀行業務合作，你可以上網尋找在各縣市的服務據點。

🌐 www.westernunion.tw/en

■ **紐約**：除了大型營業處，紐約還有相當多的服務據點，一些超市、商場裡都有設置小型服務處，可上網搜尋。

🌐 westernunion.com
✉ 1440 Broadway(W 40th～41st St之間)
☎ (212)354-9750
🕐 24小時營業　　　🗺 P.18 / E2

美國運通旅行支票服務中心

🌐 www.americanexpress.com/taiwan/tc/index.shtml
☎ 台灣北區(02)2715-8599
　 台灣中區(04)2376-1099
　 台灣南區(07)236-8686
　 美國地區(800)221-7282

信用卡遺失補發

■ **VISA**

🌐 www.visa.com.tw/support/consumer/lost-stolen-card.html
☎ 台灣(0080)144-4123、美國1(866)765-9644

■ **MasterCard**

🌐 www.mastercard.com.tw/zh-tw/consumers/get-support.html
☎ 台灣(0080)110-3400、美國1(636)722-7111

※ 資料時有異動，請以官方公布的最新資料為主

護照遺失

Losing Passport

若護照不幸遺失或被竊，第一時間請先聯絡「駐紐約臺北經濟文化辦事處」或「法拉盛華僑文教服務中心」(見P.213)尋求協助，可請辦事處協助開立英文說明函，再向紐約警局申報遺失。辦事處受理遺失護照申請補發，詳細作業內容可以參考辦事處網站或去電洽詢。

🌐 www.roc-taiwan.org/usnyc/index.html

⚠ 低頭滑手機太危險

紐約近年來的治安雖然良好，但竊案、搶案也是偶有所聞，發生率最多的就是高價手機、平板電腦的搶案、竊案，尤其是在地鐵站內的月台上或車廂裡，歹徒都是利用列車即將離站的時機，搶了就往車內或車外衝，這時車門

關上列車離站，你要追也追不上了。所以當你在月台候車或在車廂內時，盡量不要把玩手機、平板電腦等高價3C商品，包包或隨身物品也要看好，免得扒手趁人多下手扒竊。

另外，搭地鐵時也請記得將後背包改背在胸前，除了可以看好自己的物品外，也不會擋到其他乘客的通道，或撞到別人，或發生被車門夾住的窘境。

發生緊急狀況

意外發生別慌張，找辦事處協助處理

被偷被搶

Being Robbed

紐約的治安還算不錯，已經很少聽到被搶的案件發生，但出門在外總是要多加小心自身安全，深夜或偏僻的地方可以多幾個人一起出門，若不幸遇搶，請以人身安全為重，事後盡快與「駐紐約臺北經濟文化辦事處」或「法拉盛華僑文教服務中心」尋求協助，並報警處理。

人多的機場、地鐵，或逛街時，請隨時注意自己的財物，記得用手將包包握好，行李不離視線之外；也不要只顧著低頭滑手機，目前發生最多的就是高價3C商品被偷被搶了，使用時切記小心謹慎。

▲ 紐約的警車與警察

生病受傷

Getting Sick

出門旅遊偶爾總會生病或受傷，若有長期服用的藥品，記得攜帶足夠旅行天數的劑量，平時

的常備藥也可以帶一些，如感冒藥、止痛藥、腸胃藥、防腹瀉、OK繃等。若沒有準備，這些日常成藥也都可在紐約當地藥局（統稱Pharmacy），或類似屈臣氏的藥妝店（如Walgreens、Rite Aid、Duane Reade等）裡買到。若真的需要就醫看診，又怕語言不通，不妨電詢「法拉盛華僑文教服務中心」請求協助尋找醫院診所。

美國是個高醫療費用的國家，出發旅行前可考慮投保有附加緊急醫療、救援服務的保險（可隨身攜帶英文保險資料），一旦發生重大意外需要大筆金額或救援協助時，可馬上聯絡保險公司；若有緊急就醫的診療費用發生，記得向醫院診所要診療證明、收據或處方箋，以利回台灣後向投保的保險公司，及健保局申請給付。

▲ 藥局裡可以買到各種成藥、維他命等

▲ 紐約街頭常見的大型連鎖藥妝店

紐約報案、紐約消防署、紐約救護車專線：**911**
非緊急報案專線：**311**

⁉️ 旅人最安心的好去處

　　來到人生地不熟的大蘋果，若不幸遇到緊急的意外時，這時候家鄉電話親切的協助最讓人安心。

　　「駐紐約臺北經濟文化辦事處」位在42街與第五大道最熱鬧的地方，儘管門禁森嚴，但只要事先聯絡好，這裡除了辦理各種僑務，領務業務外，也有各種文化活動及觀光推廣。一樓大廳有個展覽廳，除了舉辦藝文展覽外也有藝文活動，地下樓還有個影視廳，固定都會放映台灣電影，而辦事處每逢年節也都會舉辦活動，邀請華僑、留學生們參與。

　　「法拉盛華僑文教服務中心」位在皇后區華人最多、最熱鬧的法拉盛地區，負責文化以及華語教育的社區推廣工作，這裡有圖書館、有展覽廳，是法拉盛華人日常聚集的場所，除了經常舉辦各種藝文活動，也協助當地華人、台灣人的平常事務。若你投宿的地方就位在法拉盛或附近，可以繞過來看看，若遇上難以解決的事情，記得來這裡尋求協助。

外交部旅外國人急難救助服務

http www.boca.gov.tw/np-49-1.html

📞 旅外國人急難救助服務專線：

011+886+800-085-095

APP 旅外救助指南(Travel Emergency Guidance)

ww.boca.gov.tw/cp-92-246-b7290-1.html

適用手機：Android｜iPhone

駐紐約臺北經濟文化辦事處
Taipei Economic and Cultural Office in New York

http www.roc-taiwan.org/usnyc/index.html

✉️ 1 E 42nd Street, New York, NY10017, United States
(5th〜Madison Ave之間)

📞 (212)317-7300
領務專用：(212)486-0088
急難救助：(917)743-4546、(347)458-4965

@ 領務專用：consular.ny@mofa.gov.tw 或網站填寫

🕐 受理領務申請案件時間：週一〜五09:00〜16:30
(中午不休息)，週六09:00〜11:00

MAP P.19／F2

法拉盛華僑文教服務中心
Cultural Center of Taipei Economic and Cultural Office in New Yor

f 紐約華僑文教服務中心 Cctecony

✉️ 133-32 41st Road, Flushing, New York, NY11355, United States

📞 (718)886-7770

@ newyork@ocac.gov.tw

🕐 週二〜五10:00〜18:00，週六〜日09:00〜18:00

休 週一、國定假日

旅行實用美語

旅行是開口練外語的最佳機會，不敢說，就用比的吧！

在機場
In Airport

check-in 報到	**terminal** 航廈
on time 準時	**delay** 延誤
window seat 靠窗座位	**aisle seat** 靠走道座位
gate 登機口	**boarding pass** 登機證
boarding 登機	**transfer** 轉機
departure 起飛、出境	**landing** 降落
connecting flight 轉機航班	**arrival** 抵達、入境
immigration 入境審查處	**customs** 海關
baggage claim 行李領取處	**security check** 安檢

I don't know how to use the self check-in machine. Could you help me?
我不會使用自助報到機，你可以幫我嗎？

To Taipei today.
今日目的地是台北。

May I have a window / aisle seat, please?
可以給我靠窗／靠走道的座位嗎？

I have 2 check-in baggages.
我有 2 件行李要託運。

Can I have a glass of water / hot water?
可以給我一杯水／熱水嗎？

Do you have any medicine for headache?
請問有頭痛藥嗎？

Can I have a customs form?
可以給我海關申報單嗎？

Sorry, I don't speak English. Could you find someone to help me?
對不起，我不會說英語，你可以找人來幫我嗎？

Where can I take taxi?
哪裡可以搭計程車？

I have a reservation for suttle bus.
我有預約接送小巴。

在觀光

In Sightseeing

museum 博物館、美術館	**church** 教堂
tour 導覽行程	**tour bus** 觀光巴士
checkroom 寄物處	**entrance** 入口
information 詢問處	**gift shop** 禮品部
admission 門票費	**closed** 休館
brochure 簡介、手冊	**Chinese edition** 中文版
intermission 中場休息	**performance** 表演
play 舞台劇	**muscial** 音樂劇
concert 演唱會	**live band** 現場樂隊表演
Status of Liberty 自由女神	**Times Square** 時代廣場
Central Park 中央公園	**Fifth Avenue** 第五大道
adults 成人票 / 全票	**security** 安全檢查
pedicab 人力車	**carriage ride** 觀光馬車

Where is the tourist information center?
旅客服務中心在哪裡？

Do you have a free city map?
有免費的市區地圖嗎？

I want to go to MoMA.
我想去紐約現代美術館。

How can I get there?
要怎樣才能到那裡？

How much is the admission?
門票多少錢？

2 for adult ∕ 2 for children, please.
請給我 2 張成人票 ∕ 2 張兒童票。

Do you have guided tours ∕ audio guide?
有導覽團 ∕ 語音導覽嗎？

Are Chicago still available?
芝加哥還有票嗎？

Can I still get 2 tickets for tonight?
有 2 張今晚的戲票嗎？

How much is the cheapest one?
最便宜的票多少錢？

May I take pictures here?
這裡可以照相嗎？

Excuse me, will you take a picture of us?
可以麻煩你幫我們照張相嗎？

We want to join the Sex and the City tour.
我們想參加慾望城市的旅行團。

Where and what time does it leave?
出發的時間和地點呢？

在餐廳 *In Restaurant*

menu 菜單	**wine list** 酒單
appetizers 開味菜 / 前菜	**salad** 沙拉
main course 主菜	**dessert** 甜點
pasta 義大利麵	**pizza** 披薩
burger 漢堡	**sandwich** 三明治
coffee 咖啡	**cappuccino** 卡布奇諾
black tea 紅茶	**milk tea** 奶茶
vegetarian 素食	**drinks** 飲料
red wine 紅酒	**beer** 啤酒
breakfast 早餐	**lunch** 午餐
afternoon tea 下午茶	**dinner** 晚餐
reservation 訂位	**cancel** 取消
bill / check 帳單	**tip** 小費

We'd like a table for 2 at 7:30 tonight.
我們要預定今晚 7:30 的 2 人桌位。

Should we be formally dressed?
必須穿著正式服裝嗎？

May I see the menu?
可以給我菜單嗎？

We are ready to order.
我們可以點餐了。

What do you recommend?
你推薦什麼菜？

I am allergic to _____ .
我對 _____ 過敏。

Do you have vegetarian dish?
你們有素食餐點嗎？

My order hasn't come yet.
我點的菜還沒來。

I didn't order this.
我沒有點這道菜。

Excuse me, can I have some hot water?
對不起，請給我熱水。

What do you have for dessert?
有什麼飯後甜點？

May I have the check, please?
可以買單嗎？

We want to pay separately.
我們各付各的。

You give me the wrong change.
你找錯錢了。

在商店

In Store

on sale 打折促銷	**discount** 折扣
sample sale 樣品出清	**clearance** 清倉特價
30% off 7 折	**70% off** 3 折
order 訂購 / 調貨	**in stock** 庫存
hold 保留	**refund** 退款
exchange 換貨	**return** 退貨
defective 瑕疵品	**discolor** 褪色
fitting room 試衣間	**cashier** 結帳櫃檯
receipt 收據	**guarantee** 保證書
department store 百貨公司	**supermarket** 超市
grocery store 雜貨店	**bakery** 麵包店
too expensive 太貴	**cheap** 便宜
souvenir 紀念品	**gift** 禮物

I am just looking, thanks.
我隨便看看，謝謝。

Can I try this on?
可以試穿嗎？

Where is the fitting room?
請問試衣間在哪裡？

This too large(loose) / too small(tight)?
這個太大（鬆）/ 太小了（緊）？

Do this have other colors available?
這個還有其他顏色嗎？

How much is this?
這個多少錢？

How much the total after tax?
加上稅金後的總額是多少？

It's over my budget.
超出我的預算了。

Do you have any promotion right now?
現在有促銷活動嗎？

Could you give me a discount?
可以給我一些折扣嗎？

Do you take credit card?
可以刷卡嗎？

Pay by cash.
現金結帳。

I haven't got my change back yet.
你還沒找我錢。

I want to return / exchange this.
我想要退貨 / 換貨。

在大眾運輸
In Transportation

subway station 地鐵站	**bus stop** 公車站
terminal 轉運站	**Grand Central Terminal** 中央車站
Metro Card 地鐵票卡	**platform** 月台
single ride 單程票	**round trip** 來回票
ticket 巴士、火車票	**1 day pass** 一日票
express 快車	**local** 普通車
uptown 往上城方向	**downtown** 往下城方向
crossing town 東西向	**track** 軌道
pier 碼頭	**ferry** 渡輪
exit 出口	**emergency exit** 緊急出口
on the left 在左邊	**on the right** 在右邊
taxi / cab 計程車	**citi bike** 公共自行車
timetable 時刻表	**subway map** 地鐵路線圖

Where is the nearest subway station?
最近的地鐵站在哪裡？

Which train go to Times Square?
要去時代廣場該搭哪一線地鐵？

Is this uptown train?
這輛列車是往上城方向的嗎？

Which stop should I get off?
我該在哪一站下車？

Where should I transfer to N train?
我該在哪裡轉搭 N 線地鐵？

Please let me know when we are there.
到那兒時麻煩告訴我一聲。

Take me to this address, please.
請載我到這個地址。

To Empire State Building, please.
請到帝國大廈。

Can I have the receipt?
請給我收據。

Keep the change.
不用找了。

Where is the ticket office?
售票處在哪裡？

2 round trip tickets to Woodbury, please.
請給我 2 張到 Woodberry 的來回車票。

Does this bus go to Woodbury?
這班巴士是到 Woodberry 的嗎？

What time does the last bus leave?
末班車幾點開？

在飯店
In Hotel

check-in
住房登記

check-out
退房

reservation
住房預約

room service
客房服務

morning call
叫起床服務

security box
保險箱

housekeeping
客房打掃

do not disturb
請勿打擾

I made a reservation, my name is_____.
我預定了房間，我的名字是 _____ 。

Is breakfast include?
有含早餐嗎？

The hot water isn't running.
沒有熱水。

The air-conditioner isn't work.
房間空調壞了。

Could you give me a different room?
我想換房間。

I like to exten one more night.
我想多住一晚。

Please make a morning call at 7am.
請在明天早上 7 點叫醒我。

Could you keep this luggage until 5pm?
我可以寄放行李到下午 5 點嗎？

Please get me a cab to JFK airport.
請幫我叫計程車到 JFK 機場。

在問路
In Asking Direction

Excuse me, where is Times Square?
請問時代廣場在哪裡？

Is it in this direction?
是往這個方向嗎？

Is it go straight ahead?
是向前直走嗎？

Do I need to turn to the left or right?
需要左轉或右轉嗎？

How long does it take from here by foot?
從這裡走路過去要多久？

Can I get there by subway?
地鐵有到那裡嗎？

Could you point it out on my map?
可以幫我指出在地圖上哪裡嗎？

Could you write it down for me?
可以幫我寫下來嗎？

Excuse me, I am lost, where am I now?
我迷路了，這裡是哪裡？

Is this direction to downtown / uptown?
這是往下城 / 上城的方向嗎？

May I go this way?
我可以往這邊走嗎？

Is TKTS in next block?
TKTS 在下個路口嗎？

Where is the end of this line?
隊伍的末端在哪裡？

在緊急狀況
In Emergencies

Stop harassing me, leave me alone! 別再騷擾我了！

help 救命	**police** 警察

Please give it back to me! 請還給我！

theft / lost 偷竊／遺失	**robbed** 被搶

Help me, please! / Please help! 請幫幫我！（求救）

ambulance 救護車	**emergency** 急診

Call the police / 911, please! 請打電話報警。

hospital 醫院	**pharmacy** 藥房

Call an ambulance, please! 請叫救護車。

pain 疼痛	**injured** 受傷

I was robbed, I want to report. 我被搶了，我要報案。

sick 生病	**medicine** 藥品

Excuse me, I lost my_____. 我遺失了 _____。

inflammation 發炎	**fever** 發燒

I had it stolen somewhere yesterday. 昨天不知道在哪裡被偷了。

dizziness 暈眩	**vomiting** 嘔吐

Please make out a lost report. 請開立一張遺失申報正名單。

diarrhea 拉肚子	**cold** 感冒

Could you reissue it right away? 可以馬上補發嗎？

headache 頭痛	**toothache** 牙痛

Where is the Lost and Found? 失物招領處在哪裡？

stomachache 胃痛	**cought** 咳嗽

Excuse me, I left my bag on the No 1 train. 我把包包遺留在 1 線地鐵車廂裡了。

sprain 扭傷	**pain killer** 止痛藥

I feel not well, I need a doctor. 我覺得不舒服，需要看醫生。

injection 注射	**prescription** 處方箋

I am looking medicine for cold. 我想買感冒藥。

救命小紙條 你可將下表影印，以英文填寫，並妥善保管隨身攜帶

個人緊急聯絡卡
Personal Emergency Contact Information

姓名Name：　　　　　　　　　　　　　國籍：Nationality

出生年分(西元)Year of Birth：　　　　　性別Gender：　　　　血型Blood Type：

護照號碼Passport No：

台灣地址Home Add：(英文地址，填寫退稅單時需要)

緊急聯絡人Emergency Contact (1)：　　　聯絡電話Tel：

緊急聯絡人Emergency Contact (2)：　　　聯絡電話Tel：

信用卡號碼：　　　　　　　　　　　　　國內／海外掛失電話：

信用卡號碼：　　　　　　　　　　　　　國內／海外掛失電話：

旅行支票號碼：　　　　　　　　　　　　國內／海外掛失電話：

航空公司國內聯絡電話：　　　　　　　　海外聯絡電話：

投宿旅館Hotel (1)：　　　　　　　　　　旅館電話Tel：

投宿旅館Hotel (2)：　　　　　　　　　　旅館電話Tel：

其他備註：

緊急救護、報案電話911
非緊急報案電話311
外交部旅外急難救助專線
011-800-0885-0885
011-886-085-095

駐紐約臺北經濟文化辦事處
http www.roc-taiwan.org/usnyc/index.html
1 E 42nd St, New York, NY10017, United States
(5th～Madison Ave之間)
(212)317-7300
領務專用：(212)486-0088
急難救助：(917)743-4546、(347)458-4965

開始在紐約自助旅行 新第三版

作 者	艾瑞克
總 編 輯	張芳玲
發想企劃	taiya旅遊研究室
企劃編輯	徐湘琪
編 輯	許志忠
修訂編輯	鄧鈺澐
封面設計	許志忠
美術設計	許志忠
地圖繪製	許志忠

國家圖書館出版品預行編目(CIP)資料

開始在紐約自助旅行／艾瑞克作.
——三版，——臺北市：太雅，2018.06
面； 公分 . ——（So easy；99）
ISBN 978-986-336-247-0 （平裝）
1.自助旅行 2.美國紐約市
752.71719　　　　　　　107004812

太雅出版社
TEL：(02)2882-0755　FAX：(02)2882-1500
E-mail：taiya@morningstar.com.tw
郵政信箱：台北市郵政53-1291號信箱
太雅網址：http://taiya.morningstar.com.tw
購書網址：http://www.morningstar.com.tw
讀者專線：(04)2359-5819 分機230

出 版 者　太雅出版有限公司
　　　　　11167台北市劍潭路13號2樓
　　　　　行政院新聞局局版台業字第五○○四號

總 經 銷　知己圖書股份有限公司
　　　　　106台北市辛亥路一段30號9樓
　　　　　TEL：(02)2367-2044 / 2367-2047　FAX：(02)2363-5741
　　　　　407台中市西屯區工業30路1號
　　　　　TEL：(04)2359-5819 FAX：(04)2359-5493
　　　　　E-mail：service@morningstar.com.tw
　　　　　網路書店：http://www.morningstar.com.tw
　　　　　郵政劃撥：15060393 (知己圖書股份有限公司)

法律顧問　陳思成律師

印　刷　上好印刷股份有限公司　TEL：(04)2315-0280
裝　訂　大和精緻製訂股份有限公司　TEL：(04)2311-0221

三　版　西元2018年06月10日
定　價　340元
(本書如有破損或缺頁，退換書請寄至：台中市西屯區工業30路1號 太雅出版倉儲部收)

ISBN 978-986-336-247-0
Published by TAIYA Publishing Co.,Ltd.
Printed in Taiwan

編輯室：本書內容為作者實地採訪資料，書本發行後，開放時間、服務內容、票價費用、商店餐廳營業狀況等，均有變動的可能，建議讀者多利用書中網址查詢最新的資訊，也歡迎實地旅行或居住的讀者，不吝提供最新資訊，以幫助我們下一次的增修。聯絡信箱：taiya@morningstar.com.tw

這次購買的書名是：

開始在紐約自助旅行 新第三版 (So Easy 99)

＊01 姓名：＿＿＿＿＿＿＿＿＿＿＿＿＿＿＿＿＿＿＿＿　性別：□男 □女　生日：民國＿＿＿＿＿ 年

＊02 手機(或市話)：＿＿＿＿＿＿＿＿＿＿＿＿＿＿＿＿＿＿＿＿＿＿＿＿＿＿＿＿＿＿＿＿＿

＊03 E-Mail：＿＿＿＿＿＿＿＿＿＿＿＿＿＿＿＿＿＿＿＿＿＿＿＿＿＿＿＿＿＿＿＿＿＿＿

＊04 地址：□□□□□ ＿＿＿＿＿＿＿＿＿＿＿＿＿＿＿＿＿＿＿＿＿＿＿＿＿＿＿＿＿＿

＊05 你選購這本書的原因

　1.＿＿＿＿＿＿＿＿＿＿＿　2.＿＿＿＿＿＿＿＿＿＿＿　3.＿＿＿＿＿＿＿＿＿＿＿

06 你是否已經帶著本書去旅行了？請分享你的使用心得。

＿＿

＿＿

＿＿

＿＿

＿＿

＿＿

很高興你選擇了太雅出版品，將資料填妥寄回或傳真，就能收到：1.最新的太雅出版情報 /2.太雅講座消息 /3.晨星網路書店旅遊類電子報。

填問卷，抽好書 (限台灣本島)

凡填妥問卷(星號＊者必填)寄回、或完成「線上讀者情報上傳表單」的讀者，將能收到最新出版的電子報訊息，並有機會獲得太雅的精選套書！每單數月抽出10名幸運讀者，得獎名單將於該月10號公布於太雅部落格與太雅愛看書粉絲團。

參加活動需寄回函正本(恕傳真無效)。活動時間為即日起～2018/12/31

以下3組贈書隨機挑選1組

放眼設計系列2本 (隨機)

手工藝教學系列2本 (隨機)

黑色喜劇小說2本

太雅出版部落格
taiya.morningstar.com.tw

太雅愛看書粉絲團
www.facebook.com/taiyafans

旅遊書王(太雅旅遊全書目)
goo.gl/m4B3Sy

線上讀者情報上傳表單
goo.gl/kLMn6g

填表日期：＿＿＿＿＿年＿＿＿＿月＿＿＿＿日

(請沿此虛線壓摺)

太雅出版社　編輯部收

台北郵政53-1291號信箱
電話：(02)2882-0755
傳真：(02)2882-1500
(若用傳真回覆，請先放大影印再傳真，謝謝！)

(請沿此虛線壓摺)

太雅部落格 http://taiya.morningstar.com.tw

有 行 動 力 的 旅 行 ， 從 太 雅 出 版 社 開 始

(請沿此虛線裁剪)